都市现代农业经营管理

本书编委会 编著

宋玲芳 主编

上海科学技术文献出版社
Shanghai Scientific and Technological Literature Press

图书在版编目(CIP)数据

都市现代农业经营管理/本书编委会编著. —上海：上海科学技术文献出版社，2016
 ISBN 978-7-5439-7197-4

Ⅰ.①都… Ⅱ.①本… Ⅲ.①都市农业—农业经营—研究—上海 Ⅳ.① F327.51

中国版本图书馆 CIP 数据核字 (2016) 第 229083 号

责任编辑：石　婧
特约编辑：陈云珍
装帧设计：有滋有味（北京）
装帧统筹：尹武进

都市现代农业经营管理
本书编委会　编著　宋玲芳　主编
出版发行：上海科学技术文献出版社
地　　址：上海市长乐路 746 号
邮政编码：200040
经　　销：全国新华书店
印　　刷：常熟市文化印刷有限公司
开　　本：720×1000　1/16
印　　张：14.5
字　　数：236 000
版　　次：2016 年 9 月第 1 版　2016 年 9 月第 1 次印刷
书　　号：ISBN 978-7-5439-7197-4
定　　价：48.00 元
http://www.sstlp.com

本书编委会

主 任
杜华平

副主任
胡沅昌　宋玲芳

编委人员
赵　康　张　磊　黄慧华．蔡　杰　潘　则
包瑞丽　蔡桂华　方　漪　李朝平

主 编
宋玲芳

副主编
胡沅昌　黄慧华　张　磊　蔡　杰　白　蕾

序

与传统农业相比，都市现代农业是与城市化和工业化相适应、相融合的现代农业生产管理方式和业态。都市现代农业一方面是现代社会发展中随着城市化进程而发展农业，另一方面是都市可持续发展中人与自然和谐共生的内在需求的表现，所以又被称为"有生命的基础设施"。

从整体来看，都市现代农业是以都市为依托，因都市需求而发展，以现代化为特征，融生产性、生活性、生态性于一体的现代农业业态综合体。良好的自然生态环境是现代社会可持续发展的保证。都市现代农业的建设和发展，既为农业发展提供更加高效、可持续和优质的农产品生产管理方式，更为现代社会和谐的生产、生活、生态发展提供了创新、协调、绿色、开放、共享的发展手段。都市现代农业具有多方面的综合效应，在实现农业产业转型升级、惠民增收、优化生态环境、统筹城乡发展、防灾减灾和促进社会可持续发展等方面都具有不可估量的作用。

上海市正处于现代都市发展的转型期，作为现代都市发展不可或缺的都市现代农业，更是具有转型升级的机遇与挑战。浦东新区是改革开放的前沿，是国家综合配套改革试验区，更是上海自贸试验区和科创中心建设的主战场，还是国家级现代农业示范区中的示范区。因此，浦东现代农业的发展必须具有"三高"（高科技、高端、高附加值）农业的特点：在功能规划上，注重农业科创、孵化创业、人才集聚、产业升级等的环境优化；在产业规划上，注重"互联网+"农业、休闲农业、设施农业、生态农业、创意农业等"五大产业"的布局；在农业业态发展上，具有"品牌、品种、品质"的战略特点、高标准的

PREFACE

基础设施和现代生产管理设备保障、健全的社会化服务体系支撑、现代化的新型经营主体参与、"美丽乡村"的生产环境配套和管理，以及具有与市场经济发展相配套的土地资源配置体制机制。

而今，我们看到，在"双创"和"互联网＋"创新创业浪潮的推动下，农业"创客"异军突起，农业电商风起云涌，农业与科研教育培训、信息技术、装备制造、文化旅游、金融服务等产业的加速融合，正在成为都市现代农业发展的新引擎。国内外实践证明，都市现代农业具有令人惊叹的强大生命力和创新发展潜力。

我们加紧组织编写本教材，旨在传递和普及都市现代农业的发展理念和方法，使更多人感知机会、拓宽思路、紧跟时代发展，以新思维、新实践，迎接新挑战，探索新经验，实现新跨越，为全面推进都市现代农业发展尽一份力。

都市现代农业，如同朝阳，充满生机；都市现代农业，如同人与自然的礼赞，正在土地上书写明天！

杜华平

目录

第一章　都市现代农业概述 / 1
　　第一节　现代农业的特征与内涵 / 1
　　第二节　都市现代农业的形成与特征 / 4
　　第三节　都市现代农业的功能 / 7
　　第四节　都市现代农业的发展趋势 / 10
　　第五节　都市现代农业的发展规划与目标 / 17

第二章　都市现代农业的基本类型 / 21
　　第一节　生态农业 / 21
　　第二节　设施农业 / 25
　　第三节　休闲农业 / 30
　　第四节　创意农业 / 33
　　第五节　"互联网+"农业 / 37

第三章　都市现代农业的经营主体 / 44
　　第一节　家庭农场 / 45
　　第二节　农民专业合作社 / 50
　　第三节　农业产业化龙头企业 / 57
　　第四节　专业大户 / 64

第四章　都市现代农业社会化服务体系 / 66
　　第一节　农业社会化服务体系的形成与发展 / 67
　　第二节　农业社会化服务体系的分类及其职能 / 68
　　第三节　农业社会化服务存在的问题 / 77
　　第四节　农业社会化服务的模式创新 / 79
　　第五节　农业社会化服务的发展导向 / 82

CONTENTS

  第六节 浦东农业社会化服务体系建设的探索和实践 / 83

第五章 都市现代农业的营销策略 / 88
  第一节 农产品的品牌经营 / 88
  第二节 农产品营销与政府管理 / 94
  第三节 农产品营销策略 / 97
  第四节 农产品的电子商务 / 103

第六章 农业标准化与农产品质量安全 / 108
  第一节 农业标准化 / 108
  第二节 农产品质量安全认证 / 112
  第三节 认证农产品的安全生产与管理 /116

第七章 农业生产环境与保护 / 131
  第一节 种植业污染及防治 / 131
  第二节 畜禽养殖污染及治理 / 136
  第三节 水产养殖污染的原因及治理 / 139
  第四节 农业废弃物资源化利用 / 141

第八章 都市现代农业的投资管理 / 147
  第一节 都市现代农业项目的投资要求与特点 / 147
  第二节 都市现代农业项目投资管理的流程 / 150
  第三节 投资项目的可行性研究 / 151
  第四节 项目投资经济效果分析 / 154
  第五节 都市现代农业项目的融资管理 / 159

目录

第九章　案例 / 167

　　"宝贝豆"创亿元产值的奇迹 / 167

　　多利农庄打造绿色有机生活体验平台 / 174

　　专注生态种养　投身生态农业 / 180

　　家庭农场打造都市生态农业 / 185

　　桃咏专业合作社打造浦东具有国内影响力的特色农业品牌 / 188

　　农旅文结合的仓桥水晶梨合作社 / 194

　　产销一体化的弘阳蔬菜农庄 / 202

　　大团水蜜桃 / 208

　　在创业中成长，在转型中壮大 / 213

后记 / 222

第一章
都市现代农业概述

随着我国城市化进程的加快，特别是大中城市区域的扩张，以及人们收入水平的提高、生活理念的改变、消费需求的多样化，都市农业正以五彩缤纷的业态，吸引人们的眼球，创造与满足各类城市居民新的消费需求。

都市农业的发展与一个国家所处的发展阶段有关，与城市化的发展进程有关，因此都市农业首先形成于美国、欧洲、日本等经济发达的国家与地区。当前，我国已经基本完成由农业国向工业国的转变，城市化的进程正从量变到质变，城市人口第一次超过农村人口，整个国家的现代化进程已经步入全面建成小康社会的新阶段。这为我国都市现代农业的发展提供了前所未有的机遇，为大城市周边郊区的农业现代化提供了新的视野与前景。

我国都市农业的起步较晚，但是最近十多年发展迅猛，各地呈现不同的经营模式，由于经营主体的多样性，因此作为主体的经营管理问题具有一定的复杂性。本章以历史与发展的观点，对都市现代农业的基本问题，作一些探索性的阐述。

第一节 现代农业的特征与内涵

都市现代农业是现代农业的重要组成部分，具有现代农业的本质特征与内涵，因此有必要通过农业发展的历史，进一步加深对现代农业有关概念的理解。

一、现代农业的概念

现代农业是一个历史性、阶段性的概念。农业是一个随着人类生产力水平的提高而不断进步的产业,是人类赖以生存的基础产业。在漫长的农业发展过程中,世界农业大致可以分为原始农业、传统农业和现代农业三个不同的阶段。

(一) 原始农业

原始农业是指人类在未使用铁器工具之前的农业,刀耕火种是基本的生产方式。原始农业的基本特征是以简陋石器、棍棒为生产工具,以传统的直接经验为生产技术,以简单的劳动合作为组织形式。

在原始农业产生之前,人们主要以采集、狩猎方式获得生活资料。随着对自然认识的提高以及生产经验的积累,人类逐渐掌握了一些植物的生长规律与动物的生活习性,并采取措施栽培植物和驯养动物,开始了依靠劳动来增加食物的时期,从而产生了原始农业。

(二) 传统农业

传统农业是指人类开始学会使用铁器农具,一直到使用机械取代手工劳动之前的农业。传统农业大约有 3 000 年漫长的历史,所以在农业的发展史上,有些学者又把传统农业分为古代农业和近代农业。古代农业的基本特征是用铁木农具代替石器,畜力逐渐成为农业生产的主要动力,从拓荒制过渡到轮作制,逐渐形成了一整套建立在传统经验基础上的农业技术。这时候的农业基本上是自给自足的自然经济。近代农业是由手工工具和畜力农具逐渐转变为半机械化、机械化的农业,是由主要依靠传统经验转向近代科学技术的农业,也是自给自足农业转向商品经济的农业。

(三) 现代农业

现代农业是指广泛采用现代科学技术、依靠现代工业装备、实行科学管理的社会化农业。现代农业通常是指当代发达国家的农业。在按农业生产力的性质和状况划分的农业发展史上,现代农业是处在最新发展阶段的农业。

二、现代农业的特征

与传统农业相比,现代农业有三个明显的特征:

一是广泛运用现代科学技术最新的研究成果,使来自直接经验的传统农业技术,发展为建立在自然科学与生物工程基础上的现代农业技术体系。

二是依靠现代工业技术装备代替人力畜力劳动，并投入工业系统生产的物质与能量，改变传统农业生态系统的能量物质循环，以获取更高的投入产出比例。

三是用现代管理科学来经营的社会化、商品化农业，使得农业成为具有较强竞争力的现代产业。

三、现代农业的内涵

现代农业既是历史概念，更是一个动态的概念。现代农业的主要标志是第二次世界大战前后，经济发达国家基本实现农业机械化。总体上现代农业的历史还比较短，现代农业仍然处在发展的初级阶段。

目前对现代农业内涵的描述，基本的观点大同小异，可大致归纳为三个主要方面：

一是农业生产的物质条件和技术的现代化，利用先进的科学技术和生产要素装备农业，实现农业生产机械化、自动化、信息化、生物化和化学化。

二是农业组织管理的现代化，实现农业生产专业化、社会化、区域化和企业化。

三是以市场需求为导向，深度融合第一产业、第二产业、第三产业，在市场机制与政府调控的综合作用下，形成混合型的产业形态和多功能的产业体系。

随着科学技术的不断发展与应用，今后对现代农业的阶段划分，必将进一步细化。比如，从生产手段的角度，将现代农业细分为机器农业阶段、设施农业阶段、智能农业阶段。机器农业阶段，是指用机器劳动替代人力畜力劳动，是现代农业的初级阶段。设施农业，是指利用人工建造的设施，为种植业、养殖业以及产品的储藏保鲜等提供可以控制的环境条件，以获得速生、高产、优质的农产品。设施农业进一步解决了自然环境对农业生产的制约，加强了资源的集约高效利用，从而大幅度提高了农业系统的生产力，使单位面积产出成倍乃至数十倍地增长，设施农业是衡量农业现代化的重要标杆。智能农业目前尚处在起步发育阶段，应该是现代农业的高级阶段，主要包含三个方面的内容：农业信息的智能处理，农业环境的智能控制，农业机器的智能化作业。

随着互联网信息技术新的飞跃、卫星定位技术的精准化、机器人时代的到来，现代农业的衡量标准和内涵将得到不断更新。

第二节 都市现代农业的形成与特征

一、都市农业的产生

都市一般是指较大城市。都市农业与人类社会的城市化进程有关,城市化是推动都市农业发展的先决条件。当今世界人口已经有一半左右居住在城市,这为都市农业的快速发展提供了肥沃的土壤。

从世界各国社会经济发展现状分析,都市农业的发展状况无疑和各个国家的现代化进程有关。都市农业是城市化、工业化发展到一定阶段的产物,都市现代农业是发达国家现代农业的重要组成部分,也是城市生态系统的要素构成。

根据有关资料,早在20世纪20年代,美、日、欧等经济发达的国家和地区的大城市周围就相继形成了都市农业雏形。1919年,德国开创了"市民农园"的休闲农业模式,并且制定了相关的法律。20世纪30年代,日本学者提出了"都市型现代农业"的概念。1950年,美国农业经济与城市环境学者提出了"都市农业区域"的概念,主张在都市周边地区和都市嵌入农业区域,必须发展园林、绿地、果树业,并提出了"都市型现代农业区域"的概念。20世纪70年代以后,日本就以"都市农业"替代曾经长期使用的"城市近郊农业"的概念。20世纪80年代以来,随着大城市的进一步扩展,许多国家开始重视都市农业的发展研究。1992年,联合国开发署成立了都市现代农业扶持小组,1996年又成立了全球都市型现代农业部,广泛开展都市型现代农业的研究与推广工作。

二、都市现代农业兴起的主要原因

都市现代农业在不同的国家,其形成的历史有差异。但是从其产生的背景分析,都是在工业化和城市化高度发展的过程中形成的。都市现代农业的发展反映了人类社会进入工业化、城市化后,对正在消失的农耕文化、自然生态的重新认识和天然的渴望,所以都市现代农业的发展是现代社会发展的必然取向。

(一) 城市化进程是都市现代农业发展的主要原因

第二次世界大战后，世界主要经济体进入了城市化快速发展的阶段，城市区域不断扩大。同时，为了适应城市产业的发展，许多规模大、原材料消耗多、对环境有污染的企业纷纷转移到城郊结合地区，由此出现了城市与农村区域犬牙交错的形态，形成了城市加速向郊区农村地区扩张与渗透的现象。

大城市的急剧膨胀，导致居住人口的大幅增加，从而引发生活污染，生态环境恶化，人们的身心健康受到影响。于是20世纪70年代以后，西方国家出现了反城市潮流，城市居民纷纷迁移到靠近城区的农村居住。与此同时，由于农村经济空前发展、产业结构的调整与优化以及交通条件的极大改善，农村与城市在生态、经济、社区等方面产生融合现象，城市生活质量与农村生活质量产生了同质化倾向。这种"郊区城市化"与"城市郊区化"的双向驱动，导致都市的城乡界线逐渐消失。所以，都市现代农业的产生是现代化大都市形成与发展、农村与城市相互渗透的必然结果，也是前提条件。

(二) 大都市的地理优势为都市现代农业提供了发展基础

首先，大都市拥有资金、科技、人才优势，都市农业毗邻大都市，比较容易吸收城市的各类资源，开发都市现代农业的新领域，推动都市农业的可持续发展。

其次，都市人群具有较强的消费能力，具有多样性的消费需求，这为都市现代农业的发展提供了广阔的市场。

再次，都市农业的生态效应，有利于美化城市的生活环境，降低由于城市建筑密度过高与交通拥挤所引发的城市生活的压抑。

(三) 都市现代农业是人类社会提升生活品质的自然追求

城乡一体化，农村城市化是国家实现现代化的基本要求。都市农业是第一产业衔接第二产业、第三产业所产生的特种农业，它的发展完全与大都市的形成有关。都市现代农业既是现代化农业的一部分，又是大都市的一个有机组成部分。都市农业的发展促进了城市与农村的有机融合，降低了城乡之间的距离感，减少了城市发展与大自然的对立与冲突，在满足城市居民提升生活品质的同时，也让农村居民同样享受到城市的文明生活。

总而言之，都市现代农业的兴起与大都市的形成有关。都市现代农业发展是以大城市的资源优势为基础，推动了人与自然的和谐，促进了城市与农村的结合。都市现代农业的发展现状反映了社会经济发展的综合水平。

三、都市现代农业的基本特征

虽然都市农业与一般的农业在劳动的对象方面具有同质性，但是由于都市农业兴起的背景、经营的方式、盈利的模式都不一样，所以都市现代农业在发展形态、功能定位、科技创新等方面具有明显的特征。

(一) 城乡结合、产业融合

传统上，由于城市具有交通、信息、能源等方面的资源优势，所以工商企业一般都集聚在大中城市，而农业则分布在广袤的农村，城市与农村具有明显的分界。然而，随着城市区域的不断扩张，大都市的形成，这种传统的产业分布发生了显著的变化。一方面，城市在扩张的过程中，局部区域仍有部分农田得以保留，或者是城市与城市之间夹杂小块农村地带，由此形成城市与农村的相互渗透；另一方面，长期生活在大都市的人们，渴望回归自然，享受田园风光，于是都市现代农业由原来单纯提供农产品的功能，逐步演化出生态保护、农耕体验、休闲观光等多种功能，并且朝着第一产业、第二产业、第三产业相互融合的方向发展。所以都市农业具有城乡结合、多种产业融合的特征。

(二) 综合性贡献

尽管现代科技高度发达，但是人类维持生命活动的食物，还是有赖于农业生产。都市现代农业作为现代农业的一部分，除了具有普通农产品生产的功能外，对现代大都市的健康发展具有综合性的贡献：一是对优化城市环境的贡献，都市农业增加了城市的绿化面积，增强了城市空气的净化能力，绿化美化市容市貌；二是具有为城市居民就近提供新鲜名特优农产品的功能，丰富了城市居民的菜篮子；三是都市农业为人们提供了休闲娱乐观光的空间场所，丰富了城市居民的业余生活；四是可以为城市居民提供农耕文化体验，为城乡之间的文化交流与沟通提供了平台。

(三) 集约化

一方面，都市农业由于紧靠大城市，可以更好地利用大城市的科技优势、资本优势，发展高投入、高收益的集约化农业。另一方面，由于都市农业地处经济发达地区，享有物流、信息等方面的便捷，所以，一般而言，都市农业使用土地的经济地租远高于纯农业地区。由于这两个因素的共同影响，都市现代农业的经营呈现出资本与科技集约化的特征。

（四）准公共产品

都市现代农业具有混合型的产业特点，其提供的产品可以是有形的物质商品，也可以是无形的精神文化财富，不仅可以满足人们生存的基本需要，更着眼于满足人们的精神文化需要。都市现代农业不仅是一个特殊的产业，而且，还在生态环境保护、美化城市生活、陶冶情操、继承农耕文明等方面发挥独特的功效。从某种程度上讲，都市现代农业为整个社会提供了其他部门无法替代的公共产品与公共服务。都市现代农业的受益者首先是城市社会，其次才是农业的经营者。从这个角度分析，都市现代农业的发展不仅是农业的问题，而且是关系到城市人群共同利益的社会问题。因此，都市现代农业的健康发展理应得到整个社会的共同关注与呵护。

第三节 都市现代农业的功能

对于都市农业的功能，人们有一个逐渐认识的过程。在人们的生活还处在贫困状态的时候，对都市农业功能的认识只是停留在农副产品的供应方面。随着城市经济的发展，居民收入水平的不断提高，人们开始注重生活品质问题，于是人们发现了都市现代农业在改善城市生态、调节气候、涵养水分方面无可替代的自然功能。在此基础上，人们不断加深对都市农业重要性的认识，进一步拓展都市农业在文化传承、教育体验、休闲观光方面的功能，引领都市现代农业的发展走向。

一、推进农业现代化

首先，大都市具备四通八达的交通和信息网络，拥有充沛的水、电、气等资源，以及完善的公共设施。都市现代农业能够直接接受大都市的辐射，充分利用大都市资源的优势发展现代农业，以此带动周边的农业，加快农业现代化的进程。

其次，都市现代农业可以直接吸纳大都市工业对农业的投入，增强城市工业在现代技术和物质装备等方面对农业投入的驱动力，可以迅速提高农业的集约化程度和现代化水平。

再次，都市现代农业可以直接利用大都市的市场优势，进入和占领国内外市场，可以利用大都市的信息优势和辐射功能，开拓国内外市场，有利于提高农业的专业化和商品化水平。

另一方面，都市农业能够直接接受大都市科技创新方面的最新成果，采用最先进的农艺技术，优化产业结构，导入与大都市相适应的经营管理方式，推进农业管理方式、管理手段、管理技术的现代化。

二、增加农民收入，缩小城乡差距

城乡差距的核心是城乡居民的收入差距。造成城乡居民收入差距的原因，主要是农业的弱势特征。传统农业生产受自然规律、经济规律的叠加影响，表现为农业容易受自然环境影响，存在许多不可控的因素；农业劳动生产率提高缓慢，远低于工业劳动生产率的提高速度，农业的经营收入受到市场因素、自然地理因素、科学技术因素、经营模式、内部管理等多重因素的影响。都市现代农业有条件改变农业的弱势状况，为农业增效、农民增收提供新的途径。

都市现代农业是城乡一体化发展的产物，是高度集约化、市场化、创意型的产业。都市农业能够得到城市资本的青睐，得到更多的市场信息，获得更多的技术支持。特别是最近几年，经济发达地区的政府不断加大财政支农、惠农的政策。例如上海浦东新区对农业合作社、农业企业使用当地劳动力除了农田基本建设的补贴之外，可以得到缴纳养老金的补贴。在这一农业形态下，农民不再是弱势群体，农业不再是弱质产业，农民能够获得与其他产业持平的利润，甚至高于其他产业。都市型现代农业的劳动生产率、土地生产率、资金生产率都达到了前所未有的高度，成为农业劳动者获得高收入的基础和保障。都市现代农业的发展，促进了城乡产业的高度融合，缩小了城乡就业的差别。在这一背景下，农村劳动力都能够充分就业，农民的工资性收入大幅提高。由此，进一步缩小了工农差距、城乡差距，促进社会的和谐发展。

三、改善城市生态

都市现代农业除了满足为大城市居民对鲜活农产品需求之外，对于大都市还具有生态保障和改善生活环境的功能。都市农业的形成，为城市带来了清新的空气与优美的田园风光，成为城市的湿地与绿肺，降低城市的"热岛效应"，成为城市美丽的风景线。都市农业还为市民提供了休闲、观光、健身的场所，有效改善了城市的生活品质。尤其是地处大都市与中小城市之间的都市现代农业，形成城市中的田园与田园中的城市，绿地环绕与水系融通，形成一种新的城乡生态系统。随着人们保护生态意识的不断增强，都市现代农业对城市生态的维护与改善功能的贡献，将会得到不断提升。

四、传承农耕文化

我国可持续发展的农业历史，创造了发达持久和长盛不衰的传统文化——农耕文化是中国劳动人民几千年生产生活智慧的结晶。传统农业的思想理念、生产技术、耕作制度，创造的多样性农业生产和丰富博大的农耕文化，浸透着历代先贤的血汗，凝聚着中华民族祖先的智慧，集中反映了劳动人民利用自然、开发自然、保护自然的实践经验与教训，反映了中华民族对人与自然之间的关系、规律的认识与把握，是民族传统文化的重要组成部分，是重要的精神财富和珍贵的历史遗产。时至今日，开发利用好丰富多彩的农耕文明与自然遗产资源，对保护、传承和利用好传统文化、人文精神与和谐理念，促进社会和谐等方面发挥着十分重要的基础作用。

我国大都市的中小学生，自小过着优裕的城市生活，成长在舒适的家庭环境中，都市现代农业，可以成为中小学生学习传统农业的基地，让他们体验农耕文化、学习农艺技术，理解人与自然的和谐相处，感受祖先勤劳与智慧的品格；激发青年学生热爱家乡、热爱祖国的情怀，培养劳动光荣、勇于创业的民族精神。

五、示范辐射

都市现代农业是多种形态的现代农业。都市现代农业凭借都市的人才、科技、资本优势,在农业的设施装备、高科技应用、市场营销策略的创新等方面,有条件率先与发达国家的农业接轨,提前实现农业现代化的目标。当前,科学技术的发展正在引发一场新的产业革命,"互联网＋"、大数据、智能制造、生物工程等新技术,正以前所未有的速度冲击所有的产业领域,全面影响人类社会生产、生活行为的方方面面。都市农业具有依靠大都市科技力量雄厚、信息资源丰富、资本来源多样、技术装备先进等诸多的优势条件,在当代新技术快速渗透现代农业的进程中,缩小与发达国家农业的差距,然后进一步辐射与带动整个地区乃至全国的农业产业,推动我国农业直接跨越传统农业的鸿沟,步入世界先进的现代农业的行列。

第四节　都市现代农业的发展趋势

一、都市农业发展的阶段性

都市农业发展与大城市扩张有关,是农村城市化、城市郊区化、城乡一体化所形成的具有多功能、新形态、混合型的产业。尽管都市农业的概念在第二次世界大战前后已经有学者提出,并且在20世纪50年代开始在欧美得到较快发展。但是,由于我国长期实行计划经济所形成的城乡社会分割的二元治理结构,以及城市化进程比较缓慢等原因,我国都市农业的起步比较晚。我国学术界引入这一概念是在20世纪90年代后期,到目前为止,对于都市现代农业的认识,还存在不同的观点,比较公认的理解是"地处城市郊区或者城市边缘及间隙地带,依托大城市的科技、人才、资金、市场优势,进行集约化农业生产,为国内外市场提供名、特、优、新农副产品和为城市居民提供良好的生态环境,并具有休闲娱乐、旅游观光、教育和创新功能的现代农业"。

从我国的情况看,都市农业随着城乡关系的变化,呈现出一定的阶段性。

(一)都市农业初级阶段

这是农业单纯为城市服务的阶段。城市的发展,需要周边地区为其提供鲜活农产品和初级加工农产品,于是,城市郊区的农区农业,就演变为城郊农业。郊区的大小，一般以城市的需要为标准。世界各国不乏随着城市的扩大而不断扩大所辖郊区范围的例子。在大城市郊区，农业产业的分布呈现德国农业经济和农业地理学家约翰·海因里希·冯·屠能所阐述的"屠能圈"状分布，不同的圈层由于地理位置的因素，为城市提供不同类型的农副产品。

这个阶段，城市具有外延性扩张的强劲势头，但是城市尚未具备反哺农村、工业反哺农业的能力，农业与城市的交流主要集中在产品交易和市场的衔接方面，农业自身的发展能力受地理位置、自然条件的影响较大，农业仍然处在弱势地位。

(二) 都市农业阶段

随着城市区域的快速扩张与城市经济的迅速发展，以及城市居民收入水平的提高、购买能力的增强、消费观念的变化，大城市对农业提出了许多新的要求，除了提供充足的鲜活农产品之外，还希望农业发挥美化生态环境、提供休闲娱乐、回归自然和获得农耕文化知识的场所的功能。与此同时，这一阶段，由于城市的高度发展，城市触角不断向郊区农村伸展，城市与农村相互镶嵌，城市的资本渗透进郊区农业，为农业的发展提供技术保障和资金支持。在这一阶段，由于交通系统更加便捷，农产品的运输储存保鲜基本实现专业化的趋势，供应城市居民的蔬菜、畜禽等农副产品生产大部分转移到远郊地区，与大都市毗邻的都市农业逐渐弱化鲜活农产品供应的角色。都市农业功能逐步向休闲观光、创意欣赏、生态维护、文化传承等方面发展。

(三) 都市现代农业阶段

这一阶段，农村城市化进程已经初步完成，城乡关系发生了重大转折，第三产业已经成为城市经济的主导产业，大规模的工业生产体系已经向大城市周围的工业园区扩散，以财政、金融、科技为主要内容的农业支持体系日臻完善。都市农业区域的范围不再局限于原来的行政区划，而是扩大到整个都市圈，并成为城市的一个重要组成部分。与此同时，现代科学技术成果在农业上得到了广泛的应用，农业的自我发展能力和盈利水平大大上升。在整个农业生产经营的全过程中，普遍采用现代科技的成果，自动化智能技术、互联网信息技术的广泛应用，使得都市现代农业逐步成长为1+2+3>6的新型产业，不仅满足了人们对新鲜农产品的口感享受，许多创意农业还成为吸引城市居民观赏和游览的重要场所。

从时间上看，20世纪90年代中期之前，上海、北京等大城市实施"菜篮子工程"，靠近城市郊区农业的主要任务是保障城市居民以蔬菜为主的农产品供应，这是都市农业初级阶段的特征；20世纪90年代中期至2005年年底，由于交通条件的大幅度改善，外埠蔬菜开始借助高速公路运输网络大量进入异地城市，大城市郊区农业作为"菜篮子"基地的功能逐渐下降，郊区农业进入了艰难的结构调整阶段，并逐渐形成了以安全、优质、高效为特色的发展格局，这一阶段属于都市农业阶段。2005年后，我国社会经济发展进入工业反哺农业、城市反哺农村、城乡一体化的新阶段，农业的发展逐步与城市经济融合在一起，为适应国际化大都市发展的需要，上海、北京等大城市郊区的农业率先开始进入了都市现代农业发展的新阶段。

可见，都市现代农业是都市农业发展的高级阶段，是用现代科学技术装备起来的农业，是城市高度发展、城乡一体化、城乡融合条件下的农业新业态，是城市体系下的农业形态。

二、发展都市现代农业的重要性

都市现代农业的发展，对农业的结构调整，产业的合理布局产生了重大影响，对推进城乡一体化进程发挥了积极的推动作用。最近几年，我国越来越重视都市现代农业的发展，人们越来越认识到发展都市现代农业的重要意义。

（一）有利于促进城乡一体化

都市现代农业是高度市场化运作的农业，能够及时追踪现代科学技术的最新成果，在提高农业现代化程度的同时，促进农村经济与社会生活的现代化，缩小城乡之间在社会进步方面的差距。都市现代农业将农业的生产、运销、消费连接起来，形成了城乡之间新的资源与信息交换关系。并且，通过把都市现代农业纳入城市社会、经济、文化、生态的整体发展规划，形成农业、农村和城市的有机协调发展与相互兼容，既保证了城市本身的可持续发展，又加强了城乡的融合。

（二）有利于改善大城市的生态人居环境

在大城市的周边地区适当保留一部分水稻种植面积和蔬菜面积，可以形成人工湿地和人工绿地，有利于改善城市局部气候，降低高楼大厦过度密集所形成的热岛效应。都市农业融生产、生活、生态功能于一体，在防洪排涝、涵养水源、保持水土、净化空气等方面发挥着重要作用，特别是能够提供绿色自然景观和农耕文明实体，满足城市居民日益增长的体验田园生活、旅游观光休闲等精神需求。加快发展都市现代农业，是改善城市生态人居环境、丰富城市居民文化生活、维护城市生态平衡、促进人与自然协调发展的重要途径。都市农业既重视发挥土地的生产性资源功能，又重视发挥由土地、农作物和自然环境共同形成的观光资源功能，同时还发挥土地作为农业休闲、体验农业劳作和度假的场地性资源功能。

（三）有利于改变农业的弱势格局

都市农业具有的多功能性，有比较高的投入产出比例，从而可以吸引城市工商资本的投入，实现投资主体多元化。由于资源组合空间和规模的扩大，都市农业逐步向资本化、技术化和企业化方向发展。都市现代农业可以引入先进的管理理念，采用先进的营销模式，有能力应用最新的科学技术的成果，促进农业的技术革命，从而改变农业的弱势格局，显著提高农业产业的竞争发展能力。

都市农业处于地理上的有利位置，在农产品的运输销售方面具有得天独厚的比较优势，不仅可以节省农产品销售费用，而且能比其他产地农业、大田农业更快、更直接地获取市场供求信息，及时调整生产结构与服务内容，提高市场竞争的应变能力，满足消费者不断变化的市场需求。

（四）有利于促进农民就业增收

虽然大中城市郊区农民收入水平高于农牧区，但与城市居民相比，还有较大的差距。在继续推进农村劳动力转移的同时，加快发展都市现代农业，大力引导城市资本、技术、人才等先进生产要素注入农业，促进休闲农业、农产品加工业、设施农业发展，提升农业产业化和服务社会化水平，有利于为农民乃至市民创造更多的就业增收机会。

（五）有利于实现"三化同步"

都市农业在地理上位于城市周边，在功能上服务于城市发展，在资源要素上与城市工商业紧密互动，是推进"三化同步"的有效载体。《全国现代农业发展规划（2011—2015年）》明确把"大城市郊区多功能农业区"列为"率先实现区域"。加快发展都市现代农业，有利于发挥示范、带动、辐射功能，提高"三化同步"发展水平、统筹城乡发展和协调工农关系、促进形成城乡经济社会发展一体化的新格局。

三、都市农业发展中的问题

我国都市现代农业起步比较晚，但是发展的速度比较快，当前需要关注几个凸显的问题。

（一）对都市农业认识的偏颇

我国一些地区对都市现代农业的认识及其功能的定位，还是相当肤浅的，常常盲目照搬外国或者外省市的做法，缺乏中长期的发展战略，造成发展中的困惑，在规划布局方面来回折腾。例如，上海浦东新区在外环线建设年代，在大规模建设沿线绿带的同时，一些镇村将大批农田改为林地，一些老板圈地种植树林后，还可以享受各种补贴。当时有关部门的想法是扩大绿地面积的比例，构成城市外围的绿色屏障，于是，这些地区大批种植的水稻良田消失了，代之而来的是大批单调的速生林。当时人们并没有认识到水稻田作为一种人造的湿地，对城市生态改善的独特贡献。都市现代农业应该兼顾生态与经济的双重功能，如果片面强调某一功能，都市现代农业就难以做到可持续发展。对都市农业认识的偏颇，导致了行为的失策。

（二）投资建设的盲目性

目前对都市农业的投资具有一股风的现象，许多地区以政府投资的方式建设现代农业示范区，出现了许多功能定位、设施装备、经营模式相雷同的现代农业园区。这种缺乏个性的农业示范区，只能长期依赖财政补贴过日子。高新技术是都市农业发展的必然要求，但不是本质特性。但是如今全国各地兴建农业园区，多以高科技为发展导向，进行招商引资，这种发展状况在某种程度上造成了都市农业的市场扭曲，脱离了我国的现实需要。再次，一些城市一味地将旅游观光休闲功能作为都市农业的发展重点，许多地方出现了以建设休闲观光农业的名义，个人投资大兴土木、侵占大批农田，建造高档的会所、农庄的倾向。而无论是从自然资源基础还是从城市居民持续性消费需求来看，目前我国旅游观光休闲农业收入不可能超过农产品经济功能所带来的收入，旅游观光休闲业不可能成为都市农业的主体。

（三）发展资源有局限性

都市现代农业的发展需要土地、资金、人才等要素资源，然而在城市化的进程中，这些稀缺资源的流动与分配是不平等的。

1. 土地资源问题

城市扩张的区域，大部分是征用的农业用地，农用地转换为城市建设用地是我国城市化的主要经济支撑。因此，城市土地利用规划往往由于经济因素，不会预留都市农业用地，导致都市农业在城市化地区没有生存的空间。

2. 都市农业发展的人才瓶颈

都市现代农业需要一批有文化、懂技术、善经营的新型职业农民，还需要有各方面的专业技术人员。由于农业劳动强度大、收入不稳定等原因，很难留住有用的人才与愿意长期从事农业的劳动力，后继乏人导致了都市农业所需劳动力得不到有效供给。

3. 市场机制与资本供应问题

一方面，土地资源在大城市郊区是一种稀缺资源，经过这几年大力推行土地流转，现在的土地资源已经掌控在少数人的手中，在现有土地制度的安排下，不可能形成公平的土地使用权市场，农业经营领域的自由竞争和破产兼并机制几乎不存在，使具有发展前途的都市农业难以在竞争中形成。另一方面，现行的金融信贷制度、信用担保机制不健全，难以满足农村地区发展都市农业的金融需求，使都市农业发展缺少资本供给的渠道。

（四）在政策扶持方面的不足

首先，在城市区域的社会经济发展规划中，没有体现都市农业的发展地位，大部分地区都市农业缺乏统一规划、统筹不足。其次，规划部门对都市现代农业的重要性，还没有从根本上改变陈旧的思维惯性，在整体上未能将都市现代农业作为城市规划中不可或缺的部分加以定位。第三，各个地区目前基本上还没有一个专门的部门对都市农业进行监督和管理，存在职责不清和监管不力的现状，使得都市农业的发展和运营有些鱼目混珠的现象。此外，经营模式对都市现代农业的运行非常重要，政府有关部门应该着力研究适合本地区的经营模式，并且加以政策扶持，以推进都市现代农业经营的专业化、品牌化、连锁化。

四、都市现代农业的发展要求与方向

（一）规划先行，合理布局都市农业

都市现代农业发展，首先是要规划先行，与城市规划创新相结合。特别是大城市总体规划要设计好都市农业发展区域空间，为都市农业发展预留土地资源。根据城市发展对都市农业多种功能的需要与区域定位优势，将都市现代农业环绕城市地域设置为内圈、中圈、外圈三个层圈，实施都市农业环城发展布局。内层圈都市农业重点培育生态功能，为改善城市生态环境、提高空气质量、美化城市景观服务。中层圈的都市农业重点体现休闲、观光功能，可以结合道路景观建设农业主题公园，为市民提供休闲娱乐、旅游观光的场所，为中小学生提供农业劳动的体验以及农耕文化教育。外层圈已经地处郊区，应该重点建设现代设施农业和高科技示范型都市农业，主要的功能是保障城市鲜活农产品的供应，并以特色、品牌、安全、优质为经营特色，满足城市居民对农产品时尚品质追求的需要。

（二）多种功能结合，满足城市多样性需要

都市现代农业可以利用的土地资源有限，所以发展的方向是将各种功能有机结合，既可以产生生态效益，又可以获得经济效益，还可以发挥社会效益。比如保留一片水稻田，可以形成一片城市湿地，调节城市气候，有效改善和优化生态环境，同时，还可以为市民提供优质的有机稻米。保留一片桃树林，春天可以让市民踏春赏花，夏天可以让市民享受采摘体验，同时为城市居民提供新鲜水果。如果建设一处农业科技园，就可以让市民了解现代农艺技术的发展，让学生在亲近大自然的同时，学习现代农业科技。都市现代农业如何将生态保护功能、保障鲜活的农产品供应功能、传承农耕文化功能、科技示范功能、促进农民增收等功能有机结合是一个发展的方向。

（三）技术领先，引领农业科技革命

当前互联网信息技术、智能制造技术、生物工程技术正在加速渗透各行各业，彻底改变人类社会的生产方式与生活状态。都市现代农业可以利用城市资

金、人才、信息方面的优势，在都市现代农业的发展中加快物联网、云计算、大数据处理、新一代移动通信、机器人技术、卫星精准导航等现代信息技术和装备集成应用和示范，实现信息技术与都市农业的深度融合，推进都市现代农业生产的数字化、自动化和智能化，加速都市农业现代化进程。

（四）增强辐射能力，联动周边地区，做强农业产业链

都市现代农业可以依靠自身的特长与区位优势，成为吸纳、传播、扩散现代农业科技的有效载体，支持与服务一般农业地区的农业现代化进程。通过举办农业会展、农产品博览会，设立配送中心、特色品牌农产品专卖店等形式，积极为主产区农产品在城市开展宣传推介活动提供便利服务，多形式、多层次、多渠道、高效率地促进农产品产销衔接，推动都市农业与农业主产区的经营合作。鼓励多种成分经济实体，投资发展都市现代农业，培育壮大本土大型农业企业，改善招商引资条件，引进国内外优秀农业企业与创业人才，促进农业龙头企业，联合农业科技部门，联结农民专业合作社、家庭农场，组成农产品生产、销售、加工联合体，增强带动城市周边生产基地发展的能力。鼓励都市现代农业采取新的农业技术、新的技术标准、新的科研成果，创新发展思路，提高都市现代农业在技术研发、成果转化、人才交流的重要作用，更好地带动周边农业与世界先进水平的农业接轨。

第五节　都市现代农业的发展规划与目标

一、都市现代农业发展规划的指导思想与目标

制定都市农业的发展规划首先需要明确指导思想与发展目标。

（一）都市农业发展规划的指导思想

都市现代农业的发展要以中国特色的社会主义理论为指导，以区域社会经济"五年规划"为依据，坚持工业反哺农业、城市支持农村的基本方针，融合农村城市化、城乡一体化发展进程。充分利用现代科学技术最新成果，以"绿色、生态、优质、高效"为目标，依靠创新驱动与品牌建设，大力发展生态农

业、创意农业、休闲农业等兼顾生态效益、经济效益、社会效益的现代农业，促进第一产业、第二产业、第三产业的深度结合，实现城乡社会经济资源的优势互补和协调发展。

(二) 都市现代农业规划的基本要求

都市现代农业规划首先应该纳入城乡发展一体化发展的思路，构建适应我国城乡统筹发展的规划编制体系，完善各类规划编制、审批和实施监管制度，健全完善城乡空间规划衔接协调机制。

都市现代农业规划必须与区域整体发展规划相适应，在空间分布与整个城市区域的市政建设、道路交通网络、生产力布局、大型居住区布局相匹配，强化都市现代农业在区域分布上的功能定位，提高规划的科学性和前瞻性，强化规划约束力和引领作用。

(三) 都市现代农业规划的发展目标

编制都市现代农业规划应该服从五个主要目标：

1. 发挥服务城市的生态功能

结合地理位置，充分发挥都市农业的生态效能，美化城市环境，绿化城市空间，洁净城市空气，让农村的美与城市的美相映生辉。

2. 发挥都市现代农业的休闲观光功能

结合大城市的整体规划，布局建设一批集观赏休闲娱乐为一体，融农耕文化教育、农事劳动体验为一身的都市现代农业园区，满足城市居民回归自然、亲近自然的渴望，促进人与自然、农村与城市的和谐发展。

3. 发挥农业现代化的示范辐射功能

都市现代农业可以借助大城市资金、人才、科技集聚的优势，利用最新的科技成果，如"互联网+"、大数据、自动控制、机器人、激光技术、卫星精准测距、基因工程等，直接跨越传统农业的边界，通过弯道超车的方式，进入现代农业最先进的领域。同时都市现代农业还可以在生产要素聚集、农业多功能开发、农业标准制定、农产品物流核心区的形成等方面发挥引领示范作用。

4. 率先实现"三农"协调发展

"三农"问题是一个互相渗透、相互影响、互相制衡的问题。都市现代农业的发展规划，必须同时考虑农业增效、农村增色、农民增收。在明显提高农业综合生产能力的基础上,培育农民持续增加收入的造血机制,推动农村公共服务水平与城市同步发展,为实现农业强、农村美、农民富探索创新之路。

5. 率先实现"四化"同步发展

"四化"同步发展是全面建成小康社会的基本要求。目前农业现代化是"四化"同步发展的短板,都市现代农业发展应该立足于工业化、城镇化、信息化基础之上,进一步加大工业化、城镇化、信息化对农业现代化的带动作用。同时持续增强农业现代化对工业化、城镇化的基础保障与支撑作用。

二、都市现代农业发展规划的总体思路

在土地资源总量有限的情况下,都市现代农业的发展在土地使用与地域空间布局上容易受到城市无序扩张的影响,所以都市现代农业的发展如果没有政府规划的法律保护,常常受到发展空间的压缩与蚕食。土地资源具有数量有限性、难以再生性、空间位置的无法移动性等特点,所以都市现代农业发展规划的思路应该更加具有前瞻性与战略性。

(一)坚持绿色生态发展模式

鉴于都市现代农业为城市服务的功能定位,都市现代农业发展的主流方向是绿色生态,始终坚持保护生态、改善人居环境,坚持资源节约、循环利用,为城市居民提供放心的有机食品、绿色食品、无公害食品,为建设绿色宜居城市作出不可替代的贡献。

(二)坚持高科技农业的发展要求

要在重视引进消化国内外先进技术的基础上,结合当地的自然、经济优势,实现跟踪模仿向自主创新为主转变,在农业科技创新上形成一批具有地方特色、品牌优势的竞争性科研成果,同时加强农业科技成果的推广与辐射,形成区域都市农业圈的科技优势。

(三)强化产业联动发展方向

大力推进第一产业、第二产业、第三产业的深度融合,以先进的信息技术和制造业技术武装农业,以现代商业模式经营农业,大力培育以农产品生产、精深加工、储藏保鲜、仓装物流相结合的新型产业和涉农经济联合体,通过不断深化延伸产业链,增加都市现代农业的附加值。

(四) 坚持改革先行，增添发展动力

改革始终是发展的动力来源。发展都市现代农业，离不开农村综合改革的推进，要坚持问题导向，牢牢把握农村综合改革的要求与方向。都市现代农业区域应该率先推行土地流转，探索自留地、宅基地置换。在此基础上，深化农业社会治理结构改革与农村集体经济产权制度改革，实施村经分离，实现农村与城市管理体制机制的协调与统一。同时，要加强公共资源的合理配置，建成城乡一体化的公共资源共享机制，促进美丽乡村建设与美丽城市建设的协同发展。

(五) 大力实施品牌战略

品牌战略是做大、做强都市现代农业的必然选择。要重视培育保护具有地方特色的优质农产品，以独特的生产工艺流程，培育独特的产品风味以及形态特征，形成稳定的城市消费群。同时要加强农业知识产权的保护，在品牌的形象设计、美化包装、广告宣传等方面，丰富都市现代农业的品牌内涵，引导各类顾客的消费取向，让无形的品牌资产成为都市现代农业市场竞争强有力的支撑。

第二章
都市现代农业的基本类型

都市农业的出现与城市化的进程有关。人们对"都市农业"内涵的认识以及概念的形成，有一个渐进的过程。大部分学者认为，20世纪五六十年代，美国的一些经济学家经过归纳提炼，首先提出了都市农业的概念。而"现代都市农业"则是在传统"都市农业"的基础上，加入了许多现代社会经济与技术进步的元素。具体而言，都市现代农业是指以满足城市社会消费需求、保护城市生态为主要功能的农业，是以生态农业、创意农业、休闲农业、出口创汇农业为主要类型的农业；是以农业高科技武装的园艺化、设施化、工厂化生产为主要手段的农业；是位于都市经济圈内，融生产性、生活性和生态性于一体，优质高效和可持续发展相结合的现代农业。

都市现代农业既可以按照功能分类，也可以按照区位布局分类，还可以按照经营手段方式进行分类。目前，还没有形成完全一致的分类方法。本章基本参照功能因素，将都市现代农业分为生态农业、设施农业、休闲农业、创意农业、"互联网＋"农业五种基本类型。

第一节 生态农业

一、生态农业的概念

都市现代农业首先必须符合绿色发展的要求，为保护城市生态环境、改善城市生活品质作出贡献。生态农业是都市现代农业发展的基本方向，符合现代城市人居环境发展的基本理念。生态农业简称ECO，有狭义的生态农业，也有广义的生态农业。

(一) 狭义的生态农业

狭义的生态农业是指利用植物、动物、微生物的物质、能量的自然转换功能，以食物链形式构建农业的生态循环系统，通过生态系统，提高作物的太阳能吸收率、固化率；提高动物对生物能的转化率；微生物对废弃物的再循环利用率等，促进物质在农业生态系统内部的高效循环利用并实现重复利用，以达到取得比较高的经济效益的同时，实现农业的低碳、高效、能源再利用、生态保护等综合性效果，使农业再生产保持良性循环。

(二) 广义的生态农业

广义的生态农业泛指按照生态学原理和经济学原理，运用现代生物工程技术成果和现代管理手段，结合传统农业的有效经验，保护生态环境、维护生态平衡，能够获取较高的经济效益、生态效益和社会效益的现代化高效农业。

现代生态农业强调以自然资源的循环利用和生态环境保护为重要前提，根据生产与环境相协调适应的要求，通过物种优化组合，达到能量物质高效率运转、输入输出平衡，实现农业废弃物资源化，充分发挥资源潜力和物种多样性优势，建立良性物质循环体系，促进农业持续稳定地发展，实现经济、社会、生态效益的统一。因此，现代生态农业是一种知识密集型的现代农业体系，是都市现代农业发展的重要模式。

二、生态农业的发展过程

生态农业最早产生于20世纪30~40年代，首先在瑞士、英国等国家形成生态农业的雏形；20世纪60年代，欧洲地区的许多农场转向生态耕作；20世纪70年代末，东南亚地区开始研究符合国情的生态农业；进入20世纪90年代以来，世界各国均积极推进生态农业的发展。建设生态农业，保护生态环境，走可持续发展的道路，已成为世界各国农业发展的共识。

根据有关资料，世界生态农业的发展大约分为三个阶段。

(一) 起步阶段

大约20世纪30~70年代是世界生态农业的起步阶段。在这个阶段，生态农业只是由个别生产者满足局部市场的需求，而自发地形成的生产方式，这些生产者组合成社团组织或协会。20世纪30年代初，英国农学家A.霍华德提出有机农业的概念，并相应组织试验和推广，随后有机农业在英国得到了广泛发展。在美国，有机农业的先驱是罗代尔（J. I. Rodale）。他最早开始生态农业实践，于1942年创办了第一家有机农场，并于1974年成立了从事有机农业研究的著名研究所——罗代尔研究所。但这个时期的生态农业，主要侧重于利用生态系统，通过封闭式的生物循环，实现农产品的再生产，由于生产效率低、经济效益不高等原因，影响了推广发展的速度。

（二）关注阶段

20世纪70年代后，随着农业生产的规模不断扩大，大量化肥、农药、激素、塑料等工业品的投入，导致了生态系统的破坏、土壤的贫瘠，加上工业化的高速发展，由污染导致的环境恶化、空气污染达到了直接危及人类生命与健康的程度。于是许多经济发达的国家越来越意识到，必须加强环境保护以拯救人类赖以生存的地球，确保人类生活质量和经济健康发展，从而推动了以保护农业生态环境为主的各种替代农业研究。西欧发达国家也相继开展了有机农业运动：1972年，在法国成立了国际有机农业运动联盟；同时，英国的有机农业在20世纪70年代后，在全国得到了广泛的接受和发展。日本在20世纪70年代以后，为了减少农田盐碱化，农药、化肥的污染，提高农产品品质，开始大力推动生态农业的发展。与此同时，一些发展中国家也开始重视生态农业的发展，其中，菲律宾是东南亚地区开展生态农业建设起步较早、发展较快的国家之一。玛雅（Maya）农场是一个具有世界影响的典型。1980年，在玛雅农场召开了国际会议，与会者对该生态农场给予了高度评价，世界各国普遍认识到生态农业是农业可持续发展的重要途径。

（三）发展阶段

20世纪90年代以后，特别是进入21世纪以来，保护环境、保护生态，实施可持续发展的理念逐渐成为世界各国的共识，可持续农业的地位也得以确立，生态农业作为可持续农业发展的一种基本模式，开始得到各国政府的重视。许多国家政府纷纷出台奖励措施或者补贴政策，鼓励和帮助农业经营者发展生态农业。许多农业科研机构，加大了对生态农业的研究与推广。由此生态农业进入了一个全面发展的新时期，无论是在规模、速度还是在水平上都有了质的飞跃。

我国生态农业的发展，起步比较晚。20世纪80年代，农业部针对农业生态环境和生产条件恶化的趋势，提出我国生态农业发展的总体思路，并且组织开展了一系列生态农业的试点和示范。1993年由农业部牵头组织开展了全国51个生态农业试点县建设，取得了显著的经济、环境、社会效益。进入21世纪以来，全国各地更加重视生态农业的发展。到2002年年底，全国大部分地区建立了无公害农产品的认证管理机构。目前，我国生态农业建设已经形成从国家层面到地方政府较为完善的管理、推广和技术服务的管理体系。同时，生态农业建设正在逐步走上法制化的轨道，全国大部分省、自治区、直辖市颁布了农业生态环境保护条例或办法。

我国生态农业与西方那种完全回归自然、摒弃现代投入的"生态农业"主张有所不同，主要强调继承中国传统农业的精华——废弃物质循环利用，规避常规现代农业单一作物连年栽培，大量使用化肥、农药等化学品所引发的种种生态环境问题。

三、生态农业的特点

（一）综合性

生态农业强调发挥农业生态系统的整体功能，具有综合性的特点。首先，表现为功能的综合性，具有提高资源的利用率、经济效益、保护生态环境、为城市居民提供优质特色农产品的功能。其次，生态农业既吸取了传统农业的农耕文化的精华，同时运用最新的生物学研究成果以及各种先进农业装备。再次，生态农业强调农业生产内部各个产业之间的协调、平衡，相互支持、相得益彰，从而提高了农业的综合生产力。

（二）多样性

我国地域辽阔，山区、平原、丘陵地形复杂，气候条件、自然资源基础、经济与社会发展水平差异较大。为此，我国生态农业的发展，既要吸取发达国家的经验，运用先进的科学技术，更要充分吸收不同地区传统农业精华，发挥各地自然条件和资源的优势，依据本地区自然、经济、社会特点，扬长避短，充分发挥区位优势，形成多种生态模式、生态工程、技术装备类型生态农业模式。

(三) 高效性

生态农业利用生物技术，通过生态系统的物质能量循环，实现资源的多层次综合利用，实现资源利用的最大化，在为建设节约型社会作出贡献的同时，为农业增效、农业增收、农村增色服务。

(四) 持续性发展

发展都市生态农业，能够更加有效地保护和改善生态环境，维护生态平衡，减少或者治理化肥、农药、城市工业污染源对自然环境的破坏，提高农产品的安全性，使得农业发展符合环境友好的理念，把环境建设同社会经济发展紧密结合起来，在最大限度地满足城市居民对安全农产品日益增长的需求的同时，提高生态系统的稳定性和持续性，实现高效、低碳农业的长期可持续发展。

第二节 设施农业

一、设施农业的概念

设施农业是指通过人工建造的设施，控制光照、温度、湿度等影响植物、动物、微生物生长的环境因素，使农业生产能够减少或者摆脱自然条件的束缚，实现全天候生长的现代化"工厂化"科技农业。设施农业打破了气候地理条件的制约，改变传统农业的季节性，使得大部分农产品可以实现全年连续生产，实现农产品的反季节上市，是进一步满足多元化、多层次消费需求的有效方法。

设施农业是综合性的概念，是一个具有集成性、综合性的农业科技生产系统。除了必要的硬件设施设备外，为了产出更多更好的农产品，提高经济效益，还必须选用适宜的品种和种养生产管理技术。

二、设施农业的分类

设施农业从种类上分，主要包括设施园艺和设施养殖两大部分。

(一) 设施园艺

设施园艺又称设施栽培,是指通过建设特定的设施,人为创造适于作物生长的环境,达到保温、增温、降温、防雨、防虫等作用,以生产优质、高产、稳产的蔬菜、花卉、水果等园艺产品的一种环境控制农业。设施园艺按技术类别一般分为玻璃温室/PC板连栋温室/塑料连栋温室、日光温室、塑料大棚、小拱棚(遮阳棚)四类。

1. 玻璃温室/PC板连栋温室/塑料连栋温室

玻璃温室和PC板连栋温室一般属于大型现代化温室,具有自动化、智能化、机械化程度高的特点。温室内部具备保温、光照、通风和喷灌设施,可进行立体种植。其优点在于对温度、光照的调控性能强,具有抗风和抗逆功能,可以更加有效地利用现代技术装备,实现自动化管理。主要制约因素是建造成本过高,管理运行费用大。塑料连栋温室以钢架结构为主,其优点是使用寿命长,稳定性好,具有防雨、抗风等功能,自动化程度高;其缺点与玻璃温室/PC板连栋温室相似,一次性投资大,对技术和管理水平的要求高。

2. 日光温室

日光温室是一种不加温的温室,主要依靠日光的自然温热和夜间的保温设备来维持室内温度。通常作为低温温室来应用。在我国北方应用较多,一般作为晚间的防霜、御寒或者在早春解冻前育苗用。

日光温室是采用较简易的设施,充分利用太阳能,在寒冷地区一般不加温进行蔬菜越冬栽培,日光温室作为一种简易温室,具有鲜明的中国特色,是我国独有的设施。日光温室的结构各地不尽相同,分类方法也比较多。按墙体材料分,主要有干打垒土温室、砖石结构温室、复合结构温室等。按后屋面长度分,有长后坡温室和短后坡温室。按前屋面形式分,有二折式、三折式、拱圆式、微拱式等。按结构分,有竹木结构、钢木结构、钢筋混凝土结构、全钢结构、全钢筋混凝土结构、悬索结构、热镀锌钢管装配结构。

3. 塑料大棚

这是我国现阶段使用最广泛的规模化生产型的温室,由于成本较低,结构简单,农户易于接受。塑料大棚以其内部结构用料不同,分为竹木结构、全竹结构、钢竹混合结构、钢管(焊接)结构、钢管装配结构以及水泥结构等。总体来说,塑料大棚的造价比日光温室要低,还有管理方便、使用方便等优点,特别是容易安装拆卸。上海浦东新区一些种植瓜果的专业农户,由于瓜果常年连作,病害加重的趋势特别明显,为此,一般种植三年后,就要搬迁大棚。塑料大棚的缺点是棚内立柱过多,空间相对温室较为狭窄,不宜进行机械化操作,抵抗自然灾害的能力比较弱。

4. 小拱棚(遮阳棚)

它的特点是制作简单,投资小,作业方便,管理操作简便。其缺点是抗灾能力差,增产效果不显著,不宜各种装备设施的应用,并且劳动强度大。一般适合小型农户生产,不适合大规模、商品化生产。

(二)设施养殖

设施养殖主要分为水产养殖和畜牧养殖两大类。

1. 水产养殖

在水产养殖方面,围网养殖和网箱养殖技术已经得到普遍应用。网箱养殖具有节约土地资源、充分利用水域资源、设备简单、管理方便、效益高和机动灵活等优点。最近几年上海地区虾类养殖,陆续推广大棚温室养殖方式,尤其对罗氏沼虾和南美白对虾的养殖,在依托以往积累的养殖技术的前提下,通过大棚设施养殖,经济效益明显提高。按照常规的养殖方法,鱼虾苗每年必须待外界气温、水温适宜后才能放养,而现在先将虾苗放入大棚温室内进行一段时期的暂养,待外界水温达到适宜虾苗放养要求时,再进行分养,此时向外塘分养的虾苗已达到一定的规格,这就为本茬商品虾的提前上市打下了基础,从而将以较好的季节差价去获取较高的养殖效益。

2. 畜牧养殖

大型养殖场或养殖试验示范基地的养殖设施主要是开放(敞)式和有窗式。封闭式养殖主要以农户分散经营为主。开放(敞)式养殖设备造价低,通风透气,可节约能源。有窗式养殖的优点是可为畜禽类创造良好的环境条件,但投资比较大。最近几年,由于人们对城市环境的要求不断提高,大型养殖场有从近郊转移到远郊地区发展的趋势。

三、设施农业的主要特点

设施农业是都市农业的基本特征,也是现代化农业的具体体现,是提高农业劳动生产率、土地生产率，发展高产、优质、高效农业的必然要求，与传统农业相比，设施农业具有以下三个特点。

（一）投资大、产出高

我国土地资源有限，设施农业虽然投入大，但可以取得较高的经济效益，是提高土地资源利用率的重要途径。从我国现有情况看：土法上马的大棚，建筑投资一般为每亩0.8万元左右；钢架结构、砖墙（附保温材料层）、覆盖保温被、无立柱式大棚，一般投资为每亩7万元左右；国内外设施配套较全的先进大棚，每亩投资高达几十万元，甚至上百万元。土法上马的瓜果蔬菜大棚，一般年纯收入在1万~3万元左右。上海郊区种植各种高档的稀有蔬菜、水果等，如果市场营销有方，管理措施先进，每亩温室大棚的年纯收入可以达到5万~10万元。

（二）具有较强的抗灾害能力

设施农业具有较强的抵御自然灾害的能力，可防风、防寒、防涝、防旱，也有利于防治病虫害。一般无加温设施的普通大棚，在长江中下游地区的冬季，也能保证作物安全生长，即使刮八级大风，也不会影响作物生长。

（三）有利于各类科学技术的应用

设施栽培是农业高科技的产物，也为农业高科技的应用提供了条件。设施栽培不仅应用现代工程技术，也应用现代生物技术。比如增施二氧化碳技术，对作物生长增产效果明显，在大田作物中无法实现，而大棚温室为其应用提供了可能。在炎热的夏季，反光膜的应用使大棚降温成为可能，因而作物在高温季节也能获得良好的生长环境。此外，现代信息技术、大数据、智能控制、"互联网＋"等最新科技成果，都可以在设施农业环境下，加以迅速结合与应用，推动现代农业的新一轮科技革命。

四、我国设施农业的发展要求

进入本世纪以来，随着现代工业智能装备和信息互联网技术的应用，集约型设施农业在美国、欧洲、以色列、日本等发达国家和地区得到迅速发展，并成为强大的支柱产业。发达国家设施农业已形成了完整的技术体系，其现代化生产温室已达到能根据植物对环境的不同需要，由计算机系统对设施内的温度、光、水、气、肥等因子进行自动监测和调控。同时，部分蔬菜和花卉品种还实现了从育苗、定植、采收到包装上市的专业化生产和流水线作业。我国的设施农业，虽然在总面积上已经占到世界的90%左右，但是在设施的先进性和新技术的应用方面还存在着较大的差距。

设施农业是我国农业现代化的主攻方向。为此，今后一个时期，要多渠道增大设施农业投入，不断加强设施农业的基础设施、机械装备和生产条件的相互适应与配套；加快科技创新和科技成果的普及推广，推进生物技术、工程技术和信息技术在设施农业中的集成应用；努力拓展设施农业的生产领域，深入挖掘设施农业的生产潜能；切实提高设施农业的管理水平，大力提升设施农业发展的规模、质量和生产效益。努力实现我国设施农业生产种类丰富、生产手段加强改善、生产过程标准规范、生产产品均衡供应的总体目标，探索出一条具有中国特色的高产、优质、高效、生态、安全的设施农业发展道路。

（一）落实扶持政策

要认真落实中央一系列强农惠农政策，扶持鼓励设施农业的发展。将重点设施农业装备纳入购机补贴范围，加大对农民和农民合作组织发展设施农业的扶持力度。要与有关部门协调，加大对设施农业财政、税费、信贷和保险政策的支持，同时，加大基础设施建设投入，对灾区受毁设施的恢复重建给予扶持，不断提高农民发展设施农业和抵御自然灾害的能力。

（二）坚持优化布局、发挥优势

要发挥区域品种和产业优势，着力优化区域布局。选择基础条件较好的区域，统筹育种、栽培、装备、管理等多方面的力量，发挥本地资源优势，充分挖掘设施农业的生产潜能，促进设施农业快速发展。

要根据地区气候、资源、生产方式、种养殖传统等特点，有重点地选择设施农业的发展方向。同时坚持效益优先，着力提高种养殖综合生产能力以及经济、社会和生态效益。

（三）坚持改革创新、建立机制

始终以实现设施农业又好又快地发展为目标，通过技术创新、管理创新和机制创新来解决发展中的问题，并将行之有效的创新成果加快推广应用，促进技术提升，努力探索建立促进发展的长效机制。

(四) 积极推动科技创新

加大科技创新投入力度,支持设施农业共性关键技术装备的研发。加强宽领域、深层次的协作,积极探索设施农业科技创新体系建设。加快科技成果转化应用,提高产业的整体技术水平,实现产业不断升级。

(五) 坚持市场引导、政府扶持

坚持市场引导与政府扶持相结合,要以解决农民就业、促进农民增收为核心,着力提高农民的科学生产素质,提高种养殖的科技含量和产品竞争力,提高生产过程的机械化、自动化和生态化水平。

第三节 休闲农业

一、休闲农业的基本内涵

休闲农业是利用农业田园景观、自然生态资源,结合农业生产设施和经营活动,发展农村观光、休闲旅游、农耕文化体验的一种新型农业生产经营形态。休闲农业是深度开发农村旅游资源,调整农村产业结构,改善农业生态环境,增加农民收入的新途径。可以让城市居民享受回归自然、体验乡土情趣的乐趣,促进城乡交流,推进城乡一体化发展。

休闲农业作为一种产业形态大约产生于19世纪30年代。当时欧洲一些国家城市化区域不断扩大,人口急剧增加,人们希望缓解都市生活的压力,渴望到农村享受暂时的悠闲与宁静,体验乡村生活。于是生态休闲农业逐渐在意大利、奥地利等地兴起,随后迅速在欧美国家发展起来。

我国的休闲农业,作为一个新兴的产业,起步较晚,但是最近十几年发展迅速,产业规模逐年壮大。"十二五"期间,全国农家乐已超过150万家,规模休闲农业园区1.8万多家,年接待人数超过4亿人次。各地根据自然特色、区位优势、文化底蕴、生态环境和经济发展水平,先后发展形成了形式多样、功能多元、特色各异的模式和类型,休闲农业逐步从零星分布向规模集约,从单一功能向休闲教育体验多功能,从单一产业向多产业一体化经营,从农民自发发展向政府规划引导转变。许多地区围绕"高、新、特、优、雅、奇"努力打造特色休闲品牌，经济效益不断提高，成为带动农民致富的支柱产业和民生产业。

"十三五"期间，我国城市化进程将呈现加速发展的趋势，城市人口的大幅增加，城乡居民消费能力的提高，休闲农业将迎来新的发展机遇。我国是一个地域辽阔、历史悠久的农业大国，具有优美的自然景观和丰富的农耕文化，以及多彩的乡村民俗风情，休闲农业可持续发展有着得天独厚的条件和广阔的前景。

二、发展休闲农业的意义

按照农业部的有关文件，我国发展休闲农业，具有如下重大意义。

（一）发展休闲农业是提高农业效益、增加农民收入的有效途径

通过发展休闲农业，有利于带动餐饮住宿、农产品加工、交通运输、建筑和文化等关联产业发展，延伸农业产业链，推动第一产业、第二产业、第三产业良性互动；增加农业单位面积的多功能产出，提高综合效益，增加农民的生产性收入；把农家的庭前屋后变为经营场所，增加农民的财产性收入；保障农民收入四季不断，开辟农民增收的新空间。

（二）发展休闲农业是增加就业容量、促进社会和谐的有效渠道

通过发展休闲农业，可以有效吸引资金、技术、管理、人才、设施等要素流向农村，增大就业容量，实现农民就地、就近就业；培养一批有文化、懂经营、会管理的新型农民，带动农业生产、农民生活和乡风文明水平的提高；促进构建新型工农城乡关系，让广大农民平等参与现代化进程、分享现代化成果。

（三）发展休闲农业是传承农耕文明、弘扬传统文化的重要举措

通过发展休闲农业，能够系统整合农业生产过程、农民劳动生活、农村风情风貌中的文化要素，推动传统文化和现代文明有机融合，促进农村文化事业和文化产业的发展繁荣；能够顺应城乡居民文化消费新期待，把农业文化遗产、历史古村、特色民居等作为历史文化资源和景观资源加以开发利用，实现在发掘中保护、在利用中传承。

(四) 发展休闲农业是保护生态环境、建设美丽乡村的有效手段

通过发展休闲农业，能够有效带动农村基础设施建设，改善村容村貌，促进农村生态环境的改善；促进农业产区向产区景区融合发展转变，推动美丽乡村的建设；提高农民保护生态环境的意识，有利于农村生态、景观等资源优势转化为产业经济优势。

三、我国休闲农业的模式

目前我国休闲农业发展的模式多种多样，还没有形成统一的分类标准。按照功能，介绍几种主要类型。

(一)"农家乐"一条龙模式

农家乐起源于欧洲。我国的农家乐产生于20世纪90年代。农家乐以满足城市居民回归自然、返璞归真、欣赏田园风光、回味乡土气息的心理需要为特点，吸引大批游客，已经成为我国旅游业发展的新亮点。

目前大部分"农家乐"是以农民家庭为基本单位，也有几家农户合作组成接待单位，一般利用自然生态环境资源，以自家庭院、自己生产的农产品及周围的田园风光、自然景观，并以低廉的收费吸引游客前来吃、住、玩、游、娱、购等休闲旅游活动。主要类型有农业观光农家乐、民俗文化农家乐、民居型农家乐、休闲娱乐农家乐、食宿接待农家乐、农事参与农家乐。例如，最近几年浙江长兴、安吉地区，在当地政府的大力扶持下，农家乐形成完整的产业链，这种集旅游休闲观光为一体，吃住行、接送一条龙的服务模式，由于服务到位、收费低廉（一般每人每天60～70元），吸引了大批的上海中老年游客。

(二) 农耕体验"市民农园"模式

在大城市周围地区，在农民承包地合理流转集中后，一般有村级集体组织建立休闲农场，将土地划分若干小区，以"认种"方式让城市居民参与园艺耕作劳动，亲自种植花草、蔬菜、果树或经营家庭农艺，使消费者共同参与农业投资、生产、管理和营销等环节，与农民结成紧密的联结关系，体验和参与农业经营和农事活动。该模式在平时也可以委托农民代管、代种，市民主要是利用节假日参与农事耕作与管理。德国是世界上较早发展市民农园的国家，早在19世纪初就出现了市民农园的雏形。我国20世纪90年代开始出现这种模式，其中典型的有苏州未来农林大世界，当时称为"市民农园"，将土地分割为50平方米一块，向城市居民招租，现在这种休闲农业在不同地区已经演变成多种类型的经营方式。

（三）村镇旅游观光模式

许多地区在美丽乡村建设的新形势下，将休闲农业开发与小城镇建设结合在一起。以古村镇宅院建筑和新农村格局为旅游吸引物，开发观光休闲旅游。这种模式一般跟传统农耕文化传承教育相结合，诸如建立一些传统农艺展示厅，展示地方人物历史、民俗风情、传统手工艺、农耕文明历史，让市民在休闲观光的过程中了解当地农耕技艺、农耕用具、农耕节气、农产品加工等历史遗产，享受当地浓郁的乡土气息与历史文化。这种模式还可以结合民俗歌舞、民间技艺、民间戏剧、民间表演等，丰富乡土文化休闲旅游的内涵。

（四）科普教育结合旅游模式

这种模式一般以现代农业科技园区为基地，组织游客参观现代高科技农业技术园区、现代温室大棚的设施农业、无土栽培的生态农业，使游客增长现代农业知识。

这种模式同时以农业科研基地为基础，利用科研设施作景点，以高新农业技术为核心，向各类旅游观光客和中小学生进行农业技术教育，形成集农业生产、科技示范、科研教育为一体的新型科教农业园。这种模式将农业科技成果的展示教育与观光休闲结合起来，为现代农业科技的传播提供了新的途径。目前我国许多先进的农业科技园，纷纷和农业大学或农业科研单位合作，加强农业科技的研发，成为农业科技成果"孵化"和"后熟"基础平台，大大促进了农业科技成果的转化和辐射推广。

第四节 创意农业

一、创意农业的概念

创意是创造意识或创新意识的简称。在经济活动方面，创意是指人们通过创新思维，突破原来的思维定势，对产品的外观造型、功能组合等实现新奇的再造，从而增加或者提升产品与资源的使用价值、经济价值、文化价值、观赏价值。创意是许多创造发明的前奏，是打破常规的思路创新，是超越自我的智慧火花，是人类潜在智能的天然涌泉，是推动社会生产力不断发展的不竭动力。

最近几十年，世界创意产业呈现勃勃生机，创造性地改变了人们的生活习惯，甚至改变了世界的面貌。当前，我国经济发展正在跨越以生产要素与投资为动力的发展阶段，走向以创意为动力、创新驱动的新阶段。我国创意产业正处于蓬勃起步阶段，面临无数的契机，具有广阔的前景。

创意农业属于创意产业的一部分，伴随创意产业的发展而产生。一般认为，创意农业产生于20世纪90年代后期。由于农业科技装备、经营理念的不断创新，农业的功能突破了原来仅仅提供生活必需品的基本特征，出现了观光旅游农业、休闲娱乐农业、生活体验农业等新的产业形态。与此同时，创意产业的理念也在英国等欧美发达国家和地区形成，并且迅速在世界各国传播。受到创意产业发展思维和理念的影响，人们开始将许多新的科技成果和人文元素融入农业产业，使得农业的功能不断得到拓展与延伸，于是就逐渐形成了兼有生产功能、观赏价值和生态效益的新型农业形态，即创意农业。

创意农业是都市现代农业的重要组成部分，作为一种新型的农业发展模式，具有多种产业相互融合的倾向和内涵丰富的产业文化。通过对农业多种资源的创新组合以及创意元素的渗透，创意农业延伸农村生产、生活的价值链，为农业提供更高的附加值，取得综合效益的最大化，为现代农业和新农村的发展开辟了新的途径与空间。

二、发展创意农业的意义

（一）有利于加快建设现代农业的进程

创意农业能够更好地吸收现代科学技术的成果，能够应用互联网信息技术与智能工业装备武装农业，能够推动科技与文化更好地融合，能够吸纳最先进的管理理念与市场营销手段，实现传统农业脱胎换骨的改造和华丽转身。同时创意农业的不断发展，能够吸收更多的非农资本投入农业，提高农业的经济规模，提升农业的专业化、品牌化、标准化水平，与国际先进农业接轨，进而推动传统农业向现代农业跨越。

(二) 有利于提高农业经济效益

我国是一个农业大国，但现在还不是农业强国，传统农业仍然是我国农业的主体，生产效率低，粗放经营影响了农业的经济效益，成为影响农民增收的主要原因。创意农业融入了科技元素、文化艺术，赋予农业新的内涵。将传统的农业渗透进"创意"美感，使得普通的农产品转化为更具审美形态、健康理念、文化创造内涵的全新农产品。创意农业的发展，催生了大量的特色农业、景观农业、休闲观光农业等新型产业形态，提高了农业的社会效益和经济效益，改变了传统农业的"粗放形象"与弱势地位。

(三) 有利于农村劳动力的转移，促进农民就业

创意农业将第一产业、第二产业、第三产业有机结合，打造出由农业的核心产业、支撑产业、拓展产业相互衔接的多层次产业链；转变了传统农业单一产业结构的模式，突破了第一产业、第二产业、第三产业的概念，形成1+2+3=6的新型产业形态，实现传统产业与科技创新的有效嫁接，文化与产品紧密融合，促进农业品种结构优化；通过在农产品中注入文化、艺术创意，大幅提高农业及其产品的附加值，实现农业增效、农民增收。创意农业丰富了农业的发展空间，创造了许多非农就业岗位，促进了农村土地资源的合理流转，为我国农村剩余劳动力的转移提供了一条新的渠道。

(四) 有利于统筹城乡发展

创意农业发展，推动了特色农业的形成、提升农村景观设计与建设、带动农业休闲旅游开发，改变了农业的弱势地位，使得农村变美、农业变强。同时，生态农业、旅游观光农业、科普示范农业等创意农业的发展，改变了农村的生产力布局和城乡生活格局，促进了城市经济与农村经济的相互融通与结合，促进城乡居民的交流与城乡建设规划的统筹协调，推进经济社会发展的一体化发展。

三、创意农业的类型

创意农业的发展，使人们对农业、农村的功能有了新的认识，对农产品使用价值有了新的发现，对农业及其产品的经营、消费形成了新的理念。创意农

业涉及的内容很多，可以从不同的角度加以分类。现主要按照创意的对象分为四类。

（一）植物创意

农产品的创意，是指针对顾客追求时尚新奇的消费取向，对农产品的功能进行定向开发，让农产品不仅具有实用消费的功能，同时具备文化审美型消费的功能，实现农产品的多种功能。其重点包括农产品的形态加工与农作物的科技改造。

1. 农产品的形态创意

农产品的形态加工，是一种较为常见的创意农业。是指通过现代生物科技或者特殊的农艺技术、栽培措施，使得农作物生长出形态、色彩、纹理独特的农产品，为农产品注入独特的个性外观，赋予农产品新的艺术欣赏和文化价值，而从达到吸引消费群体，提升农产品价值的目标。例如，通过特殊框架让普通的西瓜长出正方形的形态，通过生物技术让葫芦长出特别的造型，通过在农产品生长过程中的特殊工艺，让农产品刻有文字。目前，我国创意农产品的规模化和集约化开发程度不高，农产品科技含量较低，一般多处于原料型和初加工型生产阶段，创意农产品的开发还有很大的潜力和空间。

2. 农作物、园艺植物的栽培创意

一是通过新的科学规划设计，创新农作物的栽培方式，让农作物在生长期成为一种特殊的绿色风景，让农村的自然环境更具有观赏价值。二是通过采用特殊的农艺设施和农业科技，改变植物固有的生物学特征，按照人的设计形成特殊的生长形态，从而吸引大众猎奇的心理。

（二）环境与民俗创意

农村优美自然的环境，是休闲观光农业发展的宝贵资源，通过创意思维，将自然环境与人文历史相和谐，呈现出美感，这也是农村环境改造、环境设计，建设美丽乡村的基本要求，也是都市现代农业在促进乡村一体化方面的要求与方向。

历史文化、民俗民风是珍贵的历史遗产。民俗民风蕴含着丰富的农耕文明历史，是创意农业可持续发展的特殊资源。民俗的创意，一方面要尊重历史的原创，注重保留挖掘继承优秀的历史文化元素，另一方面要以现代创意的理念，再造民俗新的活力与生命力，达到充分传承利用民俗风情文化资源的目标。

(三) 产业融合创意

以农业产业发展为基础，衔接第二产业、第三产业的有效形式与实体，丰富原有农业产业的层次，达到产业链的延伸发展，使得农业附加值大幅度提升，实现产业的进化与创意发展，让农业增效、农民增收、农村增色。这类创意农业，融入第二产业中的加工业及第三产业中的休闲度假产业，能够形成集创意农业种植、生态加工销售、休闲旅游等功能一条龙的产业型发展模式。

(四) 营销创意

这类创意的内容很多，包括销售渠道的创意，产品促销手段的创意，产品包装装潢的创意，品牌设计的创意等。营销创意，可以为创意农业树立良好的市场形象，培养消费者的认同感，稳定市场份额，开辟新的细分市场，延长产品的生命周期，提高创意农业的核心竞争力。

第五节 "互联网＋"农业

随着信息技术的迅速发展，互联网技术的广泛渗透，传统产业正在借助于"互联网＋"，实现生产经营方式脱胎换骨的华丽转身。

一、"互联网＋"农业的概念

"互联网＋"农业是指将互联网技术与农业产业各环节的跨界结合，实现农业发展科技化、智能化、信息化，利用互联网平台形成现代农业的新模式。

随着移动互联网、大数据、云计算、物联网等一系列新的信息技术在社会与经济发展中的广泛应用，互联网与农业的跨界融合所形成的农业新的业态，正在打造一个产出高效、产品安全、资源节约、环境有效的都市现代农业。

二、"互联网＋"农业模式

经过多年的实践和应用，"互联网＋"农业已经形成了多种运作模式。

(一) 农产品电商模式

这种模式就是通过电商帮助农产品实现销售。据统计,目前全国涉农电子商务平台已超3万家,其中农产品电子商务平台已达3 000家。农产品电商首要考虑的是目标人群的定位,还要与顾客建立良好的购物体验,来保证持续购买力及带动相关的消费群体。由于农产品的特殊性,配送必须要有冷藏冷冻的混合配送车辆,以及冷藏周转箱及恒温设备。因此,降低物流配送成本是农产品电商平台发展亟待解决的最大问题。

(二) 产业链大数据模式

随着大数据技术的兴起,通过全面、快速、准确地捕捉农业全产业链的信息,完全有可能实现农业、物流、商流、信息流的统一,实现全产业链各种资源的优化配置和高效运转,推动资源节约型、环境友好型多功能都市现代农业的发展。据农业部网站发布的关于推进农业农村大数据发展实施意见:2017年年底前,跨部门、跨区域数据资源共享共用格局基本形成;到2025年,实现农业产业链、价值链、供应链的联通。这将大幅度提升农业生产智能化、经营网络化,全面建成全球农业数据调查分析系统。全国性农业数据中心的建设,将推进数据共享开放,完善农业数据标准体系。农业生产种养殖期长,市场预测偏差大,基于大数据支持的市场分析,将大幅度提高市场预判的准确性,降低种养殖企业的风险和生产型企业的原料成本。

(三) 专业合作社服务商模式

随着农村改革的推进和农民分工分业深化,合作社的创新形式日益多样。"互联网+"在农民专业合作社的组织形式、产业业态、运行机制、支持方式上将提供更多的服务能力,实现土地、资产、技术等资源要素的合作,并用新理念、新技术,在生产销售同类农产品的基础上,开展种养循环、产加销一体、休闲旅游等多种经营的新兴业态,逐步形成参与主体多元、利益分配多样、管理决策灵活的运行机制。

(四) 农业物联网模式

农业物联网可实现对农业生产环境的智能感知、预警、智能决策和分析,为农业生产提供精准化种植、可视化管理、智能化决策,形成都市现代农业的"智慧大脑"。农业物联网建设需要生产、品控、物流、销售等多部门协作配合才能实现，是一个系统工程。如联想佳沃的农业物联网建设，就是依托联想集团强大的IT技术实力建立起农产品可追溯系统，并通过系统对种植、加工各环节的质量安全数据进行采集和分析，监测和控制产品生命周期内的质量安全。

（五）土地流转电商化模式

土地流转电商就是农村土地通过电商平台流转。土地流转可盘活农村土地，是农业现代化的催化剂。土地活，将引领经济投资。目前，一些地区已经建立了土地流转信息平台，网站的服务对象主要为两种：一是农民，他们大多数想出租土地，数量比较零散；二是种植户或者土地投资者，有一定实力进行规模化经营的求租土地者。二者之间实现土地流转后，能实现农村土地的综合利用。在土流网发布的《中国土地流转市场研究报告（2010～2014年）》显示：2014年交易面积达9 647.3万亩，比2013年增长155%，其中农用土地占了74.28%，农村土地流转正在进入高速发展时期。研究表明，把土地流转给经营大户，使大型生产机具和农业集成技术能够得到充分利用，不仅提高了土地综合利用率，增加了农业产出，同时农民变身农业工人，更改变了以往的生产和生活方式，推动农村劳动力向非农产业转移。

（六）农资电商模式

随着农业生产规模的扩大，农业经营者、农资经销商、农资生产企业面临着农业产业升级中农资辨别、使用、销售、流通的难题。而"互联网＋"的兴起和国家政策的扶持，传统农资生产企业、传统流通企业、电商平台公司等纷纷布局农资电商。农资电商平台具有的B2C、O2O、移动互联网、网上支付和移动支付、融入体验分享和社交元素等特征，成为今后农资销售的主要模式。目前农资行业已经出现数家企业自建的电商平台，如农集网、禾美网、田田圈等各种类型的电商平台。但是农资电商模式的应用推广，还需解决农民传统赊销习惯不符合电商模式、电商化与传统渠道存在利益冲突、农村物流配送体系落后、农资产品的技术服务与售后问题如何保障等难题。

三、"互联网＋"对农业现代化的积极影响

当前，我国农业还没有彻底改变小农经济的格局，"互联网＋"农业为中

国农业创新发展，实现两个转变，建成可持续发展现代农业提供了前所未有的历史机遇和发展空间。

（一）提高组织化程度

"互联网＋"农业将形成大众参与的"众筹"模式，这将进一步促进农业的专业化分工，提高农业生产的组织化程度，降低交易成本、优化资源配置、提高劳动生产率，以打破小农经济制约，建立我国农业农村现代化的新格局。同时"互联网＋"通过便利化、实时化、感知化、物联化、智能化等手段，为农地确权、农技推广、农村金融、农村管理等提供精确、动态、科学的全方位信息服务，正成为现代农业跨越式发展的新引擎。

（二）建立新的信息服务体系

"互联网＋"有助于提升农村、农业信息服务的智能化，而智能农业是当今农业现代化的新趋势。智能农业要求在生产过程中的信息感知、智能决策、自动控制和精准管理以及农业生产要素的配置更加合理化、农业从业者的服务更有针对性、农业生产经营的管理更加科学化。"互联网＋"能集成智能农业技术体系与农村信息服务体系，这将有助于智能农业和农村信息服务大提升，促进农业生产、农村发展中各种信息的快速精准传递，解决了农业发展过程中各种信息传递的不对称问题，并通过大数据等分析手段，提升农业各环节的智能化程度，大幅度提高生产效率，实现"环境可测、生产可控、质量可溯"，有效地提高农业科学化和现代化的程度。

（三）创新农业商业模式

"互联网＋"渗入到农业产业链的各个环节和农业领域的各个细分市场时，互联网本身所具有的数据、信息等功能，让互联网与农业进行深度融合，农业发展中就有了更多的工具、条件和可能性进行创新。实现农业现代化进程中的土地流转、农资销售、农业信息服务等相关问题就会得到很好的解决。而当前所形成的农资电商、土地流转电商、城乡流通渠道变革、农产品电商、农业物联网、休闲农业互联网等商业模式会得到更新和更完善的发展。

（四）优化资源配置，提高生产效率

"互联网＋"所具有的开放数据、开放接口和开放平台而构建的"生态协同式"的产业创新，在统筹我国农产品国内外两大市场、两种资源，提高农业

竞争力，提供了一整套创造性的解决方案。互联网对农业生产中所需的资源，具有重新组织和配置的作用，提高土地、劳动、资本等各项生产要素资源的配置与利用效率。

四、"互联网＋"农业发展中面临的问题与挑战

"互联网＋"农业是借助现代信息网络技术实现传统农业升级的重大课题，是推动都市现代农业建设的重要手段，蕴含着重大的战略机遇和广阔的发展空间。"互联网＋"农业的优势显而易见，但如何持续、稳健地推动"互联网＋"农业的高效发展，需要对"互联网＋"农业发展中面临的问题与挑战高度关注和思考。

(一)"互联网＋"农业发展面临的问题

1. 转变观念和意识

发展"互联网＋"农业，首先需要参与主体意识和观念的逐步转变。市场环境中企业、农民对互联网的认识、整体接受和适应等，都需要有一个学习和认知的过程。

2. 商业模式的构建

农业是一个自然再生产与经济再生产相结合的产业，具有地域性强、季节性强、产品标准化程度低、生产者分散等特点。"互联网＋"农业，要充分利用互联网的优势来改造农业，同时也要符合农业行业本身发展的特征，在农业与互联网的碰撞与融合中找到互联网时代的商业逻辑。

3. 物流配送问题

我国正在推进农村现代流通网络建设，农村物流体系也在逐步完善，并初具规模。物流主体向着多元化发展，开展了"万村千乡"等基础设施建设工程。但是我国农村流通产业发展仍然滞后，主要表现如下：首先，缺乏统一规划，各地区物流基础建设发展不平衡，有保障的农村物流覆盖范围有限，农村需求分散的特点导致"最后一公里"配送难题尤其突出，社会化物流目前仍不能有效服务村镇。其次，基础设施落后，设施装备科技含量低。再次，在企业层面，农村物流市场准入门槛低，多数企业经营粗放。最后，除农业生产生活资料流通外，农产品的流通难题更加凸显，因为农产品通常具有生鲜特性，易

损、易腐，对时效和运输过程的控制要求更高。

4. 人才与资金短缺

"互联网+"农业发展中缺乏既懂传统农业，又懂互联网的人才，愿意到农村服务的人更少。同时，农业电商平台建设，农业物联网的技术研发、设备购置，都需要较高的人力、物力投入。

(二) "互联网+"农业发展面临的挑战

1. 从战略高度推动"互联网+"农业发展

在缺少顶层设计的情况下，"互联网+"农业一哄而上、各自为政的局面无法避免，非常容易形成片面性、局部性的发展态势，不利于的整体推进、协调发展，"互联网+"农业对经济社会的影响将大打折扣。因此，亟需制定我国"互联网+"农业发展战略规划，从战略高度推动"互联网+"农业发展，形成统一谋划、稳步实施的推进格局，将"互联网+"农业打造为能够切实推动国家经济社会持续、高效、稳定发展的新引擎。

2. "互联网+"农业发展基础设施的挑战

"互联网+"是一次重大的技术革命创新，必然将经历新兴产业的兴起和新基础设施的广泛安装、各行各业应用的蓬勃发展两个阶段。"互联网+"农业亦将不能跨越信息基础设施在农业农村领域大范围普及的阶段。从目前来看，我国农村地区互联网基础设施相对薄弱，仍有5万多个行政村没有通宽带，拥有计算机的农民家庭比例不足30%，农村互联网普及率只有27.5%，还有70%以上的农民没有利用互联网。另外，农业数据资源的利用效率低、数据分割严重，信息技术在农业领域的应用大多停留在试验示范阶段，信息技术转化为现实生产力的任务异常艰巨。农村农业信息基础设施薄弱，对"互联网+"农业的快速发展形成了巨大的挑战。

3. "互联网+"与现代农业深度融合的挑战

移动互联网、大数据、云计算、物联网等新一代信息技术发展迅猛，已经实现了与金融、电商等业务的跨界融合。农业是国民经济的基础，当前我国正处于工业化、信息化、城镇化、农业现代化"四化同步"的关键时期，迫切需要推动"互联网+"农业的发展。

"互联网+"农业的发展，要从培养龙头企业、明星企业带动区域乃至行业发展着手。这些企业有信息化建设的优势，有资源、有用户、有人才。比如司尔特、金正大、辉丰股份等农资巨头，大北农、新希望、隆平高科等农业明星企业，阿里、京东、苏宁等互联网巨头乃至顺丰等物流巨头，都可依托自有资源优势，通过互联网工具渗透农村和农业市场。这些龙头型企业进入农村市场，利用资源和实力，完善整体网络环境、物流环境等基础设施，先行培育农村市场的互联网观念，提高农村对互联网的接受程度，同时带动相关产业升级，促进并带动区域和行业发展。互联网的普及和农村物流基础设施的改造，对"互联网＋"农业具有非常积极的意义。

参考文献

[1] 农业部关于设施农业发展的意见.
[2] 王有年，何忠伟. 都市型现代农业概要. 北京：金盾出版社.
[3] 陈宏毅，于战平. 都市农业规划与经营. 北京：中国农业出版社.
[4] 吕明伟，孙雪，张媛. 休闲农业规划设计与开发. 北京：中国建筑工业出版社，2010.
[5] 农业部. 关于印发《全国休闲农业发展"十二五"规划》的通知.
[6] 农业部. 关于进一步促进休闲农业持续健康发展的通知. 2014.

第三章
都市现代农业的经营主体

发展现代农业，实现农业现代化，是我国解决"三农"问题，全面建成小康社会的重大任务。与工业化、信息化、城镇化相比，现阶段农业现代化相对滞后，已成为制约社会经济平衡、协调发展的短板。为此，改变以小农经济为特征的传统农业经营方式，培育壮大新型农业经营主体，已经成为我国农业转型升级、促进农民有序转移、推进城乡统筹发展、建设农业强国的必然要求与战略选择。

所谓发展新型农业经营主体，是指在坚持农村土地家庭承包经营基本制度的前提下，通过促进农村土地合理流转，扩大农业经营规模，创新农业发展的组织形式，重点扶持家庭农场、农业经营大户、农业合作社、公司化农业企业等现代农业经营组织的健康发展，从而增强农业产业的自我发展能力，加快农业的市场化、现代化进程。

加快培育新型农业经营主体，对推动农业经营体制机制创新、增强农业农村发展活力具有重大的现实意义。培育新型农业经营主体，也是当前转变农业发展方式，改变农业弱势地位，形成集约化、专业化、组织化和社会化相结合的新型农业经营体系，提高农业综合效益和市场竞争力的迫切需要，是一项加快实现农业现代化的基础性工程。

加快培育新型职业农民有利于从源头上改变目前我国农业兼业化、农村空心化、农民老龄化的突出问题，解决好今后"谁来种地""地如何种好"这些全社会关注的问题。

2012年年底，中央农村工作会议正式提出培育新型农业经营主体。2014年中央一号文件进一步明确了发展新型农业的经营主体：一是鼓励发展专业合作社、股份合作社等多种形式的农民合作社；二是按照自愿原则开展家庭农场的登记；三是鼓励发展混合所有制农业产业化龙头企业。

因此，具体来讲，新型农业的经营主体主要有：家庭农场、农民合作社、农业产业化龙头企业、专业大户等类型。

第一节 家庭农场

一、家庭农场的概念与特征

（一）家庭农场的概念

家庭农场是指以本地区农业家庭为基本组织单位，以家庭成员为主要劳动力，从事农业规模化、集约化、商品化生产经营，经有关部门注册登记或认定，并以农业收入为家庭主要收入来源的新型农业经营主体。

家庭农场，是一个起源于欧美的舶来名词；在中国，它类似于种养大户的升级版。

（二）家庭农场的特征

1. 家庭经营

家庭农场的经营以家庭为单位。"家庭"既可以是农业户籍的家庭，也可以是非农户籍的家庭。从业人员以家庭成员劳动力为主体。家庭成员的概念不仅包括户口本上登记的成员，还应包括具有血缘、亲戚关系的亲属。家庭农场也可以雇工，但雇工数不能超过家庭劳动力数，主要用于农忙时节。

2. 适度规模

家庭农场有别于传统的农户家庭，也区别于农业企业，经营规模必须保持在可控的范围内，"适度"经营是家庭农场的基本特征与要求。必须坚持经营规模与劳动力数量相匹配，坚持与能取得相对较为稳定体面的收入相匹配。随着经营能力的提高，可适当调整经营规模。

3. 以农为业

家庭农场的家庭成员主要职业以农为业，家庭收入以农业收入为主。家庭成员可能会在农闲时外出打工，但其主要劳动时间在家庭农场，收入以家庭农场农业生产经营为主要来源。他们将农业作为体面的职业，家庭农场主是新型职业农民的重要组成。

4. 专业生产

家庭农场从事专业性生产，有粮食型、粮经型或种养混合型等类型，采取一业或一业为主的生产模式，以生产商品化农产品为目的，运用标准化生产技术，现代化生产手段，高标准安全可追溯制度，确保农产品高产、优质、安全、可追溯。

5. 高效经营

"打虎亲兄弟，上阵父子兵。"家庭成员之间的亲情和信任超越任何社会和组织成员之间的联系，家庭农场具有非常强的竞争力。通过提高成员的能力素质、改进生产设施、引进技术和装备、生产优质商品农产品、采取集约化经营、提高市场竞争力等措施，充分发挥适度规模效应和家庭经营优势，以达到劳动产出率、土地生产率和资源利用率的最大化。

二、家庭农场的产生与发展

（一）家庭农场的产生

1. 产生背景

从20世纪80～90年代开始，随着改革开放步伐的加快，随着生产和科技的发展，农村劳动力大量转移，部分种田能手通过承包土地和流转土地，从事专业化、规模化生产，已经具备了家庭农场的基本特征。但当时把类似的经营主体称为"种田大户""种养能手"。进入21世纪，上海松江、浙江宁波、吉林延边等地在家庭农场培育方面进行了积极探索。

2. 发展历程

直至2008年，"家庭农场"一词首次写入中共十七届三中全会公报。公报指出："有条件的地方可以发展专业大户、家庭农场、农民专业合作社等规模经营主体"。2009年，"家庭农场"一词，首次写入中央一号文件，标志着这一新型经营主体得到了进一步的重视，指出："逐步加大对专业大户、家庭农场种粮补贴力度。"2013年，中央一号文件进一步把家庭农场明确为新型农业经营主体的重要形式，与专业大户、农民合作社并列出现，同时提出要鼓励和支持土地流入、加大奖励和培训力度等措施，扶持家庭农场发展。

家庭农场是专业大户的升级版，是新型农业经营主体的主要类型之一。家庭农场的诞生，是农业经营体制的创新，也是对家庭承包责任制这种基本经营制度的传承、创新和完善。

(二) 家庭农场的发展状况

根据农业部2013年首次对全国家庭农场的调查分析（截至2012年年底），家庭农场开始起步，发展势头迅猛，发展步入正轨，专业化、规模化水平较高。

1. 家庭农场发展较快，已初具规模

全国30个省市区（不含西藏自治区）共有符合本次统计调查条件的集体农场87.7万个，经营耕地面积达到1.76亿亩，占全国承包耕地面积的13.4%。平均每个家庭农场有劳动力6.01人，其中，家庭成员4.33人，长期雇工1.68人。

2. 家庭农场九成以上以种养业为主

在全部家庭农场中，从事种植业的有40.95万个，占46.7%；从事养殖业的有39.93万个，占45.5%；从事种养结合的有5.26万个，占6%；从事其他行业的有1.56万个，占1.8%。

3. 家庭农场生产经营规模较大，收益较可观

家庭农场平均经营规模达到200.2亩，是全国承包农户平均经营耕地面积（7.5亩）的近27倍。其中：经营规模50亩以下的有48.42万个，占家庭农场总数的55.2%；50～100亩的有18.98万个，占21.6%；100～500亩的有17.07万个，占19.5%；500～1 000亩的有1.58万个，占1.8%；1 000亩以上的有1.65万个。2012年全国家庭农场经营总收入为1 620亿元，平均每个家庭农场为18.47万元。

4. 家庭农场管理服务越来越规范，政府支持力度越来越大

在全部家庭农场中，已经被有关部门认定的或注册的共有3.32万个。其中，农业部门认定的有1.79万个，工商部门注册的有1.53万个。2012年，全国各类扶持资金总额达到6.35亿元，其中江苏省和贵州省超过1亿元。

三、家庭农场发展中的问题与趋势

(一) 家庭农场发展中的问题

在国家宏观政策的支持下,家庭农场发展迅速。但相关制度急需完善,人员素质急需提高,土地流转急需规范,支持力度急需加强。

1. 制度急需完善

家庭农场作为一个新型的经营主体,目前还处于起步阶段,培育发展需要有一个循序渐进的过程。如何认定家庭农场,如何指导培育发展家庭农场,如何从财政、税收、用地、金融、保险等方面扶持家庭农场发展都在实践和探索之中,农民群众对发展家庭农场的认识还有待提高,各级农业部门的宣传力度还有待增强。另外,有些基层政府部门对家庭农场作为现代农业经营重要主体的地位认识不足,特别是都市现代农业发展地区,土地资源相当紧缺,如果没有建立完善的监督制度体系,一些工商资本就可能以规模经营为借口前来圈地经商,他们无心经营农业,一心期盼得到征地开发补偿,这种状况难免对培育真正的农业经营主体造成负面影响。

2. 人员素质急需提高

农业劳动力技术和经营管理水平较低,经济效益不高。受城乡二元体制的影响,农村青壮年劳动力受教育程度不高,对先进农业生产技术和品种了解较少,缺乏现代的经营管理理念,限制了家庭农场生产集约化水平的提升。加上季节性雇工成本快速上涨等众多因素的影响,家庭农场经济效益难以得到大幅度提升,制约着家庭农场的健康发展。作为家庭农场主,应该具备一定的生产、决策、营销和管理等能力。作为家庭农场的主要成员,也应该懂得一定的生产管理技术。但目前大多数农场主和家庭主要成员缺乏相应的能力。

3. 土地流转难

首先是农民惜租。部分农民不愿流转,土地流转困难,难以扩大经营规模,而且短期性土地流转难的现象比较普遍,制约了家庭农场的发展。虽然许多地方已建立了规范的土地流转规程,但实际运行过程中仍然存在着一些不规范的现象。经济发达地区,租期普遍偏短,不利于农场的持续化发展,且导致大多数农场主对修建灌溉设施、培肥地力等农业基础性项目不愿投入,限制了农业的可持续发展。

其次是土地集中连片难。总有几户农民承包地夹在中间,不愿流转,造成连片难;由于长期单家独斗,耕作方式、茬口安排各不相同,造成农田基础条件较差。

再次是流转价格上涨快。受土地资源紧缺,物价、工价和高收益工商资本农业项目的刺激,土地流转价格逐年攀升,家庭农场经营的成本压力较大。

4. 融资困难

家庭农场在经营初期一次性投入比较集中,如租赁土地、基础设施建设、农资投入、农具和农机购置等,资金需求较大。而大多数家庭农场由于自身资金积累不足,往往需要一定的资金借贷,而大部分投入无法通过资产抵押等方式获取银行贷款。金融机构大多不愿意为农户发放农业生产设备、林权抵押贷款,制约其发展。

5. 管理方式落后

初期的家庭农场大都管理方式落后,创新意识不强,产业化程度较低。家庭农场大多为农业大户发展而来,管理没有章法,基本是"家长式"的自我管理,其掌握的农业知识与技术非常有限,市场化意识不强,对扩大再生产积极性不高。由于缺乏统一规划,家庭农场发展多为:有数量、缺效益,有特色、缺品牌,很难形成产业规模,产品市场竞争力较弱,经济效益不高。

(二)家庭农场的发展趋势

发展家庭农场是现代农业发展的必然要求,是解决"谁来种地、怎样种好地"的根本举措。最近几年,国家开始大力鼓励家庭农场发展,成为推动我国农业经营模式改变的基本战略。

"家庭农场"的概念在2013年中央一号文件中首次出现。文件提出:坚持依法自愿有偿的原则,引导农村土地承包经营权有序流转,鼓励和支持承包土地向专业大户、家庭农场、农民合作社流转,发展多种形式的适度规模经营。2014年11月,中央发布《关于引导农村土地经营权有序流转发展农业适度规模经营的意见》指出,"现阶段,对土地经营规模相当于当地户均承包地面积10至15倍、务农收入相当于当地第二、三产业务工收入的,应当给予重点扶持"。这正是家庭农场的规模。

2015年中央一号文件提出,要着力培育新型经营主体,鼓励和支持承包土地向专业大户、家庭农场、农民专业合作社流转，发展多种形式的适度规模经营。

从2013年提出家庭农场，到2014～2015年大力发展，家庭农场迎来了快速发展时期，国家相关支持政策也相继出台。

有媒体用"6个字"概括家庭农场发展的必然性：

"竞"：发展家庭农场，实现农业规模经营，是我国农业参与国际竞争的需要。

"增"：发展家庭农场，实现农业规模经营，是实现农业增效、农民增收、提升农业产业化的需要。

"集"：发展家庭农场，实现集约化生产，是实现农业现代化，提高农业集约化经营的重要途径。

"借"：借鉴国际农业经验，实现土地规模经营，是发展现代农业的大趋势。

"留"：家庭农场是培养职业农民、将一批年轻人留在农村务农的有效途径。

"防"：家庭农场的适度规模经营也是防止工商资本汹涌"入农"，大规模、长时间占用农地的一种有效办法。

最近几年的中央一号文件从工作指导、土地流转、落实支农惠农政策、强化社会化服务、人才支撑等方面提出了促进家庭农场发展的具体扶持措施。以往国家对农业项目的扶持多以提供财政补贴为主，而现在针对家庭农场的扶持政策，则在财政、税收、用地、金融、保险等多方面给出空前的力度，这对今后我国家庭农场的健康发展将发挥至关重要的作用。

2015年成为家庭农场"井喷年"！政府出台的政策，意味着中国通过家庭农场等新型农业经营主体发展现代农业的号角已经吹响。中外农业发展证明，这是一种有效的模式，也是发展现代农业的必然趋势，将使我国农业进入一个新阶段，相信广大家庭农场的新型职业农民将成为现代农业的最终受益者。

第二节　农民专业合作社

一、农民专业合作社的基本概念

农民专业合作社是指农民在家庭承包经营的基础上按照自愿联合、民主管理的原则组织起来的一种互助性生产经营组织。

农民专业合作社以其成员为主要服务对象，提供农业生产资料的购买，农产品的销售、加工、运输、贮藏以及与农业生产经营有关的技术、信息等服务。

2007年《中华人民共和国农民专业合作社法》的第二条首次明确了农民专业合作社的定义："农民专业合作社是在农村家庭承包经营基础上，同类农产品的生产经营者或者同类农业生产经营服务的提供者、利用者，自愿联合、民主管理的互助性经济组织。"

国际上，联合国粮农组织给出的定义是："合作社是建立在自我帮助、自我负责、民主、平等、公正、团结的价值观基础上的。同时，合作社也是一种企业，人们建立合作社或参加合作社的主要目标是为了全体成员的利益而不只是为了个人的考虑，通过联合行动来改善他们的经济和社会条件。"

农民专业合作社是农民合作社的一种类型。2013年中央一号文件指出："鼓励农民兴办专业合作和股份合作等多元化、多类型合作社。"因此，根据相关政策文件，农民合作社可分为专业合作、股份合作、信用合作、土地合作四个类型。

农业专业合作社对保障农村弱势群体利益能起到重要的作用。在我国农村，农户较分散，经营规模较小，普通农户市场信息不灵通，发展种植、养殖业带有一定的盲目性，并且加工能力弱，农产品的储存、保质和运输都不方便，经济利益无法得到保障。因此，只有通过加入农业合作社，才有可能改变弱势地位。

二、农民专业合作社产生背景与发展历程

（一）农民专业合作社产生的背景

世界合作社运动最早出现在欧洲。在18世纪末期，英国开始工业革命，在生产日益规模化、社会化的同时，产生了大量弱势群体。弱势群体为了能够生存，自发主动地组织到了一起，互帮互利，合作社由此应运而生。

中国历史上第一个合作社——北大消费公社，成立于1918年，是由北大倡导合作思想的胡钧教授及其学生共同组织创办的。

（二）农民专业合作社的发展历程

现阶段中国农民合作社是在改革开放以后发展起来的，大致可分为三个

阶段：

第一阶段：农业专业合作开始萌芽（20世纪80~90年代）

这一时期的合作经济组织名称多为"专业技术协会"，活动内容主要是技术合作和交流。农民专业合作在这一时期的特点是：数量少、规模小，组织形式较为松散，管理不够规范。据不完全统计，1986年，我国农村各种专业技术协会有6万个，1987年有7.8万个，1992年发展到了12万个。

第二阶段：农业合作经济渐渐步入正轨（20世纪90年代~20世纪末）

一方面，农民合作组织由技术合作型向技术经济合作型升级，除了从事技术合作外，还为会员提供生产资料供应、市场信息、产品销售、农产品贮藏及运输等多项服务。另一方面，政府开始引导农民自愿建立专业合作社和专业协会，于是各类合作经济组织大量兴起，活动范围逐步扩大。

1994年，山西省通过学习日本农协的经验，开始在定襄、临汾等4个县进行专业合作社试点，成为我国最早的农民专业合作社。同年，山东莱阳市因出口农产品项目，受日商启发，开始倡导农民专业合作社。之后，山东的泰安、河北的邯郸、北京郊区的顺义、房山等地，相继办起了一批农民专业合作社。

第三阶段：农业合作经济快速发展（21世纪以来）

进入21世纪后，我国各类农民专业合作经济组织发展很快，数量规模不断扩大，并呈现出多样性，如农民专业技术协会、农产品合作社、农产品行业协会等。

《中华人民共和国农民专业合作社法》于2007年7月1日起正式实施。这是我国第一部关于农民专业合作社的正式法律。它的颁布实施，说明我国已经将农民专业合作社纳入法制管理的轨道，这对农民专业合作社的发展具有里程碑式的意义。

三、我国农民专业合作社的发展与特征

（一）农民专业合作社的发展现状

1. 发展速度快

据农业部统计，目前我国各类农民专业合作组织已发展到40多万个，成员总数近3 000万。山东、江苏、山西、浙江、河南、河北、辽宁、安徽、四

川、黑龙江等现代农业发展较快的省份，也正是农民专业合作社数量增长较多的地区，这10个省农民专业合作社总数占到全国总数的近70%。

2. 覆盖范围较广

农民专业合作社广泛分布在种植、畜牧、农机、渔业、林业、民间传统手工编织等各个产业，其中种植业占2/5以上，畜牧业占1/3。覆盖范围已拓展到农资供应，农技推广，土肥植保，农机作业，产品加工、储藏和销售等各个环节，从事产加销综合服务的占3/5，以运销仓储服务为主的占1/10。

3. 能力逐步提升

合作社从简单的技术、信息服务逐渐向农资供应、统防统治服务延伸。有近50%的合作社能为成员提供产加销一体化服务。各地区合作社在数量增加的同时，也在进一步提升其运营的质量，逐渐重视农产品生产品质，执行国家安全标准、获取无公害、绿色、有机等"三品"认证以及创建自己的商标和品牌。

4. 规范化程度较高

许多农民专业合作社有较为规范的章程，各项管理分配制度较为健全，合作社成员能较好地行使民主选举、民主管理、民主决策、民主监督的权利。

5. 合作形式多样。

2013年中央一号文件强调，要大力支持发展多种形式的新型农民合作组织，鼓励农民兴办专业合作和股份合作等多元化、多类型的合作社。近年来，农民专业合作社从原先单一产品的生产或销售发展为多种形式，包括劳动合作、土地合作、资本合作等，形成了多种生产要素的合作。

（二）农民专业合作社的特征

1. 农民专业合作社的成员以农民为主体

为坚持农民专业合作社为农民服务的宗旨，保证农民真正成为合作社的主人，能够有效地表达自己的意愿。《农民专业合作社法》第15条规定，农民专业合作社的社员中，农民至少应当占社员总数的80%。这就从制度上保障了农民在合作社中的主体地位。

2. 农民专业合作社是一种经济组织

虽然农民专业合作社秉持为农民服务的宗旨，但它并不是公益组织。农民专业合作社是从事经营活动的实体型农民专业经济合作组织。需要注意的是，一些社区性的农村经济集体组织和社会团体法人类型的农民专业合作组织，都不是真正的农民专业合作社。

3. 农民专业合作社遵循自愿、民主的原则

农民专业合作社的一切运作都体现民主精神。根据《农民专业合作社法》第3条规定，成员入社自愿、退社自由；成员地位平等，实行民主管理。因此，任何组织和个人都不得干涉成员的自由意志，不得强迫其从事违背个人意愿的行为。

四、农民专业合作社规范化建设与发展成效

(一) 农民专业合作社规范化建设

农民专业合作社规范化建设从2007开始启动。2007年7月1日实施的《中华人民共和国农民专业合作社法》，使我国的农民专业合作社的发展走向了规范化的阶段。

2009年，农业部等11个部门联合印发的《关于开展农民专业合作社建设行动的意见》中明确指出，要着力加强规范化建设，以示范促规范，抓规范促发展。

1. 完善法律制度建设

随着《中华人民共和国农民专业合作社法》的出台，以及国家推进农民专业合作社规范化建设的呼吁，各类法律法规、规章制度都陆续出台，为规范化建设奠定了法律基础。农业部与财政部、银监会等部门共同下发了合作社示范章程、财务管理制度等制度，以及各类指导意见、实施标准，明确了合作社在组织机构、运作机制等方面的基本规范。同时，各地开始结合国家意志和地方实际出台了合作社地方性法规。由此，全国的农民专业合作社依法成立、规范运作，形成了良好的发展氛围。

2. 加强人员素质教育

农民是农民专业合作社的主体。要实现合作社的规范化建设，必须提高农民的基本素质和专业能力。因此，国家十分重视对农业人才的培养，开展多种形式培训，提高农民的种养技能和能力。目前，农业部命名了196家合作社作为人才培养实训基地，依托新型职业农民培养等项目，有针对性地开展对合作社带头人、合作社骨干人员以及入社农民的培训。同时，各级地方政府也相继

在合作社设立田间学校或培训实训基地，为农民专业合作社培养更多实用人才提供方便。

(二) 农民专业合作社的发展成效

1. 农业组织化程度得到提高

合作社通过将农户联合起来，"抱团"参与市场竞争，大幅提高了农业生产和农民进入市场的组织化程度。农民专业合作社可以发挥组织协调作用，可以有效地将分散的资金、劳动力、土地和市场组织起来，联合生产，形成规模，产生组织品牌效应，实现小生产与大市场的有效衔接，在带领单家独户进入市场方面发挥独特的桥梁和纽带作用。同时，合作社采取自愿加入的模式，参与合作社的农民是受合作社能为他们带来实实在在的利益所吸引。这样的组织凝聚力更强，也更持久。

2. 农业产业结构获得升级

我国农业产业结构调整的目标是以农业增效、农民增收为出发点，发展优势高效农业，并形成以名优特新产品为主导、高新技术为支持、布局合理的区域性优势产业带。合作社的发展恰恰能推动农业产业结构调整和优化升级。农民专业合作社能进行规模经营、专业化生产、企业化管理，能引进和应用新品种新技术，能加快农业标准化进程。这些特质正符合农业产业结构调整的要求。

3. 成员收入显著提高

实践证明，农民通过参加农民专业合作社，收入大幅度提高。特别是一些生产标准化、规模化、品牌化程度较高的农民专业合作社，农民收入增加更加明显。一方面，农民通过参加农民专业合作社，其购买生产资料所需费用大大降低，节约了农业投入成本。另一方面，农民专业合作社实行统一销售，并且在销售时直接面对市场，减少了中间环节，在同等销售规模下，农产品销售价格得到了提高。同时，随着农民专业合作社的发展和成熟，农民未来收入增长的渠道得到了拓展。

五、农民专业合作社发展面临的挑战与趋势

(一) 农民专业合作社发展面临的挑战

虽然目前我国农民专业合作社发展势头良好，但由于发展过程相对比较短

暂，其自身和外部还存在着不少发展的瓶颈与制约因素。从总体上看，我国农民专业合作社的发展仍处于初级的发展规范阶段，和许多发达国家相比，差距还很大。

1. 规模较小，忽略品牌建设

虽然近几年合作社在规模和质量上都有了很大提升，但仍然还有很大的上升空间。很多农民专业合作社的规模较小，经营形式单一，只停留在一些简单的农产品生产和销售环节，没有形成自身的产业链。

目前，我国农民专业合作社大多数只关注如何将社员的产品卖出去，忽视了自身的品牌建设。产品的销售一般都是通过农产品中转商来实现的，很少自己进行农产品的深加工来提升农副产品附加值。因此，大多数没有培育自己的营销品牌。

2. 运作不规范、制度设置不完善

许多农民专业合作社在运作和管理方面存在漏洞。首先，依规范办事的认识不够。《农民专业合作社法》实施以来，按照合作社法规范运作的合作社数量较小。其次，制度安排不完善。有些专业合作社在组织运行以后才设立规章制度；或者即使制定了相应的规章制度，成立了理事会和监事会，也形同虚设；又或者制度设计和内部管理混乱，如财务与股金制度不健全、利益分配机制混乱等。另外，组织管理不够民主。有些专业合作社的管理权集中于少数人的手中，导致管理有失公允。

3. 融资难，制约合作社发展

融资难是农民专业合作社在发展过程中遇到的普遍问题，原因有以下三点：第一，一些农民专业合作社从成立之初就没有确切的计划和长远的目标，也就很难获得其他方面的资金扶持。第二，一些农民专业合作社不要求入社农户缴纳入社资金，本身缺乏资金储备，再加上政府投入的扶持资金有限，资金就遇到了瓶颈。第三，金融机构的贷款门槛高。出于对农民信用的不信赖和农民专业合作社缺乏实物抵押的原因，金融机构为了维护自身利益，对合作社提出了较高的贷款条件，不能及时为农民专业合作社提供贷款。

4. 行政管理部门缺乏科学、有力的支持

对于农业专业合作社的发展，行政管理部门应当给予适当的扶持。若是地方政府行政干预过多，甚至直接干预市场活动，就会影响农民专业合作社的自

我发展，也违背市场规律。同时，政府有关部门对应该扶持的项目投入力度还不够，特别是投入的资金量不足，并且覆盖范围较小。政府有关部门对农民专业合作社的扶持应当遵循规律、依据规定、注重质量，从完善合作社管理规范、实行项目补贴、给予保险信贷支持、加强技术援助等方面入手。

(二)农民专业合作社的发展趋势

1. 功能更具多元化

最初，农民专业合作社只为农民提供农业技术服务。现在许多农民专业合作社已经实现了产加销一体化服务，服务内容贯穿农业生产的产前、产中、产后环节，包括农资采购、技术支持、包装加工、运输营销等。未来随着农业产业化的推进，在市场有利环境的支持下，农民专业合作社的功能将更具多元化。比如金融服务功能、农业文化传播功能以及社会服务功能都将萌发并逐步优化，农民专业合作社将成为更重要的农村经营主体。

2. 深化纵向合作，丰富合作形式

一般而言，农民专业合作社成立之初先实行的是横向合作，即相同生产类型或从事相同农业生产环节的农民之间的合作。随着市场经济的发展，农民专业合作社开始实现纵向合作，也就是与产业上下游主体之间的合作。目前我国主要有两种纵向合作形式：一种是"龙头企业＋合作社＋农户"的模式，另外一种就是由合作社自己创立上下游产业分工联动模式，直接联结消费者。将来，这两种形式都将不断优化并成为发展的重要方向，同时也会有更多更好的合作形式出现。农民专业合作社加强纵横合作，定能获得更好的发展空间。

第三节 农业产业化龙头企业

一、农业产业化龙头企业的概念与特征

(一)农业产业化龙头企业的概念

农业产业化龙头企业的形成是农业产业化发展的必然结果。农业产业化龙头企业是指从事农业生产资料供应、农产品加工或流通为主的涉农工商企业。

农业产业化龙头企业在发展农业产加销一体化经营系统中处于关键地位，起着引导作用。龙头企业是连接农户与国内外市场的纽带，对促进农民增收和农业发展发挥着重要作用。

理论界对农业产业化龙头企业的定义是：在农业产业化经营系统中，依托一种或几种农产品的生产、加工、销售，一头连接农户，并与农户建立"风险共担、利益共享"的利益机制，另一头连接国内外市场，具有带动农产品生产、深化加工、开拓市场、延长链条、增加农产品附加值等综合功能的农产品加工或流通企业。

（二）农业产业化龙头企业的特征

1. 龙头企业的基础是农户

在农业产业化经营体系中，农户是主体。一方面，龙头企业需要农户提供初级农产品。另一方面，龙头企业又要为农户提供产前、产中、产后全程服务，农户在整个经营过程中扮演着不可或缺的角色。同时龙头企业与农户之间建立了稳定的产销关系，通过入股或签订契约等方式与农户结成经济利益共同体。

2. 农业产业化龙头企业具有重要的带动作用

从最普通意义上的理解，龙头企业即行业龙头企业。农业产业化龙头企业作为新型农业经营主体的重要组成部分，在构建新型农业经营体系中发挥着重要的引领作用。

3. 农业产业化龙头企业具有较强的市场开拓能力

农业产业化龙头企业在农户与市场之间起的是桥梁作用，必须具备较强的市场开拓能力：要能根据千变万化的市场需求来引导农户生产，要使用正确的营销手段提高市场占有率。只有不断开拓市场，同时进行品牌推广，才能立于不败之地，成为名副其实的"龙头"。

二、农业产业化龙头企业的产生背景与发展历程

我国的农业产业化和龙头企业发端于 20 世纪 80 中后期，至今已近 30 年的历程。其发展过程，经历了从小到大、从弱到强的过程，虽然时间不长，但发展速度很快，特别是近几年发展速度更快。总的来看，可分为四个阶段。

1. 第一阶段（20世纪90年代之前）

这一阶段，龙头企业还处于自发的发展状态，没有历史经验可以参照，基本没有国家的扶持，没有起到很大的引领作用。多数企业对农户有拉动作用，但不是直接而是间接拉动，没有与农户形成稳定的利益连接关系。根据历史资料，这一阶段的农业产业化企业主要集中于畜禽养殖和加工行业。

2. 第二阶段（20世纪90年代前期）

这期间，发展最快的就是沿海地区。这一阶段的主要特点是：农产品加工企业快速发展，少数企业得到政府的支持。同时，"公司＋农户"的经营模式正式诞生，这种模式得到了国内多数学者的认同，也得到了部分地方政府的扶持，但并没有获得社会的广泛认可。

3. 第三阶段（20世纪90年代中后期）

这一阶段，农产品加工企业发展更快，政府也逐渐加大扶持，开始大力推动农业产业化的发展。由农业部牵头、国家发改委、财政部、商务部、人民银行等部门共同组成的全国农业产业化联席会议，建立了齐抓共管的工作协调机制。另外，企业在发展过程中逐步形成了"公司＋农户""公司＋合作社＋农户"经营的多种模式。

根据资料显示，1996~2000年，产业化组织数量年均增长53.1%，带动农户数量平均增长31.1%，来自产业化经营的户均收入年均增长56.5%。

4. 第四阶段（21世纪至今）

这一阶段，国家开始重点扶持龙头企业。2001年评定并命名了首批国家级农业产业化龙头企业150个。到2005年年末，共评定国家级农业产业化龙头企业580多个。据农业部统计，2010年我国农业产业化龙头企业的销售总额达5.7万亿元，带动农户达1.1亿户。农业龙头企业对我国现代农业发展起到了巨大的作用。

随着国民经济的转型发展，农业产业化发展也会发生变革，相信龙头企业也会加强技术改造和升级，进入转型发展的新阶段。

三、农业产业化龙头企业的发展现状和存在的问题

（一）农业产业化龙头企业的发展现状

总体而言，进入21世纪以来，农业产业化得到进一步发展，已形成一定

规模，农业产业化龙头企业一直呈现出较好的发展势头。

1. 数量和实力增长较快

农业产业化龙头企业增长速度快。据农业部数据，2004～2013年，龙头企业数量由4.97万家增加到12.34万家，年均增长10.63%；销售收入由14 260.54亿元增加到78 579.96亿元。同时，龙头企业的职工和农户数量也在增长。2007～2009年，894家龙头企业的职工数和带动农户数的年均增长率分别为7.4%和8.6%。在行业方面，国家级龙头企业的行业分布广泛，共涉及15个行业，但是行业集中度很高，一半以上的国家级龙头企业从事食品加工行业，14%的国家级龙头企业从事传统农业种养殖行业。

2. 地区分布不均衡

目前，由于地区经济发展的不平衡，我国农业产业化龙头企业主要分布在东南沿海地区，中部及西部地区的龙头企业数量及规模相对较小，表现出明显的地区不均衡性。第一、三、四批公布的龙头企业在各地区的占比分别为：东部地区46.4%、45.8%、43.9%，中部地区37.2%、30.7%、32.3%，西部地区16.4%、23.5%、23.8%。由此可见，龙头企业在东部地区发展最好，在西部发展最差。农业部等部门及时出台了相关标准，力求改变这种不平衡的局势，但收效甚微。

3. 农产品市场得以开拓

农业产业化龙头企业的价值之一，就是为农户搭建市场交易的桥梁。随着龙头企业规模和实力的壮大，市场的开拓能力不断增强。许多有实力的龙头企业（特别是沿海发达地区的龙头企业）除了占领国内市场，近年来，纷纷把目光投向国际市场，充分发挥我国的劳动力资源优势，大量出口劳动密集型农产品。我国的农产品销往世界各地，既增加了经济效益，又提高了品牌知名度。

（二）农业产业化龙头企业发展中存在的问题

1. 龙头企业与农户之间的利益联结关系不稳固

近年来，虽然合同农业、订单农业等多种利益联结形式得到了大量的发展，但龙头企业与农户之间的利益矛盾仍然存在。主要有以下三种表现：

双方的关系没有真正形成"风险共担、利益共享"机制。农户与产业化企业没有签订规范的合同，或者由于农户分散和信息不对称等原因，使得农户在利益分享中处于不利地位。

违约现象普遍存在。农户由于市场价高于双方协议价而私卖违约，企业由于市场价低于协议价而拒收农户原料。

产加销的协调存在问题。一些农户只顾埋头初级农产品的生产，而企业只顾集中精力进行农产品的加工和销售。有些农户生产出来的农产品难以符合企业的收购标准，也就意味着双方不能通过很好的合作，成功创建产加销一体化的优化模式。

2. 龙头企业自身能力有待提高

虽然，最近几年我国农业龙头企业发展迅猛，在农业现代化的进程中扮演越来越重要的角色，但与国际上农业发达国家相比，仍有很大的差距和发展潜能。

在规模上与发达国家的农业企业有很大的差距。世界上200家最大的食品加工企业的产值，已占到全球食品部门总产值的1/3，这是我国农业产业化企业望尘莫及的。规模小，抵抗风险的能力必定弱，也就经不起市场竞争激烈的考验。再加上龙头企业面临用工成本持续增加、土地租金不断上涨、农产品价格高于国外等压力，企业盈利率比较低。

农业龙头企业的管理制度有待完善。一方面，有些龙头企业的内部法人关系复杂，控制权和管理权混乱，严重影响了企业的正常运作。另一方面，企业内部职能部门不健全，内部制度不完善，导致企业管理混乱。

龙头企业竞争力不足。一方面，龙头企业的创新意识和创新能力不足。目前多数龙头企业还没有设立独立的研发部门，对技术创新的资金投入很少。龙头企业应当清楚地意识到创新是企业发展的根本动力。另一方面，龙头企业生产的多数产品仍是初级产品，粗加工多，精深加工的少。同时，农产品的质量还未得到有效的保障，质量卫生标准化体系还不健全。

3. 政府扶持力度不够

政府的支持是龙头企业健康发展的一个重要条件，然而当前政府有关部门所给予的支持，还不能全方位满足龙头企业发展的需要。

政府扶持不全面、不到位。各地政府都纷纷出台了政策，以达到鼓励扶持农业产业化企业的目的，但执行力度不够，落实措施不到位。此外，政府对龙头企业的支持较为单一，一般都只注重资金投入，而忽视了企业发展所需要的人才、科技等方面的支持。

政府扶持不规范、不科学。有些地方政府一味追求政绩，对龙头企业的扶持盲目，违背市场规律，造成资源的浪费。这样的做法反倒阻碍了龙头企业在市场竞争中的发展壮大。

四、农业产业化龙头企业的功能定位和发展趋势

(一)农业产业化龙头企业的功能定位

1. 推动农业结构转型升级

农业转型升级的过程，就是通过向农业注入资金、技术、人才和先进管理方式，将传统农业改造为现代农业的过程。龙头企业培育是农业产业化经营的关键，农业龙头企业不仅具备资金、人才、技术等优势，又能组织和带领农户进入市场，这使得它成为农业结构转型升级的关键力量。

一是龙头企业可以通过扩大规模、增大数量、增强竞争力，并且推动农业与第二产业、第三产业的融合，从而促进农民增收，使得农业转型升级遍地开花。

二是龙头企业可以通过与农户之间的联系，将新技术、新思想传播给广大农民。龙头企业应用最新科技成果、改进生产工艺、建设高效的产加销一体化生产服务体系，充分发挥带动效应，切实推动农业科技化的发展。

三是龙头企业可以吸收和培养一大批农业人才，将优秀人才留在农村，将先进的技术传授给农民，为农业转型升级提供智力支撑。

2. 促进新型农业经营体系的构建

农业产业化龙头企业与农户之间的利益联结关系，能够更好地培育新型农业经营主体和经营模式，推动农业现代化的实现。

在龙头企业的带领下，能引领农户成立农民合作社，培育专业大户、家庭农场等多元经营主体。通过"公司+农户""公司+合作社+农户""公司+集体经济组织+农户"等组织模式，将不同主体联结起来，不断优化经营模式。

3. 提高农产品质量安全

在农业产业化的背景下，龙头企业将成为农产品质量安全把关的重要主体。龙头企业一方面可以建立高标准生产基地，从生产环境、生产工艺上加以改进，保障农产品安全。另一方面，可以对农户进行宣传引导，避免农户使用

违禁农药，鼓励农户运用科学、绿色的方法进行生产经营。

农产品质量安全是食品安全的源头，食品安全又是关乎民生大计的大事。龙头企业应当担负起社会责任，有效保障农产品的质量安全。

4. 推动新型城镇化建设

党的十八届三中全会指出要坚持走中国特色新型城镇化道路，推进以人为核心的城镇化。要实现城镇化，首要的就是推动农村发展。龙头企业在其中发挥的作用是：一方面，龙头企业通过发挥资金、技术、品牌等方面的优势，挖掘农村优势资源，培育农村文化，发展特色农产品、发展乡村休闲旅游观光，促进都市现代农业的发展，为新型城镇化提供产业支撑。另一方面，龙头企业通过农业产业化经营的市场化运作，能吸引人口向集贸区集中，能带动信息、金融、餐饮、文化等服务业的发展，从而加快城镇化建设的步伐。

（二）农业产业化龙头企业的发展趋势

1. 从单个龙头企业引领向龙头企业集群引领转变

随着国内市场的迅速扩大，未来龙头企业的引领方式将发生变化。原有的龙头企业规模越来越大，市场份额明显提高。同时，又有一大批新生龙头企业占据市场份额。龙头企业通过资源整合、兼并重组，会逐步调整形成一批规模大、竞争力强、带动力强的大型龙头企业，或是企业集团。龙头企业的引领方式也随之从原先的单一力量的引领发展壮大为集群力量的引领。

2. 树立创新意识，提高市场竞争力

为了应对国内外新形势的要求，我国的龙头企业必须树立创新意识、推进市场营销，积极转化为营销型企业。只有这样，才能抓住企业发展的关键因素和企业的核心竞争力，才能真正提高企业的可持续发展能力。因此，在未来的一段时期里，农业产业化龙头企业的发展，将由依靠要素驱动逐步转变为依靠创新驱动。

3. 利益共同体联结紧密、融合发展

在未来，龙头企业与家庭农场、农民合作社、农户之间的关系会更加紧密，双方相互渗透、相互融合，入股的合作形式会得到更普遍的适用，"风险共担、利益共享"的宗旨会得到更有效地落实。除此之外，龙头企业还会与提供土地、资金、技术、劳动力的各方形成利益共同体，共同推进产品创新、品牌推广。

第四节 专业大户

一、专业大户的概念

专业大户是指从事某种农产品的专业化生产，经营规模明显大于当地农户，具有一定的示范带动作用，在家庭承包经营基础上发展起来的一种新型农业生产经营主体。

二、专业大户的特点

（一）专业大户与传统农户的区别

专业大户与传统分散的一家一户经营方式相比，种养规模明显大于传统农户或一般农户。由于没有明确的概念和严格的界定，有时也将专业大户称为种养大户。专业大户规模化、集约化、产业化程度高，在提高农民专业化程度、建设现代农业、促进农民增收等方面发挥的作用日益显现，为现代农业发展和农业经营体制创新注入了新活力。

（二）专业大户与家庭农场有密切的关系

许多家庭农场是由专业大户发展而来的，是家庭农场的基础版。只是专业大户不受相关条件的限制，如：不要求农业户口、不需要有关部门认定，不要求以家庭劳动力为主，收入也不规定以农业收入为主。另外，从农业经营方式看，专业大户和家庭农场也有一定的区别。专业大户一般是指从事某一种农产品专业化生产的大户，种养规模明显大于传统家庭农户；而家庭农场是农业规模化、产业化经营的产物，原是指欧美国家的大规模经营农户。党的十七届三中全会提出有条件的地方可以逐步发展家庭农场之后，许多地区的专业大户逐渐发展成家庭农场。从目前各地的实践看，家庭农场一般都是独立的农业法人，土地经营规模大于专业大户，生产集约化、农产品商品化和经营管理水平一般高于专业大户。

由于我国地域广阔，各地的自然资源、生产力水平差距很大，许多地区的农业家庭承包户，不可能一夜之间转移土地承包权，为家庭农场的井喷式发展，腾出空间。因此在未来可以预见的一段时间内，应该坚持专业大户和家庭农场共同发展的思路。

（三）专业大户具有专业化经营的竞争优势

专业化生产是现代农业的基本特征。农业专业大户具有专业化经营的经验积累，可以凭借较大的经营规模、独特的种养技术，在产业的外观、品质以及营销策略等方面形成差异化优势，同时在经营方式上，可以采取和农业专业合作社联合的方式，增强生存发展能力，降低生存成本，提高农业的综合效益，成为现代农业的一支生力军。因此，专业大户和家庭农场一样，代表了现代农业的发展方向，是新型农业经营主体的基本单元。

三、专业大户的发展趋势

在大力推进都市农业现代化的过程中，专业大户将扮演着不可或缺的作用。专业大户虽然在经营规模上不及家庭农场，但是许多专业大户在生产经营方面具有独特的优势。尤其是都市现代农业，并不以追求规模化生产大众化农产品为唯一目标。都市现代农业功能定位的多样性，决定了专业大户在生产特色农产品，提供名特优农产品方面的优势，可以更好地满足都市人群对农产品的个性化、差异化需求。同时专业大户并不以家庭成员为主要劳动力，在兼备家庭农场优势的情况下，能够更多地采取企业化发展思路，在发展特色休闲农业、创意农业方面较快适应都市人群消费观念的转换。此外，专业大户还可以在传承农耕文明、发展教育体验农业、保存地域农技文化魅力等方面有所作为，为都市现代农业的全面协调发展增光添彩。

随着国家现代农业建设步伐的加快，城乡一体化发展进程的推进，国家对农业经营主体和新型职业农民培育力度的加大，"农业将成为有奔头的产业、农民将成为体面的职业"，从而吸引大批年轻、有文化、懂经营、善管理、守法制的新型职业农民加入农业发展的浪潮，成为农业经营的骨干，建立并经营专业大户、家庭农场、农民专业合作社和农业企业等农业经营主体，为我国农业的可持续发展，农产品的安全保障提供坚实的基础。

第四章
都市现代农业社会化服务体系

农业社会化服务体系是农业现代化的重要支撑。加快发展农业社会化服务体系，是当前深化农村改革的一个重要任务，对促进农业增效、农民增收，推动农村经济发展有着十分重要的意义。

都市现代农业具有经营主体多元，功能多样，经营方式不断创新，与城市社会第二产业、第三产业联系紧密的特点。都市现代农业与城市化进程深度融合，正成为推进城乡一体化发展的新动力。同时都市农业依靠得天独厚的创新条件，正在改变传统产业的分工界线，形成许多新型产业形态。在都市现代农业发展的过程中，都市现代农业服务体系发挥着强大的支撑作用。都市农业与现代农业服务体系的关系越来越紧密：一方面，现代农业服务体系为都市现代农业的快速发展提供了基础和保障；另一方面，现代都市农业服务体系正在加速与都市农业融为一体，成为现代都市农业不可或缺的组成架构。

当前，我国农业社会化服务体系的发展已经逐步实现了多元化、社会化的格局，各服务主体在实践中也创新了不少新的服务模式。加强和完善农业社会化服务体系建设，并按现代农业的要求，建立覆盖全程、综合配套、便捷高效的服务体系，形成多层次、多形式、多主体、多样化的农业社会化服务格局，将是当前和今后一段时期发展现代化农业、解决"三农"问题的重要任务。

《中共中央关于推进农村改革发展若干重大问题的决定》中提出，"建设覆盖全程、综合配套、便捷高效的社会化服务体系，是发展现代农业的必然要求。加快构建以公共服务机构为依托、合作经济组织为基础、龙头企业为骨干、其他社会力量为补充，公益性服务和经营性服务相结合、专项服务和综合服务相协调的新型农业社会化服务体系"。新形势下，建立新型农业社会化服务体系成为走中国特色农业现代化道路的紧迫任务。

第一节 农业社会化服务体系的形成与发展

一、农业社会化服务体系的内涵与特征

农业社会化服务体系是为农业生产提供社会化服务的成套的组织机构和方法制度的总称。它是运用社会各方面的力量,使经营规模相对较小的农业生产单位,适应市场经济体制的要求,克服自身规模较小的弊端,获得规模化生产效益的一种社会化的农业服务经济组织形式。广义的农业社会化服务体系包括与农业相关的社会公共组织和经济组织,以及为满足农业经营主体产前、产中、产后各个环节的需要,提供的各种服务而形成的网络体系。农业社会化服务的内容十分宽泛,包括物资供应、生产服务、技术服务、信息服务、金融服务、保险服务,以及农产品的运输、加工、贮藏、销售等方面。

现代农业社会化服务,是农业产业发展到一定阶段的产物,是现代农业的显著特征,更是市场经济下农业分工的体现。现代农业社会化服务体系具有两个特点:一是服务的社会化,即农业生产要依赖其他产业部门的服务活动;二是组织的系统性,即服务农业的其他产业部门根据服务内容和方式,围绕农业产业链的各个环节形成有机结合、相互补充的组织载体,并为农业提供产业化的综合配套服务。

二、农业社会化服务体系的构建

早在人民公社时期,我国逐步建立了以技术推广为主的农业服务体系。这种自上而下的"贯彻"式推广,在计划经济时代曾为我国农业的发展作出了重大的贡献。但是,随着我国市场经济的发展,农村土地经营制度的变革,这种推广方式已经不能适应农村生产关系的改革和生产力发展的要求。为此,改革开放以来,关于如何构建新型农业社会化服务体系的问题,越来越引起社会各界的关注。20世纪80年代以来,党中央、国务院始终高度重视"三农问题"。伴随着以家庭承包经营为基础、统分结合的双层经营体制逐步取代人民公社体制,1983~1986年连续出台四个中央一号文件,提出发展农业社会化服务,

促进农村商品生产发展。进入20世纪90年代，中央将发展农业社会化服务体系首次提到与稳定家庭承包经营同等重要的高度，1991年国务院下发了《关于加强农业社会化服务体系的通知》。进入21世纪，从2004年开始，连续十几个中央一号文件都对"健全农业社会化服务体系"提出了明确要求。

纵观世界现代农业发展的历史，可以发现，世界各国由于社会制度、农业资源禀赋、生产力发展水平的不同，形成了独特的农业社会化服务体系与模式。构建完善的农业社会化服务体系，是一个国家实现农业现代化的基本遵循。

在我国全面建成小康社会的进程中，建立新型农业社会化服务体系，为农业经营主体提供全方位的生产经营服务，是提高农业组织化程度、解决农业小生产与大市场矛盾的重要手段，是稳定和完善农村基本经营制度、维护农民合法权益的重要保障，是确保国家食物安全、实现农业现代化的必然要求。

三、农业社会化服务体系的组成和行业范围

现代农业社会化服务体系的主体由农业部门和各类涉农组织公共参与构成，从组织形式上有：企事业单位、各类经济组织、社会团体等各种社会组织。

从涉及的行业分类来看，有涉及农业部门的农业、林业、水利、气象等农业行政部门，有涉及其他行业部门的：发改委、财政、科技、教育、金融、商务、人力资源与社会保障、卫生、民政、工商、税务、工业与信息化、广电、交通、电力、环境保护、动植物检疫、食品与药品监督等相关部门。

第二节 农业社会化服务体系的分类及其职能

现代农业社会化服务体系有农业产前、产中、产后等多个方面的领域，从产业行业分类分析，主要由以下体系组成：农业科技服务体系（农业科研服务体系、农业教育服务体系、农业技术推广服务体系）、农业基础设施服务体系、农业生产服务体系、农村经营服务体系、农业流通服务体系、农业金融服务体系、农业信息化服务体系、农业标准化服务体系、农业气象服务

体系等。

根据现代农业社会化服务体系的结构组成，其运行的机制和形式有所不同，并随着农业的发展和服务体系产业的发展以及市场化的发展，呈现不断完善和调整的状态。

一、农业科技服务体系

农业科技服务体系以公益性为主导，多元化发展。由于农业的基础性和重要性，决定了我国农业科技服务的公益性特征，使之成为各部门服务农业的重点领域。农业科技服务体系由相对独立的农业科研体系、农业教育体系、农业技术推广体系等组成，即教科研推广服务体系。由于农业科技服务体系的业务分别属于不同的行政部门主管，各部门关心支持农业，对农业发展起到了积极的促进作用。但也出现了各部门自成体系、重复建设、资源利用不合理的问题，如产学研脱节、农技推广"最后一公里"问题，因此更需要强化农科教结合、产学研结合，充分发挥党和政府有关部门在农业科技服务中的组织主导和资源配置作用，科技教育单位的科技支撑作用。

由相对独立的农业科研体系、农业教育体系、农业技术推广体系等组成的农业科技服务体系，其组织结构主要还是以公益性的、国家支持的机构为主，但随着市场经济的发展和产业发展的需要，由社会资本、工商资本投资建立的科技服务体系也正在逐步出现。

（一）农业科研服务体系

传统的公益性农业科研服务体系主要由国家、省市级农业科研机构组成，县级科研逐步减少。但最近十几年，我国民间的科研机构逐步显现，如各类以产品名称为命名的研究所，诸如地区性西甜瓜研究所、草莓研究所、桃研究所等，还有隶属于农业产业化龙头企业的研发部门，尤其是国际化龙头企业的研发机构，由于其与产品、市场紧密结合，形成了以市场为导向、产品研发机构稳定的产业化配套研发机构。

涉及农业技术研究的科研体系主要以国家队和省市级为主，其主要表现的机构形式为独立存在的、隶属于农业管理部门的科研院所，还有隶属于教育系统的、由大专院校内部成立的研究院或组织。这些部门机构主要是由国家财政支持。

其他补充的机构体系主要是企业化的内部研发机构,由企业根据自身产品开发进行支持。而民间性的研究机构主要是由民间资本发起,也是以专业产品研发为主的民间机构,属于社团机构性质,但也不排除公司性质。

农业科研体系从横向来看,主要是各省市农业科研院所,目前到县一级逐渐减少或消失。正是由于这一原因,其科研成果的产业化机制有待进一步完善和建立。

(二) 农业教育服务体系

农业教育体系主要是学历基础教育的大专院校和农业专业成人教育机构。学历基础教育的大专院校主要隶属于农业主管部门和教育主管部门的教育机构,主要是以基础学历教育为特征、以农业知识教育为主要内容的国家级或省市级农业高等院校,它接受教育系统和农业主管部门的双重管理和支持,其主要职能是为全国或当地培养农业专业人才,如中国农业大学、南京农业大学、上海交通大学农业与生物学院、扬州大学农学院、上海农林职业技术学院等。

农业成人教育机构主要是各级开展农业成人教育工作的机构,主要是开展继续教育和农业从业人员的职后实用技术人才培养及实用技术培训。该机构主要有各地的农业中等专业学校和农业广播学校等,当然也有各类民间机构根据地区需要组织开展的培训工作。另外,还有劳动局组织的各类农业职业技能培训(农业类等级工培训)。

随着机构的改革,农业高等基础教育主要由国家级和省市级农业院校来承担,而农业实用技术培训主要由市、区二级培训机构来承担。因此,在学历教育和职后教育上,形成了不同层次的分工。

(三) 农业技术推广服务体系

农业技术推广体系主要是由国家到省市到区县和乡镇的农业技术推广机构组成,其主要职能就是把农业技术逐级推广到农业生产者手中,并形成纵向的指导关系。在横向关系上,该推广机构接受当地政府农业主管部门的指导。为此,在纵向层次上有国家级、省市级、区县级和乡镇级农业技术推广机构,到村一级基本没有机构,主要是依靠村级经济组织来提供

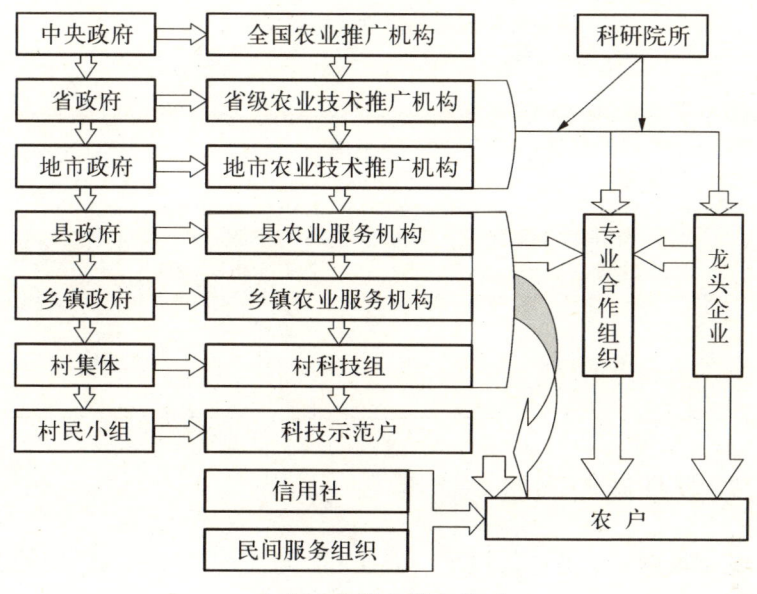

农业技术推广服务体系

服务衔接。

当前农业技术推广体系的改革方向是把政府体系的农业技术推广业务划分为公益性服务项目、半公益性服务项目和私人产品服务项目，并坚定地推进了基层农技推广体制的创新。这些做法有效地遏制了基层农村推广机构队伍大幅度缩减的态势，使基层农技推广体系基本保持完整，广大农业技术服务人员在农业生产一线继续发挥着重要作用。公益性服务有非排他性和非竞争性的特点，主要由政府公共服务机构向社会和个人提供。半公益性服务项目则具有不同程度的公益性和私人产品的性质，需要支付部分费用，可以由中介组织进行提供。私人产品服务具有排他性和竞争性的特点，可以由中介机构、企业和民间服务主体提供。在市场体制下，农业社会化服务有两种推动力量：一是市场，二是政府。市场力量，即市场的各种主体按照市场运行法则，以经济效益为中心，向农户提供农业服务的力量，他们可以是各种主体，如个人、企业、合作组织等。市场不能够解决、不能够提供的服务可以由公益性的服务机构提供。新形势下，农业社会化服务体系的完善，应该是适应市场化要求的多元化主体共同参与的立体模式。这些多元化供给主体可以划分为四类，即公益部门、中介组织、企业和民间服务机构。

农技推广服务的属性及相应供给主体

产品类别	特　　点	供给主体	农技推广属性
公益性技术	消费上高度的非竞争性与非排他性	公益部门	纯公益性职能
准公益性技术	具有排他性，但不具有非竞争性	公益部门 中介组织	准公益性职能
私人技术	消费上高度的竞争性与排他性	企业 中介组织 民间服务机构	经营性服务

二、农业基础设施服务体系

根据基础设施建设的主体情况，农业基础设施服务体系由不同的服务体系来运行，主要有三类：

主要由政府或国有企业投资建设的大中型项目。 如乡村公路、电力、大中型水利设施、渔港等与农业相关的基础设施，由相关行业部门直接管理或政府委托有关单位维护管理和服务，列入财政预算支撑运行；由社会力量投资建设的经营性项目，一般遵循谁投资、谁管理、谁受益的原则。如农业园区的建设规划由政府完成基础设施建设，然后开展招商引资，引进生产经营主体来运行，而其农业基础设施的维护和运行则由各级政府财政来负担，由农业主管部门和资产管理部门根据不同的职能来管理和提供运行支持，如上海鲜花港、孙桥农业园区等。

小型农业基础设施项目。 一般是政府出资，或政府出资与农民投工、出资相结合兴建或购置，以租赁、承包经营为主。如小型水库、排灌站、渠道管理维护、大型农机具、设施农田等农业设施，这些设施可由管理者实行有偿服务，政府有关部门实施监督管理。如上海浦东新区各镇农机合作社的基础设施建设，设施化园艺场、排灌站等，都由各级政府投资，由各镇集体资产管理有限公司来运行维护和开展经营。

分散到户的农业基础设施。 实行自主经营管理，有偿服务。如国家补贴购置的农机具、农村沼气设施、农业设施设备等，由使用者自行管理，企业或各种服务组织提供有偿服务，政府部门在政策上予以支持。在有条件的地方，村集体可建立服务站点，为农业基础设施提供有偿服务。如上海浦东新区各镇农机合作社的设备、园艺场的经营管理等，农业龙头企业的产业化设施设备投资等，都有政府扶持补贴，但由被扶持对象使用和维护。

因此，根据不同农业设施设备投资主体和政策实施主体，农业的基础设施和设备等服务体系涉及各地农业机械技术推广部门、农业产业化管理部门、各级国有和集体资产管理部门，由此构成了专业设施设备服务、资产运行管理服务、政策实施管理服务等方面的服务体系。

三、农业生产服务体系

农业生产过程中的社会化服务，除公益性科技服务外，耕地、播种、灌溉、防治病虫害、收割等大量的生产服务是通过市场化运作完成的。这些市场化生产服务，也需要政府的扶持和帮助。如通过农机购置补贴政策，帮助种植养殖大户、农民专业合作社提高农业生产服务的组织规模和效益等。

农业生产服务主要由市场化运作，并趋于经营性服务为形式，主要由涉及产前、产中和产后的经营性服务组成。

产前的经营性服务主要是农资、种子等服务。农资的服务体系既有供销社系统的农资服务网络，也有多元化的农资服务市场主体，如农资公司、种子公司等。同时，根据农资服务的政策实施，农资服务体系从省市级到区县到乡镇。当前农资供应网络的主要特征是多元化、市场化。根据农资经营的法律法规，对农资生产和经营主体设置了准入门槛，其目的是维护农资供应的质量和稳定性，并力求保护其长远发展。

产中的经营性服务主要是农业技术信息提供、农业生产机械化作业等服务。农业生产技术信息的提供主要由各级农业技术推广部门来承担，是公益性的服务。农机作业服务虽然有国家各级补贴，但其生产经营的市场化相当高，形成了地区性、专业性农机合作社和农机服务经济组织，主要是为规模化农业生产提供收种、植保、施肥等机械化服务，是农业现代化的主力军。

产后的经营性服务包括烘干、仓储、加工。农业生产的产后服务体系是生产领域的产后服务体系，如烘干、仓储和粗加工等。烘干体系是应对自然灾害性的天气需求而建立的，比如上海市郊建立的以镇或区域性为服务区域的粮食烘干服务站，即为生产户提供粮食谷物水分烘干以达到谷物储藏要求的标准含水量，这在收获季节遇到雨季时对种植户的帮助很大。烘干服务往往是防灾减灾性的措施，因此是政府投资提供服务。仓储加工，就是社会农产品收购部门提供的与收购紧密联系的仓储服务，既是收购粗加工的前提生产环节，又是为生产户提供储藏的环节。仓储服务的难点是保持农产品的新鲜度和品质及质量，但往往是由企业结合自身需求来承担和提供服务的，其目的往往兼具盈利性和市场化。

四、农村经营管理服务体系

农村经营服务体系虽然与农业生产经营关系不直接，但对农业生产的影响举足轻重，是生产关系对生产力的影响。

农村经营管理服务的组成和发展体系：一是各级农村经营管理体系，主要是为农村"三资"（资源、资金和资产）管理提供法律咨询和管理规范，并就农村集体资产管理纠纷行使仲裁；二是随着农村资产的增值要求，社会上产生了为农村集体"三资"管理和经营提供服务的企业，如各级农业投资管理公司、各级土地流转和服务代理机构等。

为此，农村经营管理服务体系由政府机构的管理服务体系与社会化服务组织和机构组成，尤其在资产管理的市场化上，农村农业资产的经营管理服务已经跨出了农业行业，如镇级投资经营管理公司、物业管理公司等。

五、农业流通服务体系

随着市场化的发展，农业流通服务对农业生产的影响越加明显。流通服务的主要内容有：

农业生产资料的流通服务。这主要是农资商品和农机具等的流通服务，主要的形式是各类农资公司、农机具生产企业和经营流通企业。

农产品流通服务。农产品流通服务主要是农产品销售服务，该服务体系主要有民间服务组织和政府服务平台。民间服务组织主要有经纪人、销售市场、龙头公司或合作社等机构，该项服务极具市场化，通过产销对接实现基地与市场的对接分工，并随着市场的变化而影响生产者。政府服务平台主要是通过搭建公共的产品信息发布平台、组织展示展销（如农产品展示展销、农机大联展等）、营销培训等来提供服务。随着市场化竞争的激烈和市场营销手段的提升，营销的服务体系已经不仅仅局限于农业领域，还涉及信息化、媒体、咨询策划等领域。农产品销售服务已经超越了传统销售和固定批发市场的营销特征，逐渐走向现代化、网络化和信息化。

无论是生产资料还是农产品的流通，随着互联网技术的应用，农业流通服务体系逐渐跨越了传统的农业部门和领域以及现货手段，形成了对空间和时间的突破，诸如农业企业做电商、电商企业做农产品和农业生产资料等形式不断涌现。

六、农业金融服务体系

农业金融服务体系主要有两个方面，即投融资服务和保险服务。

（一）投融资服务

农业投融资服务具有市场化和农业政策的支持特征。当前国家对农业投融资的服务，一是有政策支持农业生产信贷补贴，二是逐步放开信贷主体限制，三是鼓励农业企业上市投融资。为此，农业企业可以根据农业投融资政策，可委托证券公司制定投融资计划和方案，并根据产业政策向当地的农业主管部门和金融服务部门（金融机构和银行）提出投融资服务需求。

农业投融资服务主要有农业信贷和融资。上海浦东新区的农业信贷服务和政策主要是农业生产贷款贴息补贴。农业融资服务主要依靠社会化的投融资机构来提供服务，如咨询公司、证券公司等。

（二）保险服务

农业保险服务也是政策性的，主要的服务体系来自当地的农业保险公司和农业主管部门。通过农业主管部门的政策引导和农业保险公司的保险操作，来引导农业生产者投保农业生产遭受自然灾害时的损失保险。

农业部门根据农业保险的政策及时颁布农业保险的补贴范围和额度。保险公司根据农业保险的特点制定保险操作规范，并根据农业生产的险情组织定损专家提供到田头的定损服务。

七、农业信息化服务体系

农业信息服务体系提供的服务包括信息的发布、农业生产管理的信息化技术推广和示范应用。农业信息化服务体系呈现出内容多样化、手段现代化、渠道社会化的趋势。该服务体系由公益性机构体系和社会化经营服务体系构成。

公益性体系主要由各级农业主管部门和农业信息化服务部门组成，其主要职能是为农业生产经营提供信息化的规划和发展指导服务，并进行信息化技术的研发和推广应用，如各级农业管理部门和技术服务部门的信息网站建设和维护、农业公共信息管理建设、农业技术和生产管理的信息应用系统开发应用等。

社会化经营服务体系主要由信息技术、设备开发和服务提供商组成。该体系极具社会化和产业化、市场化，如农业管理和生产信息化系统的开发、农产品营销网络开发、各类农业网站开发技术支持和服务提供、农业物联网技术集成供应商等。

当前农业信息化服务体系提供的服务主要呈现出专业化（即农业技术信息）、网络化（大数据平台）、移动化（便捷）和智能化（智能决策应用）的特点。

八、农业标准化服务体系

农业标准化服务体系也由公益性服务和社会经营性服务体系构成。

公益性服务主要是以政府为主导，各部门各司其职，其内容涉及产品环境标准监测、产品质量认证、产品质量强制标准的检测和执法管理。该体系的特征是认证检测与执法的分离，并实施由上而下的管理，直至区县（监测、认证、执法）。同时涉及农业标准的由市场监督部门进行管理，要求农产品生产企业进行标准备案和制定，并符合国家标准和法律法规，机构有地区性农产品安全检测中心、农业执法机构、农产品质量认证中心等。

农业标准化的经营性服务体系主要是为农产品质量检测服务，该项服务具有市场化的机制，同时还有为农业企业的质量管理提供咨询服务的社会化机构，如农业企业质量管理体系建设服务和认证服务等。

九、农业气象预警服务体系

由于农业生产受自然环境的影响较大，即农业生产要很大程度上受到光照、温度、水分等自然因素变化的影响。为此，掌握准确的气象信息并进行灾害性气象信息预警对农作物生长和农业生产管理很重要。

农业气象服务体系主要是农业气象信息服务和预警信息服务。当前农业气象信息服务已经纳入国家整体的气象信息服务。各地区农业气象信息服务体系已经得到了有效的发挥。农业气象预警服务由于结合了农业气象信息研判和农业气象预警，为此需要气象信息服务部门与农业部门合作才能构成农业气象预警信息服务。

农业气象预警服务主要由农业服务部门承担。行政部门负责宏观性和长远性的农业气象预警服务，而农业技术推广部门主要是微观和近期气象预警和农业技术措施信息的发布。为此，农业气象预警服务平台已经形成了与农技推广体系一体化的格局，但在预警信息的发布机制和方式方法上呈现了纵向管理和横向网络化发布的格局，也是多部门协作的形式。

第三节 农业社会化服务存在的问题

当前农业社会化服务体系正在发展和完善中，但农业社会化服务还难以满足需求，公共服务能力还不够强，农业公益性服务能力还有待进一步提高，农民专业合作服务组织的凝聚力、吸引力和服务能力也有待进一步提升，农业产业化龙头企业与农民的利益联结机制还不完善、带动能力不强，市场体系中经营性服务组织商业化过于严重，服务也不够规范，各服务主体之间缺乏有效的协调。

一、基层农业服务机构体制、机制改革需要进一步深入

随着农村改革的不断推进，区县和乡镇级公益性服务机构的体制不顺、机制不活、人才队伍不稳、财政保障不足、服务手段落后等问题依然存在，甚至部分地方服务功能逐渐弱化。区县级农业服务机构的不同专业分属不同的主管部门，降低了农业服务机构的工作效率；农技服务人员综合素质不高、知识断层老化、积极性不高；农业技术推广资金不足，乡镇农业服务机构管理体制混乱，机构职能不清，机构设置不能适应经济发展的需要，"双重"职能交叉混

乱；还存在着推广经费严重不足的问题。

二、村级农业社会化服务力量需要加强

村委会和村级集体经济组织随着改制和职能转变，为农户提供的社会化服务普遍较少。村委会的生产服务功能进一步精简，并且农业以产前和产中服务为主，农业产后服务比较薄弱。

三、农民专业合作组织的运行机制需要完善

新型农民专业合作组织起步晚、层次低，未能带动广大农民和满足农业发展的要求，农民专业合作组织在组织机制、决策机制、利益分配机制、运行机制等方面都不规范，和《合作社法》对合作社运作的要求有差距。农民专业合作服务组织和农户之间多为松散连接，在不同程度上存在着管理水平不高、服务不到位等问题，无论从数量上还是质量上都不能满足农民的需求和新形势发展的要求。

四、农业龙头企业的社会化服务意识有待加强

农业产业化龙头企业在社会化服务中的意识、供给和定位水平都不足，针对企业开展农业社会化服务的政策扶持还不够完善，企业进行农业社会化服务的资金问题突出，在"公司＋农户"模式中，双方的意识和自律都有待提高和增强。

五、民间服务主体承受风险较大，自身建设有待规范

一方面，个体形式的民间服务主体难以承受多方面的风险。比如农产品经纪人难以应对大市场和广大生产户，缺乏相应的技术和信息。另一方面，农产品批发市场建设有待进一步规范。农产品批发市场的定价机制和信息发布功能有待完善，对生产环节进行调节和引导的功能难以发挥。此外，在农产品质量追溯和安全管理保障方面功能缺失，农产品价格信息传递的效率低下，农产品电子商务远远落后于其他产业产品。

第四节　农业社会化服务的模式创新

近年来，农业社会化新型服务组织不断涌现，社会化服务组织形式不断创新，各类社会化服务组织以市场为导向，创新了不少服务模式。尤其是区县级农业社会化服务体系，以农业技术推广工作机制的创新为特征，形成了多元化的农业技术推广服务创新模式。

一、服务机制的创新模式

（一）建立现代农技服务咨询平台

全国不少地区农业部门建立了现代化的农技服务平台。如上海市农委的12316农科热线。主要做法是：成立农科热线机构，开通农技12316咨询电话，建立农技信息网络；聘请专家开展坐诊与出诊服务；利用"农民一点通"网络，收集农业产前、产中、产后各方面信息，通过多种途径向社会发布；利用各级农网，设立技术咨询平台，开展技术服务和咨询。

（二）实施"农业科技进村入户"工程

实施农业科技入户、包村联户制度，开展"走千听万"活动，有效地扭转了过去农技人员"进村少、入户少和到田指导少"的"三少"现状。农技人员从事技术服务有了依托，借助这个平台，推动了农技人员深入农业生产第一线，建立了农技人员和农户之间的直接联系，发挥了科技示范户的带动作用，农技推广服务职能得到了充分的履行。如上海市浦东新区推进"走千听万"活动，由农委及各所属单位建立技术人员与农业企业、农户或合作社一对一的结对机制，定期开展上门服务，并建立长期的工作联系机制，为农业生产经营户提供贴心服务。

（三）农技推广责任制

农技推广责任制就是根据县级农技人员的知识和技能水平，确定不同的岗位责任，实行不同的分类管理。如浙江上虞市推行的农技推广责任制，积极推进农技推广机制和服务创新，加快构建新型农技推广体系，在粮食、蔬菜、水产、茶果、畜禽、花卉苗木等六大主导产业中全面推行农技推广工作责任制度。根据公益性农技推广机构性质，将全市现有的农技推广人员分为首席农技师、农技指导员、责任农技员和社会化农技推广人员，并按产业确定技术人员，按业绩对每个技术人员进行考核和奖励。

（四）教授工作室

通过区县农业主管部门与大专院校的协调、衔接，开展教授与生产基地的结对扶持和咨询，使科教服务更有针对性。大专院校与农业生产基地"零距离"接触指导，进一步拉近了农业科研院校与农业生产第一线的距离，有效地解决了农产品推广和科研成果推广的"最后一公里"问题。

二、服务组织的创新模式

（一）镇、村集体直接服务于农户模式

村集体组织直接为农户提供农业社会化服务的模式在农地流转和代耕代种上表现明显，主要是发挥村集体组织的主导协调作用，在不改变承包权的前提下，实现耕地有序有效流转。如上海市浦东新区根据农村土地资源情况，由镇农投公司与行政村签订土地流转协议，由镇农投公司根据农业土地基础设施情况进行基础设施投资，并根据镇的产业规划进行土地的农业生产招商经营和管理，并确保村集体组织对农地出租的收益，也保证承包户的权益和收益。又如浙江瑞安市村集体转包并直接经营模式。

（二）设立村级综合服务站或村域农民专业合作社

村级综合服务站或村域农民专业合作社大多按照"民办民营"的运行模式，以技术为依托，以农资经营为经济支撑，采取技物结合的方式，有偿地为农户提供种子、化肥、农药等农用物资。如上海市浦东新区许多村域合作社就是根据村的生产规划对本村农地进行集中流转实用，并在合作社内部聘用当地农户进行统一规划、统一生产经营，或在合作社内部为农户提供农业产前、产中和产后服务。

（三）龙头企业+基地（合作社、家庭农场）+农户服务模式

最近几年，许多农民专业合作社、农产品销售配送龙头企业多是采用这种模式，主要是解决农产品销售的问题，同时也对销售产品进行生产的标准化指导和产品标准制定。

三、合作自律的创新模式

随着合作社、农民自治组织、合作经营的出现，农业生产在合作自治组织和合作社内部也发展了农业服务体系的行为，如统购统销、统一生产技术措施、农业农机服务和管理、统一营销联盟等。如上海市浦东新区农协会品牌专业委员会也是根据品牌联盟和建设的发展，为农户和企业提供从产业基地建设、生产技术指导和信息发布、产品标准管理等方面提供服务和自律导向。浦东新区各镇的农机合作社就是为家庭农场的生产、种田大户的生产提供专业化的农机作业服务，并形成对农机作业户实施标准化的农机作业服务管理。浦东新区的许多瓜果专业合作社就是为农户的产品销售提供服务或进行市场链接的服务。

农民自律组织，特别是农民专业合作社的组成和发挥作用，无论是产品销售合作还是生产规模化的合作，都在内部形成了农业产前、产中和产后的服务需求和行为，是农民自律管理、合作众筹、统一生产经营的服务形式，能够很好地克服"小规模、分散化"家庭经营的弊端，解决"小生产、大市场"的矛盾，既促进了农业的现代化，又很好地实现了农户自身的利益。

四、产业带动型模式

产业带动型模式主要有"公司＋基地（合作社、家庭农场）＋农户"模式，即龙头企业为基地上的农户提供生产资料和资金技术，农户按公司的生产计划和技术规范进行生产，产品由公司按照合同价格收购销售。如上海市浦东新区的多数农产品配送企业就是采用这种模式。事实证明，企业直接和基地打交道，有利于发挥各自的资源优势和产业优势，实现产业对接，并有利于基地的规模化生产，提高产品的市场竞争力。同时，农业产业化龙头企业通过村委会作为中介和农户进行对接，可以节约企业的交易费用，农民对村委会也比较信任，有利于新技术的推广和信息的沟通，另外，对农民的生产过程也可以起到很好的监督作用。浦东新区这种模式主要是在土地的流转上显得更为有效，既能体现村委会对土地资源的管理作用，又能推进土地生产使用的规模化，还能确保承包户对土地流转的收益。

五、社团组织服务模式

(一) 民间协 (学) 会

农业专业协会的出现,为农业专业化的服务提供了民间渠道。协会的作用,主要是开展农业行业内部的交流,并在农户(农业企业、合作社)与政府之间起到桥梁作用。协会主要是通过自治、自律,联合会员进行产业发展的协作,同时根据农业产品的品牌建设,联合农户进行品牌联盟,提高农产品的市场竞争力和产品品牌建设。

(二) 民间研究所

民间研究所具有市场化运作特征,一般是某个农产品品种从产前、产中和产后给予全方面专业化的研究机构。民间研究机构具有对市场的敏感性、对技术研究的长期性,其作用能弥补公益性研究机构的不足,并具有灵活性和市场新机制。如上海市西甜瓜研究所、草莓研究所、火龙果研究所、桃研究所等,这些机构的出现,就是市场化、民间研究机制的形成和发展,对特定农产品的生产和经营具有技术优势和引导作用。

第五节 农业社会化服务的发展导向

农业社会化服务体系的发展,必须遵循产业特点、社会化市场化需求,以产业为本、以人为本的理念,坚持科学发展观,把加强农业基础和维护农民利益作为出发点,从建设现代农业的全局出发做好这项工作。

一、正确处理好规范管理和市场化发展的导向

农业社会化服务既有公益性又有市场化需求,要根据专业化服务的特点及其市场化基础特点,既要发挥政府的引导和体现公益化特点,又要在产业的发展管理上尊重市场,以市场为导向,积极鼓励社会化服务的市场化运行,充分平衡和发挥政府行政的宏观调控和市场对资源配置的作用,并根据农业产业特点和受自然因素影响的特性,采取政府提供基础资源,市场发挥产业经营的竞

争作用。

二、转变观念,树立宏观思路,加强部门协调和资源整合

农业部门要努力打破部门、地域、行业、单位界限,要跳出农业传统工作思路和行业资源圈子,要本着对农业农村经济发展有利、对广大农民有利的观念,主动转变观念,调动社会各方资源,制定规则和鼓励政策,推动农业服务体系建设和发展。为此,农业社会化服务既需要明晰部门职责,也需要加强政府部门之间以及相关业务、技术部门之间的协调与合作;整合公共资源,提高利用效率;进一步完善法律法规,把权力与责任紧密联系起来,实行责任追究,督促有关部门和个人把权力当作责任。

三、注重实践,尊重规律,充分发挥农业从业人员的创造性

农业服务体系的服务对象是农民和农业产业经营主体,同时其自身主体往往又是农业生产经营的主体,为此在建立和发展新型农业社会化服务体系时,既要积极满足农业产业主体的需求,又要根据农业服务主体本身的发展特点(有公益、有经营),积极鼓励机制创新和工作创新,鼓励农民和农业生产经营主体在创新服务体系的体制机制建设中的主体作用及其发展。

第六节 浦东农业社会化服务体系建设的探索和实践

一、农业科技服务体系

上海市浦东农业科技服务体系,经过改革开放以来的发展,原先区县级公益性的科研机构已经合并取消,转而替代的是民间科研服务体系为主,主要是以产业化为导向的科研服务民间机构的诞生,如桃子研究所、火龙果研究所、西甜瓜研究所等。这些民间研究所更加专业,并形成以品种为特征的产学研一体化民间研发机构,并且其机构的研发机制相对灵活,其研究的人力资源来自各级的农技推广机构(如各级农技推广中心、动物疫控中心、水产技术推广

站、农机推广站等)、上海市农业科研院所(如上海交通大学、上海农科院等)。民间科研机构通过整合和吸引社会科研资源,利用特有的体制机制,建立了专业性的科研机构,其与产业结合更紧密,市场化程度更高。

在农业教育服务体系上,区级机构以农民中等专业学校为主,镇级机构以各镇农业服务分中心为辅,实现区镇连接的农业教育服务和培训组织体系。在教育培训业务的开展上,结合浦东新区现代农业的发展、农村建设的发展和农民生产生活水平提高的需求,开展农村学历教育(大专、本科)和四大类培训(实用技能培训、农村基层管理培训、农业生产经营管理培训、对口援助农村工作培训)。在组织工作上,紧紧依托区级事业站(所)、各镇农业服务机构开展专业性的农业技术培训和农村"三农"工作培训。

在农业技术推广服务体系上,浦东新区已经建立健全了区镇二级农业推广机构,区级专业农业技术推广机构有:上海市浦东新区农业技术推广中心、动物疫病预防控制中心、水产技术推广站、农机推广站、农业服务中心等六个部门。

二、农业基础设施服务体系

农业基础设施服务体系主要是开展基础设施建设和管理,其主要职能一部分在农业服务中心(开展村庄改造和美丽乡村建设基础设施的长效管理)、各镇农业行政管理部门和水利管理部门负责农业水利基础设施建设,农田水利建设管理由各镇排灌站管理服务,农田设施由各镇农业投资管理公司集中建设和投融资并进行长期维护和管理。

三、农业生产服务体系

浦东新区农业生产服务体系主要由农机合作社、农资公司、种子公司组成产前、产中和产后服务。农机合作社开展农业生产的机械作业服务。目前各镇均建立了民间农机合作社,为农业生产提供农业生产收种服务,并通过镇农业服务中心建立统一的作业信息平台,同时随着生产的需要,建立的谷物风干中心为粮食生产提供应急设备。农资公司主要是提供化肥农药和种子等生产资料,目前已经建立了覆盖各镇的农资超市,实现常用农资销售网络和补贴农资发放主渠道。种子公司主要是开展常规种子的生产经营,并由浦东新区农技服务中心实施种子生产技术指导和农业执法大队进行种子生产经营管理。

四、农村经营服务体系

浦东新区的农村经营服务体系主要由区级农村经营管理指导站和各镇相关机构组成，其主要职能是开展村级集体资产经营管理指导和农村集体土地承包经营管理。各镇建立了土地流转中心，为各村的农民土地流转提供法律咨询、信息登记和政策兑现信息。同时，各镇建立了镇级农业投资和经营公司，通过产业化的运作，一是规范和集中开展农业基础设施建设和维护，二是统一开展承包土地的流转和经营，三是开展与村级经济组织的土地流转和经营的结算。

五、农业流通服务体系

一是通过相关网站开展农产品市场信息的发布来提供流通服务，二是通过龙头企业和合作社开展产销对接来带动开展农业流通对接和市场化操作，三是定期举办区级农博会和参加各级农博会来组织农产品展示展销和产销对接。

六、农业金融服务体系

目前浦东新区现代农业遇到的金融服务内容主要是投融资和农业保险。在投融资上，主要是政府鼓励农业企业上市，并根据投融资政策给予补贴。对农业企业（或合作社）进行生产性流动资金贷款实行贴息政策，银行在执行信贷时可以进行农业企业的质押贷款和无形资产诚信贷款。开展投融资服务的机构有证券公司、投融资咨询公司。开展农业信贷补贴政策服务的机构有各镇农业主管部门，根据企业的诚信和质量以及信贷机构要求的企业运行情况来进行审核是否可以给予贷款贴息。农业保险主要是通过各镇农业保险受理点进行农业保险受理，按农业保险补贴政策根据保险合同进行保费补贴，投保对象只要交足自行负担部门保费，其余由保险公司上报区级农业主管部门进行补贴保费申请。投保户（企业或合作社）在出险后即可联系相关保险受理点人员进行现场理赔勘查，由保险公司按投保合同进行理赔程序操作。

七、农业信息化服务体系

农业信息化服务体系包括农业信息发布和农业信息化技术推广工作。浦东新区农业信息化服务机构为浦东新区农村改革发展服务中心（浦东新区农业信息中心），其次是各镇的信息员和村级信息员。在农业信息发布服务上，根据农业生产的情况，由区镇二级农业条线机构或政府部门及时在浦东农网上发布相关信息，同时在村级"农民一点通"上及时发布区级"三农"信息，尤其是农业生产技术信息、村务公开信息、农业政策信息、基本农业生产补贴信息查询等。同时，浦东新区还利用微信、微博及时开展"三农"信息的发布。

在农业信息化技术的推广上，针对现代农业建设发展需求，大力推进实施信息化领先发展和带动战略，计划开展智慧农业创新工程，信息进村落户示范工程，农业大数据应用工程，主要是通过浦东农业数据中心建设，推进政务行政许可和政务业务分类管理，健全农村农业综合信息服务体系，助推浦东国家级现代农业示范区建设、农业GIS平台应用、农产品安全、村庄改造、休闲农业、农村集体"三资"、农民增收等信息管理系统整合与建设，完善"三农"数据库，深度挖掘农业"大数据"的应用。

其次，积极推进企业信息化应用，开展"互联网＋"农业全方位融入现代农业产业链中，推进农业信息技术在源头管理、生产决策、销售营销等方面的应用，相关企业的农产品电子商务得到有力的推进。

八、农业标准化服务体系

开展农业标准化服务的区级机构主要是农产品检测中心、农村改革发展服务中心、农业执法大队，以及市场监管局执法机构。全区通过建立农产品质量安全监管的区、镇、村三级网络，由区农产品检测中心组织和指导各级对农产品的生产环境、投入品使用和产品质量进行检测，由农业执法部门根据检测情况按照法律法规及农产品标准进行处理，由区农村改革发展服务中心对符合认定标准的进行有机、绿色和无公害农产品认证并进行监督检查和复查换证。同时，按相关法律法规，由区级市场监管局根据质量监管和标志标示使用规范进行上市农产品监管检查和生产过程中执行标准的检查监管。

九、农业气象预警服务体系

浦东新区的农业气象预警服务体系主要是在农业各级服务部门，尤其是各专业技术服务部门。根据气象信息部门提供的气象信息，农业技术服务部门根据农时季节和农业生产情况，对灾害性气象因素进行预判，并根据农业生产的区域分布和生产对象，及时将预警信息发送给有关农户或农业企业（合作社或家庭农场）。其发布的途径是移动通信或网络信息，还有集中通知。

参考文献

[1] 孔祥智等. 当前我国农业社会化服务体系的现状、问题和对策研究，我国农业技术推广体系调查与改革思路. 中国农村经济，2005年第2期.

[2] 孔祥智，张小林，庞晓鹏，马九杰等. 西部地区农民合作经济组织的作用及制约因素——基于陕、宁、川三省（区）调查的实证研究.

[3] 农业部经管司，经管总站研究小组. 构建新型农业社会化服务体系初探. 中国农经信息网，2013年1月2日.

第五章
都市现代农业的营销策略

第一节 农产品的品牌经营

在新经济和网络经济背景下,市场需求日益个性化,对农产品营销渠道过程的参与程度越来越高。本章主要介绍我国农产品的营销理论研究中的前沿和热点,介绍农产品的品牌经营,农产品营销与政府管理,农产品市场环境,农产品市场营销策略等内容。通过都市农产品营销的基本观念、基本理论、基本方法和营销规律的学习,探索都市农产品市场调查与开发、农产品市场经营方式和经营渠道、农产品经营策略运用。为从事农村市场经营、农产品营销的组织和个人培育实际操作人才,提高从业人员的专业素质、知识和操作技能。

一、农产品品牌及其分类

简单地讲,品牌是指消费者对产品及产品系列的认知程度。品牌是人们对一个企业及其产品、售后服务、文化价值的一种评价和认知,是一种信任。品牌已是一种商品综合品质的体现和代表,当人们想到某一品牌的同时,总会和时尚、文化、价值联想到一起。企业在创品牌时不断地创造时尚,培育文化。随着企业的做强做大,不断从低附加值转向高附加值升级,向产品开发优势、产品质量优势、文化创新优势的高层次转变。当品牌文化被市场认可并接受后,品牌才产生其市场价值。品牌是制造商或经销商加在商品上的标志。它由名称、名词、符号、象征、设计或它们的组合构成,一般包括两个部分:品牌名称和品牌标志。

农业品牌,常被称为"金名片",一般建立在区域内独特自然资源或产业资源的基础上,品牌权益往往为区域内相关机构、农业企业、个人等共同所有，具有区域的表征性意义和价值。特定农产品区域公用品牌是特定区域的代表，对区域的形象、美誉度、旅游等都起到经济的作用。

（一）农产品的品牌概念

随着我国农产品的发展，都市农业提供优质的鲜活农产品可以满足都市消费需求，并增加就业机会、优化产业结构、提高农民收入；都市农业为都市居民提供亲近大自然、体验农业以及观光、休闲与娱乐的场所与机会；都市农业营造优美宜人的绿色景观、改善自然环境、维护生态平衡，充当都市的绿化隔离带，为都市人们提供宁静的生活环境。

很多农业企业开始实行都市农产品品牌化经营。农产品品牌就是农产品经营者根据市场需求与当地资源以及产品特性，给自己的产品命名的称谓，并配有相应的标识，是农产品之间相互区别的符号。都市农产品品牌化经营是指农产品经营者根据市场需求与当地资源以及产品特性，给自己的产品设计一个富有个性化的品牌，并取得商标权，实行农业企业化经营，使品牌在经营过程中不断得到消费者的认可，树立品牌形象，扩大市场占有率，实现经营目标的一系列活动。

（二）农产品的品牌分类

1. 独有品牌和共享品牌

按所有者数量，品牌可分为独有品牌和共享品牌。独有品牌只属于某个特定农业企业或农业企业集团，主要指绝大多数农民或农业企业所拥有的品牌。共享品牌属于部分农业企业与个人所共有的品牌，主要指集体品牌证明品牌。

2. 区域品牌、国内品牌和国际品牌

按运作的范围，品牌可以分为三类：区域品牌，国内品牌，国际品牌。区域品牌，指仅在某个地区销售的品牌，如"8424"西瓜、阿强鸡蛋等。国内品牌，指那些在全国范围内销售的品牌。国际品牌，指在世界范围内销售的品牌。

二、都市农产品的品牌化经营特征

品牌作为一种无形资产，是现代农业企业重要的竞争手段之一。在现代市场经济条件下，农业企业要在买方市场中获得局部的垄断势力和行业进入壁垄，就必须在消费者心目中树立起自身的品牌形象。由于农产品在质量、外观、包装等方面的差异化程度较低，也就特别需要利用品牌来加强农产品的形象特征，从而更好地促进销售。特别是在目前食品安全问题频频出现的市场环境下，鼓励农业企业通过实施品牌化战略，重塑安全可靠的农产品形象，具有极其重要的现实意义。

（一）农业品牌化经营是现代市场行为

都市农产品品牌化经营就是以品牌形象和价值为核心的市场竞争行为，是品牌之间的较量，是一种新的竞争形态。都市农产品品牌化经营是以科技为支撑，以整合区域资源为基础，对品牌的制定、实施、修订、再实施、再修订，呈现螺旋式发展的过程，使龙头农业企业不断创新，保持自己品牌的比较优势和个性。区域农业产业结构也会随着龙头农业企业的创新与整合而不断升级换代。

随着"三农"的发展，农业、农村、农民受到越来越多的注目，只有具备良好品质的品牌产品才能占据最大的市场份额，并形成新的市场竞争格局。越来越多的人崇尚自然、崇尚健康，关注品牌农产品、特色农产品、绿色无公害农产品，关注休闲农业、观光农业。因此，良好的品牌形象成为用户选择产品的主要依据，市场前景必定无限光明，如上海浦东南汇的知名品牌"8424"西瓜等。实施都市农产品品牌化经营，可以促使龙头农业企业不断创新，农业产业结构不断升级。

（二）农业品牌化经营是资源整合的过程

农产品品牌的创建一般受自然条件的影响很大。由于气候、土壤、水资源等自然资源形成了某种农产品的地域品种优势，龙头农业企业可以利用地域品种资源优势，发展加工业，建立与当地农户之间的经济联系机制，创建生产基地，形成"农业企业＋农户"的经营模式，给予农户技术和经济支持，实施专业化生产和规模化经营，从而创建自己的品牌。都市农产品品牌化经营不仅是一种经营方式，而且是一种经营理念。品牌化经营的理念必须符合消费者的消费理念，品牌营销行为要维护消费者的现实利益、长远利益和社会整体利益。农产品生产经营者必须把当前的绿色营销观念和社会经济可持续发展理念转化为自身的品牌理念。

农产品品牌经营，既注重物质资源，也涉及精神文化资源，是二者的全面融合。品牌文化是在精神文化和物质文化相结合下实现的。在品牌经营过程中，农业企业对农产品市场的探索，实际上也是无形资源与有形资源的融合。相对传统经营，农产品品牌经营的做法往往是先进行市场调查，引进科技力量，再生产、开发农产品，创造品牌，完善品牌，整个过程就是资源的重新组合过程。都市农产品品牌化经营促使农业产业化的理念提升。实施都市农产品品牌化经营可以整合农村区域资源优势，形成专业化生产和规模化布局的农业产业化生产基地。

（三）农业品牌化经营是效率管理行为

农产品品牌化的效益又可分解为经营效率和经营效益两个方面。前者包括管理效率、资源要素配置效率和结构变动效率。后者则包括社会效益、生态效益和经济效益。都市农产品品牌化经营作为一个投入产出系统，投入的高效率和产出的高效率是维持其发展的基本条件，其中都市农产品品牌化经营效率的高低则是关键环节。都市农产品品牌化过程是不断提高农业劳动生产率、土地生产率和农业综合生产能力的农业发展过程。农业品牌化经营具有高效率性。

（四）农业品牌化经营是战略性营销

品牌战略是现代农业企业市场营销的核心。从品牌战略的功能来看，一个品牌不仅仅是一个产品的标志，更多的是产品的质量、性能、满足消费者效用的可靠程度的综合体现。都市农产品品牌化经营是农业企业以品牌的营销、使用和维护为核心，在分析自身条件和外部环境的基础上制定的农业企业总体行动计划；是农业企业通过创立市场良好品牌形象，提升产品知名度，并以知名度来开拓市场，吸引顾客，扩大市场占有率，取得丰厚利润回报。农产品品牌化经营过程凝结着农业企业的科学管理、市场信誉、追求完美的精神文化内涵，决定和影响着产品市场结构与服务定位。

（五）农业品牌化经营是可持续营销

都市农业是指地处都市及其延伸地带，服务城市、依托城市的农业，以适应现代化都市生存与发展需要而形成的现代农业。都市农业以生态绿色农业、观光休闲农业、高科技现代农业为标志，以农业高科技武装的园艺化、设施化、工厂化生产为主要手段，以大都市市场需求为导向，融生产性、生活性和生态性于一体，遵循可持续发展的现代农业。

农产品的品牌化经营是从传统农业向现代农业发展的历史过程，其经营管理过程包括品牌创建、品牌注册、品牌整合、品牌传播、品牌创新、品牌价值评估和品牌保护等环节。各个环节相辅相成、相互影响。品牌经营管理的过程囊括了现代市场营销的全部过程，是营销组合的集中体现。

三、品牌化经营的意义

我国是农业大国，全国13亿人口中80%是农民，农业的发展、农民的富裕和农村的繁荣，关系到各地区乃至全国的稳定、发展和兴衰。实施都市农产品品牌化经营能够确定我国各地农业生产、农产品营销的全面发展。实施农产品品牌战略，意义重大。

（一）有利于农业产业化

都市农产品品牌化经营是龙头农业企业经营的必然选择，品牌就是其通行证。农业企业必须实施品牌化经营、农业企业化管理和市场化运作。

首先，龙头农业企业必须创建自己的品牌，并培育塑造成名牌，才能成为消费者的购买首选，才能有稳定的市场，并逐步扩大市场占有率。

其次，实施都市农产品品牌化经营就是要以"质量"为核心，按照品牌化要求组织生产、优化品种、提高质量、精深加工、精美包装，从而树立品牌形象和信誉。

再次，都市农产品品牌化经营特别注重经营效益，而且品牌的价值就在于它可以稳定商品的市场价位和创造新的价值。实行品牌化经营可以使龙头农业企业的经济效益稳步上升，资产不断升值。

农业产业化是农业与工业、环境发展、资源开发利用相协调配合的整个社会可持续发展的农业现代化过程。

（二）有利于提高农业生产力

品牌力基本上是由品牌商品、品牌文化、品牌传播和品牌延伸这四要素在消费者心中协同而成的。一个品牌要在竞争中脱颖而出，在消费者心目中占有一席之地，就要使品牌商品有强大的商品力，培养有助于强化品牌个性的品牌文化，实施有效的品牌传播，进行正确的品牌延伸。影响品牌力的形成有四个主要环节：商品和文化是构成品牌力的主要内容；品牌传播关系到商品和文化与大众心理的沟通；品牌延伸是达成品牌与产品相互独立的必要过程，是品牌成长的重要一环。农业生产力是农产品的品牌力。品牌力作为农业企业对消费者和市场的强大影响力是决定农业企业生产经营成败的一种核心力量。品牌力依附于商品力，它以自然生产力或物质生产力为基础，并且有自然生产力的属性，农产品品牌力的自然属性更为突出。

品牌力又是一种生产力，是农业企业的科学技术水平、员工素质、团队精神、创新力量、管理能力、质量水平、经营理念和品牌传播创意等内容的有机整合，是农业生产力的新内容和新发展，是区域资源的有机整合，集合了农业企业的产品力、资本力、战略管理能力、创新能力、经营能力和文化价值观念，是农业企业核心竞争力的市场载体。

（三）有利于增加农民收入

都市农产品品牌化经营是农业企业化、规模化和集约化经营，通过一村一品，一乡一业的专业化生产、规模经营、区域化布局、社会化服务，形成贸、工、农相衔接，种养相协调，产供销一条龙，最终在农村建立起市场牵农业企业、农业企业带基地、基地连农户的经济管理体制和运行机制，形成大市场、大流通和大产业的现代化农业布局；都市农产品品牌化经营通过品牌的制定和市场化运作可以树立品牌形象，提高美誉度，突出产品特色，建立稳定的消费者群，获得强大的促销效应；都市农产品品牌化经营可以促使农产品生产经营者树立市场理念、效益观念、营销观念、科技意识和品牌意识，避免盲目性和自发性，增强农业生产者的主动性，提高农产品的科技含量和市场竞争力。

（四）有利于提升农产品国际市场竞争力

不断改善和优化政策、法律和舆论环境，规范市场秩序，推动农业科技进步和制度创新，提高农业经营管理水平，形成优胜劣汰、奋力争先的竞争格局，从而普遍提高我国农业的整体素质和效益，从整体上增强农业的国际竞争力。

加入世贸组织后，我国农业产品税得到较大幅度的降低，非关税措施和出口补贴基本取消，农业的国际化进程明显加快，但面临的国际竞争压力进一步加大。作为世界农业大国，我国农产品不仅要参与国际市场竞争，而且在国内市场上也要与外国农产品竞争。为此，必须积极应对入世，首先要加快农业产业结构调整，紧贴国际市场的需求，完善农产品的生产结构，培育和种植新产品。另外，参与国际竞争，通过品牌农产品，打造品牌，形成具有国际竞争力的优势农产品，提高国际竞争力，同时带动全国农业整体竞争力的提高，开创农产品大品牌战略，调整现阶段农业发展的政策措施。实践已经证明，国际市场是品牌的天下。具有优质、特色、科技含量高、信誉好、绿色环保等特点的农产品名牌有强大的国际竞争力，可以有效打破贸易保护主义的壁垒，更多、更快、更好地进入国际市场，获得较高的经济效益。

第二节　农产品营销与政府管理

一、农产品营销的内涵及主要内容

（一）内　涵

农产品营销是指生产或经营农产品的个人或组织，以市场需求为导向，通过综合运用产品、价格、促销、渠道等营销策略，在实现农产品交换的同时，实现个人或组织利润目标的经营活动。

农产品营销的主体是生产或营销农产品的个人或组织；农产品营销包括农产品产前、产中、产后开展的各种农产品经营活动；农产品营销是一个价值增值过程。

农产品营销的基本职能包括：集货、分级、储藏、加工、包装、运输、分销、为消费者服务。

（二）研究对象

农产品营销的研究对象是农产品营销活动及其规律，研究农产品生产与经营农业企业、个人以及相关社会组织如何从满足消费者或社会需要出发，有计划地组织农产品生产、集货、分类、加工、包装、运输、储藏、销售和服务，从而实现赢利目标的活动以及这些活动的内在联系和规律。

（三）主要内容

随着农产品营销观念从推销观念、产品观念向市场营销观念、社会营销观念、绿色营销观念的转变,农产品营销学的研究内容也逐步得到拓展。

目前,农产品营销包括农产品服务营销、农业综合农业企业的关系营销、农产品绿色营销和农产品网络营销。

二、农产品市场及环境

(一)农产品市场

农产品市场是指买卖双方实现农产品所有权交换的场所、概念或活动。其基本构成要素有:交易设施,交易物品供给与需求,交易人。农产品市场有以下特点:交易产品具有生产资料和生活资料的双重性;具有供给的季节性和周期性;市场风险比较大;现代化市场与传统小型分散市场并存。

(二)农业综合企业

农业综合企业是指综合从事农业及相关产品的生产、加工、流通或服务活动等经营活动,实行自主经营、独立核算的盈利性经济组织。其特点主要是:生产规模大;综合性强;农业科技与经济、社会综合,农业产前、产中、产后综合;生产社会化程度高;劳动生产率和商品率高。

(三)农产品营销宏观环境

农产品营销宏观环境主要包括政治环境、法律环境、经济环境、人口环境、生态环境等。政治环境主要有农业补贴相关政策;中央一号文件精神;现阶段农业战略等。法律环境主要指已经颁布了的相关法律,如环境保护法、产品法、消费者权益保护法、价格法、广告法、计量法、反不正当竞争法等法律规范以及新出台的相关法律。经济环境是指经济全球化、国内购买力、居民人均收入水平提高、收入分配不均、消费者储蓄、消费模式等方面。人口环境主要是人口现状、人口流动与人口结构等。生态环境主要是指环境污染、农民身体健康、部分农产品质量下降,农产品国际市场营销受阻等。

三、政府与农产品营销管理

(一)政府是农产品营销的管理者

政府农产品管理的目标是稳定农产品价格,保证供给与需求稳定;保证生产者收益,保护消费者利益,建立和维护农产品市场竞争秩序,保护社会利益，保护生态环境，维护生态平衡。管理内容具体有价格管理、补贴管理和数量管理。价格管理主要是保护价/支持价格；销售限价/最高限价，双重价格管理。补贴管理主要是生产者补贴与消费者补贴。数量管理：投入要素、供给量、消费限量，保持市场均衡。

（二）政府与农产品合作营销

合作营销，在经济上，让农民得到规模经济与参与市场竞争，获取科技知识的能力；在政治上，组织农民成为利益集团，具有参与权和发言权；在情感上，让农民在生产、销售和管理方面产生归属感、力量感。政府应当大力支持与鼓励合作组织建立，而不是防范合作组织建立。

（三）政府与农产品市场透明度

政府应当建立和不断完善农产品的质量标准、生产与贸易的依据，有国家标准、地方标准、强制性标准、推荐标准；加强农产品标记与广告规范化管理、包装信息：名称、商标、成分、等级、保存方法、生产日期、保质期、广告信息；完善市场组织与管理，提供交易场所、卫生、技术、检测服务、秩序与相关规章的制定。场地设施、运输设施、仓储设施、网络设施等社会公益性高，投资额大，需要政府给予必要的资助。

（四）政府与农产品市场信息

建立农产品市场信息网络化。建立农业信息网络；国外发展状况、网络＋经纪人＋农户是可能的信息供给方式；加快农产品市场网络体系建设。以政府为主体进行建设投资；政府搞好跨部门、跨行业的协调管理；面对后备农民，注重专业人才的培养；进行农产品市场信息网络标准化建设。

四、学习农产品营销的意义和方法

农产品营销，可以通过培养农产品市场营销经纪人，解决农村剩余劳动力的出路，有助于农产品营销市场矛盾的解决，搞活农产品市场，解决农产品销售的当务之急，提高农产品营销队伍的综合素质，打造农产品国际市场开放所急需的操作人才。

学习农产品营销理论与实务，首先要吃透主要理论，学好市场营销的基本概念、基本原理，在此基础上大胆创新。同时，掌握必需的法律法规知识，坚持实践，大胆实践，结合当前国内国际大背景大形势，开创农产品营销新局面，使农产品营销之路越走越宽。

第三节　农产品营销策略

一、农产品营销中的产品策略

（一）农产品的三个层次

营销中的产品（指的是提供给农产品营销的产品）市场，用于满足人们某种欲望和需要的（包括与农产品有关的生产、加工、运输、销售实物、服务、组织、思想、主意等）一切有用物，包括农产品核心产品（消费者购买某种农产品时所追求的效用，是消费者真正要购买的东西，如鸡蛋中的蛋白质，蔬菜水果中的维生素等）、农产品的形式产品（农产品核心产品的实现形式，即向市场提供的农产品实体的外观。五个构成标志：质量、特征、形态、商标和包装）、农产品的附加产品（又称延伸产品，指消费者在取得农产品或使用农产品的过程中所能获得的形式产品以外的利益，如提供产品信贷、免费送货、保证售后服务、农产品知识介绍、栽培技术指导等）。

（二）产品/市场策略

1. 产品组合

包括产品线（产品大类）和产品项目。产品项目是指某一品牌产品大类由尺码、价格、外观及其他属性来区别的具体产品。如某农业企业生产经营大米、食用油、面粉等为产品项目，其中大米、面粉、食用油等大类为产品线，食用油中的豆油、菜油、花生油等为产品项目。

2. 明星产品

以农产品的拳头产品为主打，通常以认证农产品如绿色农产品、有机农产品的形式进入市场。

3. 产品延伸

以名牌农产品为基础，向下、向上、双向延伸，进入市场。

二、农产品渠道策略

(一) 渠　道

1. 长渠道和短渠道

农产品分销渠道按其有无中间环节和中间环节的多少,也就是按渠道长度的不同,可有不同的选择方案。农产品流通经过的中间环节越多,渠道越长;中间环节越少,渠道越短。根据长度的不同,也可以把分销渠道概括为直接渠道和间接渠道两大类。直接渠道是指农产品生产企业把产品直接销售给顾客,没有中间商介入。间接渠道是指在农业生产企业和顾客之间要有一个或多个中间商,消费者市场多数采用这种间接渠道。

2. 宽渠道和窄渠道

在农产品由生产者流向消费者的过程中,每一个中间层次上中间商数目的多少,称为渠道的宽度。根据同一层次上中间商的多少,可分为密集型分销、独家分销和选择性分销。

(二) 农产品营销渠道策略

农产品从生产领域向消费领域转移的过程中,由具有交易职能的商业中间人连接的通道,称为农产品营销渠道。

农产品营销渠道:批发商——零售商——商业服务机构。

农产品营销渠道的作用包括:促进生产,引导消费;吞吐商品,平衡供求;加速商品流通,节省流通费用;扩大销售范围,提高产品竞争能力。

1. 广泛分销策略(密集分销策略)

广泛分销策略是指生产者利用很多的中间商经销自己的产品。其特点是:充分利用场地,占领尽可能多的市场供应点,以使产品有更多展示和销售的机会。适用于日常消费品和工业品中标准化、通用化程度较高的产品。

生产者很难控制这类渠道,与中间商的关系也比较松散,而且要负担较高的促销费用,要设法鼓励和刺激中间商积极推销生产者的产品。

2. 选择性分销策略

选择性分销策略是指生产者从愿意合作的中间商中选择一些条件较好的中间商去销售自己的产品。其特点是:生产者在某一市场上选用少数几个有支付力、销售经验、产品知识及推销知识、信誉较好的中间商来推销产品。优点是减少了生产者与中间商的接触,每个中间商可获得较大的销售量,有利于双方合作,提高渠道的运转效率,还有利于保护产品在用户中的声誉,便于生产者对渠道的控制。

3. 独家分销策略

独家分销策略是指生产者在一定的市场区域内仅选用一家经验丰富、信誉卓越的中间商来销售生产者的产品。独家分销策略适用于顾客挑选水平很高、十分重视品牌商标的特殊品,以及需要现场操作表演和介绍使用方法的产品。

其优点是:易于控制市场的产品价格,可以提高中间商的积极性和销售效率,更好地服务市场,有利于产销双方相互支持和合作。其缺点是:在该市场区域内,生产者过于依赖该中间商,容易受其支配。在一个地区选择一个理想的中间商并不容易,如果选择不当或客观条件发生变化,可能会完全失去市场。一个特定地区如果只有一家中间商,可能因为推销力量不足而失去许多潜在顾客。

(三)营销渠道管理

在选择了销售渠道的模式并确定了具体的中间商之后,农业企业还应对其销售渠道进行管理,即对中间商进行激励、评估和进行必要的调整。

对中间商的激励。主要包括通过向中间商提供物美价廉、适销对路的产品;合力分配利润;授予独家经销权;开展各项促销活动;资金支持;提供市场信息等途径。

对中间商的评估。通过对销售指标完成情况;平均存货水平;向顾客交货的快慢程度;对损坏和损伤商品的处理、与农业企业宣传及培训计划的合作情况;对顾客的服务表现等相关指标评定来进行评估。

销售渠道调整。营销过程中可以通过增加渠道成员;增减销售渠道;调整销售系统及时调整营销渠道。

三、农产品定价策略

(一)定价原理

1. 农产品价格的组成

农产品的价格主要考虑的有生产成本、流通费用、损耗和利润。生产成本如农产品的种子、化肥、农药及相关设施（大棚等）。流通费用包括运输费、仓储费、广告费及中介费等。损耗包括蔬菜的腐烂、变质、畜禽的死亡等。利润即目标利润。

2. 农产品价格的影响因素

农产品价格的影响因素主要有：农产品成本的变化，如原材料价格的变化；国家经济政策，如对农产品的优惠政策、财政补贴等；农业生产状况，如自然灾害的影响，除此之外，市场供需矛盾、流通环节也是农产品价格的影响因素。

（二）定价方法

农产品主要定价方法有成本导向定价法，目标收益定价法，盈亏平衡定价法。

1. 成本导向定价法

(1) 成本加成定价法

成本加成定价法是最基本的定价方法。即在产品的单位成本上，加一定比例的毛利来决定价格的方法。其计算公式为：

$$单位产品价格 = 产品平均成本 \times (1 + 利润加成率\%)$$

一个桃园，年产量 10 万斤，总成本 15 万元，如果按每斤毛利 20% 计算，问桃子的销售单价是多少？

$$15/10 \times (1 + 20\%) = 1.8 元$$

(2) 目标收益定价法

目标收益定价法是根据投资总额、预期销售量、投资回收期、成本等因素决定产品定价的方法。其计算公式为：

$$单位产品价格 = (总成本 + 目标利润额) \div 预期销售量$$

如：蔬菜专业户固定成本 10 000 元，每公斤变动成本 4 元，投资总额 60 000 元建温室大棚，投资回收期 5 年，年销量 10 000 公斤，求每公斤的蔬菜价格应为多少？

$$目标收益率 = 1 \div 投资回收期 \times 100\% = 1 \div 5 \times 100\% = 20\%$$
$$单位蔬菜目标利润 = 总投资额 \times 目标收益率 \div 预期销售量$$

$$=60\,000\times20\%\div10\,000=1.2\,元$$

单位价格＝单位固定成本＋单位变动成本＋单位目标利润

$$=10\,000\div10\,000+4+1.2=6.2\,元$$

（3）盈亏平衡定价法

盈亏平衡定价法是指保本时（即不亏不盈时）的销售价格。

如一蔬菜基地年固定成本20万元，年产量8万斤，每斤变动成本1元，则该基地的盈亏平衡点是多少。

盈亏平衡点＝单位固定成本＋单位变动成本＝$20\div8+1=3.5$元

2. 需求导向定价法

认知价值定价法是将农产品定价建立在对产品的认知价值基础上的一种定价方法。这种方法的依据是取决于买方对产品价值的认知，当卖方的价格和买方的认知价值一致时，顾客很容易购买。为了准确把握顾客的认知价值，深入细致的市场调研是必需的。

3. 竞争导向定价法

竞争导向定价法是对主要参考竞争者的价格和参考提供物价格制定农产品价格的方法的总称。具体有：随行就市定价法、追随定价法和密封投标定价法等。

（三）定价策略

1. 新产品定价策略

新产品定价策略是指用于农产品新上市的定价策略，主要有撇脂定价策略和渗透定价策略。

撇脂定价策略就是为产品定一个高价，以在短期内攫取最大利润为目标，而不是以实现最大的销量为目标。撇脂定价策略即高价策略，农产品刚上市时，为了吸引消费者，往往以高出成本较多的价格进行销售，如西湖龙井新茶4 600元/公斤。

渗透定价策略就是最初设定低价，以便迅速且深入地进入市场，从而吸引大量顾客，迅速扩大市场占有率。渗透定价策略即低价策略，蔬菜大量上市时往往采用低价吸引消费者，以量取胜，加大销售，取得更高的市场占有率。

2. 心理定价策略

心理定价策略一般根据消费者的心理来决定销售价格，常见的有尾数定价策略；如 1.88 元/斤等；整数定价策略；声望定价策略，如"金锣""爱森"的猪肉要比普通市场商品贵一点；招徕定价策略，如为招徕消费者，采用会员价销售，按低于市场价20%以上的价格。

3. 折扣定价策略

折扣是为了鼓励消费者采取有利于农产品供应商的购买行为而对基础售价所作的调整。一般包括现金折扣、批量折扣、交易折扣、季节折扣、推广折扣等。现金折扣：2/10，3，表示付款期为30天，如果消费者能在10天内付款，给予2%的折扣。批量折扣是按照批发数量的多少分别给予不同的折扣，购买数量越多，折扣越大。交易折扣是根据中间商在市场营销中的功能不同而给予不同的折扣。一般批发商获得的折扣较大，零售商折扣较小。

四、农产品促销策略

(一) 概 念

农产品促销是指农业生产经营者运用各种方式方法，传递产品信息，帮助与说服顾客购买本农业企业或本产地的产品，或使顾客对该品牌产品产生好感和信任，以激发消费者的购买欲望，促进消费者的消费行为，从而有利于扩大农产品的销售等一系列活动。

(二) 农产品促销活动的特点

农产品促销活动的特点主要从促销主体、促销对象和促销手段三方面来看。从促销主体看，农产品促销活动主要由规模较大的专业户、龙头农业企业、农产品流通组织或政府来实施。从促销的对象来看，促销的产品具有产地化、差异化、个性化特征。从促销的手段上看，农产品促销的形式异常丰富，且有其特点。

(三) 农产品促销类型

1. 广告促销

广告促销就是通过媒体向用户和消费者传递有关商品和劳务信息，达到促进销售目的的一种促销手段。具体广告形式有：报纸广告、杂志广告、广播广告、电视广告、网络广告等。

2. 人员推销

农业企业通过派出销售人员与一个或一个以上可能成为购买者的人交谈，

作口头陈述，以推销商品，促进和扩大销售。人员推销，指生产经营农业企业的销售人员与可能的购买者直接接触、洽谈、宣传、介绍产品或服务，以促进销售的活动过程。

人员推销类型主要有：农民自己作为推销员，上门推销产品；城乡中介运销员；龙头农业企业或农业组织的专门推销员。人员推销的特点主要是推销成本低；双向交流；针对性强，灵活应变；发展关系，拓展范围。

五、农产品的关系营销

把营销活动看成是一个农业企业与消费者、供应商、分销商、竞争者、政府机构及其他公众发生互动作用的过程，其核心是建立和发展与这些公众的良好关系。

农产品关系营销包含了农贸市场、内部市场、竞争者市场、经销商市场、最终用户市场、影响者市场等。

（一）针对组织用户的关系营销

必须保证农产品的质量是建立营销关系的基础。加强产品的服务工作，搞好产品的售前、售中、售后服务，不断提高农业企业的服务水平；制定合理、稳定的价格，协调双方的利益关系；加强与经销商的沟通。

（二）针对消费者的关系营销

必须真正树立以消费者为中心的观念，并将此观念贯穿于农业企业生产经营的全过程。切实关心消费者利益，提高消费者的满意程度，为顾客提供高附加值的产品和服务。加强与消费者的沟通和联系，重视情感在消费者购物决策时的影响作用。

第四节　农产品的电子商务

一、农产品电子商务概述

随着现代信息技术的发展，近年来以国际互联网为媒介进行的商务活动在全球范围内兴起，电子商务正在世界各地迅猛发展。电子商务的发展改变了现有的商业形态、流通系统及营销战略，并可能成为 21 世纪最具潜力的贸易载体。可以说，电子商务代表着未来商务的发展方向，农产品生产企业必须跟上潮流，才能赢得参与竞争的机会。

二、农产品电子商务的意义

（一）有利于减少流通环节，降低流通成本

传统农产品流通供应链较长，环节过多，导致农产品在储运、加工和销售环节中的成本过高，利益被中间环节截留，农民增产不增收。通过电子商务平台，生产者直接和消费者交流，减少了流通环节，大大降低了农户广告宣传、信息搜寻、贸易洽谈等成本费用，能准确了解市场需求，生产出适销、适量的农产品，避免因过剩而导致超额的运输、储藏、加工及损耗成本。

（二）降低生产和交易风险，增加农民收入

农民在市场交易中处于弱势，既面临自然风险，又面临巨大的市场风险。农产品电子商务把农民、供应商以及批发商零售终端、客户联结起来，实现对农产品物流各个环节的实时跟踪、有效控制和全程管理，达到资源共享、信息共用，能避免因信息不灵而导致的农产品结构性、季节性和区域性过剩。

（三）促进产业结构调整，提高农产品竞争力

网上交易公开、公平、透明，成交价格真实地反映了市场中的供求，以此引导广大农户科学安排生产，以销定产，减少了生产的盲目性。同时生产监管机构、检疫机构、市场监管机构可以通过信息平台对农产品的生产加工、市场准入、质量安全进行直接监管。消费者可以查询购买农产品的质量安全，追溯产地，保证消费者权益，有利于农产品品牌的创建和保护。

（四）扩大农产品市场，加快农产品流通

传统农产品交易以批发市场和集市贸易为主。网上交易平台的建立突破了时间和空间的限制，使交易主体多元化。网络的无界性决定了只要有网络，就可能成为农产品的需求市场。农户以及农产品农业企业可以迅速找到合适的贸易伙伴，加快农产品流通。

三、农产品电子商务的机遇与挑战

(一) 国家政策大力支持

近些年来，我国非常重视农产品电子商务的发展，出台了很多支持电子商务发展的政策。继 2010 年和 2012 年中央一号文件提出发展农产品电子商务之后，2014 年中央一号文件明确部署"加强农产品电子商务平台建设"。商务部也把农产品电子商务发展作为重点工程，出台多项支持政策，推动农产品电子商务发展。在地方，如海南、河南、四川等地都出台了促进农产品电子商务发展的具体措施。由于购买便利、选择性广、优惠活动多等优势，不少消费者开始选择网购农产品，市场发展潜力巨大。

(二) 农产品电子商务市场潜力巨大

商务部统计数据显示，2013 年我国农产品的交易总额在 4 万亿元左右，其中 80% 是通过传统市场实现的，通过电子商务流通的农产品总量其实还非常小，但由此也可以看出农产品电子商务存在着规模巨大的潜在市场。行业人才逐渐成长。农产品电子商务的发展还需要熟知农产品电子商务运作的人才作为支撑。随着农产品电子商务的摸索发展，一批熟稔农产品电子商务业态的人才已经逐渐成长起来，他们活跃在各类农产品电子商务平台和社交平台，成为领域内最具活力的群体。

(三) 农产品电子商务发展的挑战

一是产品选择问题。农产品和工业产品最大的不同就是农产品种类众多，原则上一切农产品都可以做电商，不同的种类要有不同的仓储条件、运输条件、客户定位、产地等。选择的产品不同，仓储、物流、资金、利润等都有很大的差异。

二是冷链问题。发展农产品电子商务，冷链问题是永远无法回避的，但是冷链物配投入的连续性强，物流、配送、快递、宅配等成本较高，投资回报周期长，不是单个农产品电子商务农业企业容易解决的，急需社会化的冷链物流队伍来提供集约化、专业化的冷链物流管理。

三是标准问题。农产品与工业品不同，标准化的问题一直很难解决，缺乏农产品的质量标准，使农产品生产过程中出现无标可依或有标不依的情况，导致农产品质量缺乏公信力，造成了产品售卖的难度，难以保证用户体验。

四是信任问题。 由于中国农业生产加工运输销售的碎片化，使得从初级农产品的生产到餐桌之间的整个产业链形成多个断点，甚至同一家电商不同批次农产品质量的差异较大，很容易在生产与消费的对接过程中出现信任问题。

四、农产品电子商务发展的途径

(一) 确定农产品电子商务的产品选择

首先，不能追求过多过全的产品选择。 农产品种类多，不同产品的客户定位、供应链要求等差异很大，不能以过多的种类来吸引更多的购买需求，而是应当根据本农业企业的客户定位、供应链支撑能力等来选择农产品种类。

其次，选择高品质农产品。 如今的消费者越来越注重健康，人们在网购农产品时更在乎农产品质量，更愿意选择高品质、安全可靠的农产品。

第三，产品选择还要关注其持续供应问题。 农产品不同于其他商品，特别是生鲜农产品，地域性、季节性很强。因此，农产品电子商务选择产品还必须要关注其持续供应问题。

(二) 优化农产品电子商务的物流管理

一要提升冷链物流能力。 大型农产品电子商务农业企业可以尝试自建冷链物流，但对中小型农产品电子商务农业企业而言，选择与社会化、专业化的第三方冷链物流队伍合作更为合适。

二要建立本地化的物流服务体系。 基于大众化需求的农产品电子商务，必须要解决本地化问题，这就需要建立本地化的物流服务体系，与社区服务站、便利店等机构进行整合和合作。

(三) 加快农产品电子商务的标准化建设

建立农产品质量标准体系。 对农产品按照不同分类建立质量标准体系，保障农产品的消费安全以及消费者对农产品优质化、规格化的要求，其在内容上至少包括品质标准、工艺标准、规格标准三个方面。

建立农产品流通标准体系。 很多农产品由于运输条件达不到，无法进入电子商务市场。因此，要建立农产品流通的分拣标准、包装标准、配送标准、验收标准以及管理标准等，囊括农产品流通环节的各个部分，提高农产品在更大范围流通的可能性。

(四) 解决农产品电子商务过程中的信任问题

实施品牌化战略。不仅要不断提升自身的业务建设和经营管理能力，逐步提高服务内容和手段的规范性、便捷性和高效性，通过提升客户认知度和满意度来提高品牌知名度，还要实施差异化的品牌竞争策略，创建代表农业企业的地标性品牌产品，避免陷入同质化竞争。

实现原产地农产品直销。原产地农产品直销就是将农产品从原产地直接发货到消费者所在地，克服传统流通环节繁琐、效率低、损耗严重的缺点，拉近与消费者的距离，促进消费者的信任。

建立重要农产品电子商务可追溯系统。引进农产品可追溯的概念，借鉴英国、美国、欧盟等国家和地区的农产品可追溯系统，建立电子商务领域重要农产品的质量安全可追溯系统，使消费者可以清楚了解其从田间到市场的整个生产流通环节。

参考文献

[1] 丛妍. 吉林省都市农产品品牌化经营问题研究. 东北财经大学硕士学位论文. 2006.
[2] 李倩兰. 都市农产品品牌化经营研究 [N]. 湖南农业大学学位论文. 2003.
[3] 李倩兰，曾福生. 都市农产品品牌化经营的经济价值研究 [J]. 湖南大学学报（社科版）2004（5）.
[4] 关红. 农产品品牌战略与策略研究 [J]. 杂粮作物，2008（5）.
[5] 赵晓玲. 都市农产品品牌化经营.
[6] 陈余玮. 西南大学经济管理学院，2014 年 10 月 8 日，来源：光明网—《光明日报》.
[7] 中国电子商务研究中心. 关于发展农产品电子商务的思考.
[8] 农产品营销策略. 豆丁网高等教育研究生课件.
[9] 杨加陆等. 中小农业企业管理. 复旦大学出版社.

第六章
农业标准化与农产品质量安全

随着农业生产技术水平的提高,特别是农业增产技术的进步,我国农产品数量短缺的矛盾已基本得到解决,追求农产品质量安全正成为广大消费者日益突出的要求,农业生产面临由数量型向质量型的转变,农产品质量标准将成为竞争的主要手段。因此,加强农业标准化建设已成为各级政府和农业部门十分迫切的课题。农产品质量认证是农业标准化的重要体系之一,已成为我国农产品质量安全体系建设的基本内容,是农产品质量安全工作的重要组成部分,也是通向国内外市场的通行证。在建立健全农产品产品认证和产地认定的同时,对农业投入品生产企业、农产品加工企业、农业生产从"土地到餐桌"全过程实施农产品质量安全认证,形成无公害农产品、绿色食品和有机食品"三位一体、全面推进"的农产品质量安全认证格局。

十八大以来,党中央、国务院对农产品质量安全和食品安全高度重视。2013年12月23日习近平总书记在中央农村工作会议上对农产品安全方面提出了五个论断:一是能不能在食品安全上给老百姓一个满意的交代,是对我们执政能力的重大考验;二是食品安全源头在农产品,基础在农业,必须正本清源,首先把农产品质量抓好;三是要建立"最严谨的标准、最严格的监管、最严厉的处罚、最严肃的问责"的全程监管制度;四是食品安全,首先是"产"出来的,要把住生产环境安全关,食品安全,也是"管"出来的,要严厉打击食品安全犯罪;五是必须确保广大人民群众"舌尖上的安全"。

第一节 农业标准化

农业标准化是现代农业科学技术和管理技术的结合,是对农业生产的产前、产中和产后全过程，以建立和完善标准体系为技术基础，应用现代管理和质量控制技术，建立和完善管理制度，将标准要求落实到农产品产销的每个环节，在确保农产品质量和产业可持续发展的前提下，获得最大的综合效益。

一、基本概念

（一）农业标准

为在一定的范围内获得最佳秩序，对农业活动或其结果规定共同的和重复使用的规则、导则或特性的文件。农业标准按照生产过程可分为种质、种子（种畜禽）繁育、种养技术规程、采后处理贮藏、产品质量等标准；按照类别，可分为产品质量、种质、安全卫生、种养技术规程、农业环境保护等标准。

（二）标准的层次

标准的层次又称标准的级别。按照层次分类法进行层次分类，从世界范围来看，标准分为国际标准、区域性标准、国家标准、行业标准、地方标准和企业标准。

我国目前将标准分为四级：国家标准、行业标准、地方标准和企业标准。国家标准是指由国务院标准化行政主管部门制订的标准。行业标准是指由国务院有关行政主管部门制订的标准。地方标准是指由省、自治区和直辖市标准化行政主管部门制订的标准。企业标准是指由企业自行制订的标准。

（三）强制性标准

强制性标准是具有法律属性，在一定范围内通过法律、行政法规等手段强制执行的标准。根据《国家标准管理办法》和《行业标准管理办法》，下列标准属于强制性标准：

- 药品、食品卫生、兽药、农药和劳动卫生标准；
- 产品生产、贮运和使用中的安全及劳动安全标准；
- 工程建设的质量、安全、卫生等标准；
- 环境保护和环境质量方面的标准；
- 有关国计民生方面的重要产品标准等。

强制性国家标准的代号为 GB/。强制性农业行业标准的代号为 NY/。上海市强制性地方标准的代号为 DB31/。

(四) 推荐性标准

推荐性标准又称非强制性标准或自愿性标准，是指生产、交换、使用等方面，通过经济手段或市场调节而自愿采用的一类标准。这类标准不具有强制性，任何单位均有权决定是否采用。违反这类标准，不会构成经济或法律方面的责任。应当指出的是，推荐性标准一经接受并采用，或各方商定同意纳入经济合同中，就成为各方必须共同遵守的技术依据，具有法律上的约束性。

推荐性国家标准的代号为 GB/T。推荐性农业行业标准的代号为 NY/T。上海市推荐性地方标准的代号为 DB31/T。企业标准的代号为 Q/。

(五) 农业标准化

农业标准化是现代农业科学技术和管理技术的结合，是在农业生产的产前、产中和产后全过程，以建立和完善标准体系为技术基础，应用现代管理和质量控制技术，建立完善管理制度和管理体系，将标准要求落实到农产品产销的每个环节，在确保农产品质量和产业可持续发展的前提下，获得最大的综合效益。也就是要按照统一的标准要求和管理要求从事农业生产和经营，主要包含四个层次的内容：一是建立完善标准体系，是实施农业标准化的技术基础；二是建立完善工作制度和管理制度，确保标准实施到位；三是确保农产品质量和产业可持续发展；四是获得最大综合效益，通过加强管理，使资源实现最佳整合而产生的效益。一般的技术通过组合，加强管理能获得较好的效益。但好的技术，如果管理水平较低，可能不如一般技术水平产出的效益高。

(六) 农业标准化体系

农业标准化是一项系统工程，这项工程的基础是农业标准体系、标准推广体系、农业质量监测体系、农产品评价认证体系和监督管理体系建设。五大体系中，标准体系是基础中的基础，只有建立健全涵盖农业生产的产前、产中、产后等各个环节的标准体系，农业生产经营才有章可循、有标可依；标准推广体系是核心，标准的实施与推广，依托标准化基地的建设与辐射，由点及面，逐步推进，最终实现生产的基地化和基地的标准化；质量监测体系是保障，它为有效监督农业投入品和农产品质量提供科学的依据；产品评价认证体系则是评价农产品状况、监督农业标准化进程、促进品牌、名牌战略实施的重要基础体系；监督管理体系是关键，监管体系的建设与执纪是关系到农业标准化工作是否有效实施的问题,因此要做到有标准有执纪落实系统,有全面检查督导系统,只有全面协调才能实施到位。

二、农业标准化体系建设

农业标准化体系是指围绕农、林、牧和蔬菜、水产业等制定的以国际、国家标准为基础,行业标准、地方标准和企业标准相配套的产前、产中、产后全过程系列标准。以质量农产品标准化为核心,以农业先进实用技术标准、现代设施农业标准、检测方法标准和管理标准相配套,形成农业标准信息网络。没有农业的标准化,就难以实现农业的产业化。现代农业,不仅要求农产品品种要标准化、农业生产技术标准化,农业生产管理也要标准化,还要求农业市场规范、农村经济信息建设也要标准化。建设现代农业的过程在某种程度上也是农业标准化、农业信息化和农业市场化的过程。农业标准化是现代农业的重要基石,是促进科技成果转化为生产力的有效途径,是提升农产品质量安全水平、增强农产品市场竞争能力的重要保证,是提高经济效益、增加农民收入和实现农业现代化的基本前提。科技成果转化为标准,可以成倍地提高推广应用的覆盖面。同时,标准的提高又会推动科技创新农业产业化的实施过程,既是农产品生产、加工、流通行为标准化的过程,也是规范千家万户农民生产行为和应对千变万化农产品市场的过程。

(一) 农业标准体系建设

首先,积极采用国际标准和国外先进标准。先进标准是指国际上有权威的区域性标准、世界主要经济发达国家的国家标准和通行的团体标准以及其他国际上先进的标准。其次,根据国家、市、行业已有的标准,结合本地特点,制定自己的农产品品种、质量安全、生产技术和产地环境及检测方法等标准,以适应国际、国内同行业的标准要求,做好自己的标准制定实施工作。第三,利用多渠道、多形式的手段,大力宣传标准化在农业中的作用,增强生产者、经营者和消费者的标准化意识;多形式、多层次地开展农业标准的宣传培训。

(二) 推广体系建设

农业标准化需要推广和实施,才能变成效益和成果。建立标准推广体系是农业标准化工作的重要环节。首先,大力推进国家级、市级农业标准化示范区建设，积极开展农业标准化示范区工作，引导农民、农业企业及农民专业合作社按标准化组织生产，大力培育示范户，以点带面扩大推广范围。其次，通过建设一批农业标准化示范区，来带动和辐射农户，不断扩大农业标准化的普及面。第三，在现有农业技术和农业网络的基础上，坚持技术推广与时俱进的原则，加快制定适应本地的技术操作规程，使其技术与推广体系相配套，稳定和充实农业科技推广队伍。

（三）检测监测体系建设

建立健全本地的检测体系，消化吸收国内外有关科研成果，重点加强快速检测方法的研究和快速检测手段的研制，大力改善监督监测手段，研究开发快速检测方法，实现监督监测手段的现代化，以适应现场快速检验、检测工作的需要。

（四）质量认证体系建设

农产品质量认证是提高农产品质量的有效手段。认证标志是农产品质量的一种显示。以无公害、绿色食品、有机食品、出口产品为重点，打造自主品牌，走品牌之路。同时要抓好已认证企业的跟踪质量管理，以保证认证农产品的信誉和权益，对未经认可擅自使用"三品一标"标志的行为要依法查处，严厉打击。

（五）农业标准监督管理体系建设

监管体系的建设与执纪是关系到农业标准化工作是否有效实施的问题。因此要做到有标准、有执纪落实系统、有全面检查督导系统，只有全面协调才能实施到位。对标准实施进行监督检查，建立必要的标准许可制度，对生产产地或企业进行质量审查和标准审核，确保标准得以正确贯彻执行。

第二节　农产品质量安全认证

农产品质量认证是认证机构依据产品标准和相应技术要求进行审核，并通过颁发认证证书和认证标志来证明某一产品符合相应技术要求的活动。我国现行的农产品质量认证主要有无公害农产品认证、绿色食品认证、有机食品认证三大类。

一、基本概念

农产品。《农产品质量安全法》第二条规定：本法所称农产品，是指来源于农业的初级产品，即在农业活动中获得的植物、动物、微生物及其产品。

食　品。《食品安全法》第九十九条规定：食品，指各种供人食用或者饮用的成品和原料以及按照传统既是食品又是药品的物品，但是不包括以治疗为目的的物品。

质　量。质量是农产品的客观属性，包括品质、营养成分和外在特性，是商品属性的决定性因子，是农产品的使用价值和人们消费的目的所在。提升质量，靠科技、管理和市场竞争机制，是显性的，可考量可感知。

安　全。安全是农产品的附加属性，是变量，有多有少，是商品属性的否决性因子。保障安全，靠法制、道德和诚信，是隐性的，不同认知水平的感知不一。

农产品质量安全。指农产品质量符合保障人的健康、安全的要求。

食品安全。指食品无毒、无害，符合应当有的营养要求，对人体健康不造成任何急性、亚急性或者慢性危害。

农产品质量认证。农产品质量认证是指由第三方农产品质量认证机构证明农业企业或个人所生产的农产品及管理体系符合相关技术规范的强制性要求或者标准的合格评定活动。特点是：过程长，环节多；时令性强；地域性特点突出；风险评估因素复杂；个案差异性大。

三品一标。无公害农产品、绿色食品、有机农产品和农产品地理标志统称"三品一标"。

无公害农产品。是指产地环境、生产过程和产品质量符合国家有关标准和规范的要求，经认证合格获得认证证书并允许使用无公害农产品标志的未经加工或者初加工的食用农产品。无公害农产品认证的目的是保障基本安全，满足大众消费。它属于政府推动的公益性认证，不收取费用，同时具有一定的强制性。无公害农产品认证推行"标准化生产、投入品监管、关键点控制、安全性保障"的工作制度。

绿色食品。绿色食品是指产自优良环境，按照规定的技术规范生产，实行全程质量控制，无污染、安全、优质并使用专用标志的食用农产品及加工品。绿色食品与普通食品相比，具有三个显著特点：一是强调产品出自良好的生态环境；二是对产品实行"从土地到餐桌"全程质量控制；三是对产品依法实行统一的标志与管理。绿色食品分为A级和AA级两种，主要从农药使用上予以区别：A级在农产品生产周期内可以使用绿色食品农药准则所规定的化学合成农药；AA级为不使用化学合成农药，相当于有机农产品。

有机农产品。指来自有机农业生产体系，根据有机农业生产要求和相应标准生产加工，并且通过合法的有机食品认证机构认证的农副产品及其加工品。有机农产品也可称为生态食品，它必须符合四个基本条件：一是原料来自有机农业生产体系或采用有机方式采集的野生天然食品；二是生产加工过程严格遵守有机食品的种养、加工、包装、贮藏、运输的标准，不适用任何人工合成的化肥、农药和添加剂；三是在生产与流通过程中，有完善的质量跟踪审查体系和完整的生产及销售记录档案；四是通过授权的有机食品认证机构的认证。

农产品地理标志。指标示农产品来源于特定地域，产品品质和相关特征主要取决于自然生态环境和历史人文因素，并以地域名称冠名的特有农产品标志。

二、认证申请与受理

（一）无公害农产品认证审查

1. 受　理

镇级工作机构自收到申请材料之日起10个工作日内，负责完成对认证申请的受理工作。符合受理要求的报送地区级工作机构审查。

2. 预　审

区级工作机构自收到县级工作机构上报的整套材料之日起15个工作日内，负责完成对认证申请的预审工作。符合要求的报送市级工作机构。

3. 初　审

市级工作机构自收到地市级或县级工作机构上报的整套材料之日起20个工作日内，负责对申请材料进行登记、编号，登录有关认证信息，完成对认证申请的初审工作。通过初审的报送各业务对口部直分中心复审。同时，报请省级农业行政主管部门颁发《无公害农产品产地认定证书》。

4. 复　审

部直分中心自收到省级工作机构上报的整套材料之日起 20 个工作日内，负责完成对认证申请的复审工作。通过复审的报送部中心。

5. 终　审

部中心无公害农产品认证专家评审委员会秘书处（以下简称"秘书处"）自收到部直分中心上报的整套材料之日起 20 个工作日内，根据认证申请及初审、复审情况及时报请中心领导审定，组织召开无公害农产品认证专家评审会进行评审。通过评审的颁发《无公害农产品证书》。

适宜使用标识的产品，申请人应在其申请的产品通过认证评审并在《中国农产品质量安全网》公告 6 个月内，向农业部农产品质量安全中心申订全国统一的无公害农产品标识。

（二）绿色食品认证审查

1. 首次认证

初　审。市级工作机构自收到《绿色食品现场检查报告》《环境质量监测报告》和《产品检验报告》之日起 20 个工作日内完成初审，初审合格的，将相关材料报送中心，同时完成网上报送。

审　查。绿色食品发展中心自收到市级工作机构报送的完备申请材料之日起 30 个工作日内完成书面审查，提出审查意见，需要补充材料的，申请人应在规定时限内补充相关材料，逾期视为自动放弃申请。审查合格的，绿色食品发展中心在 20 个工作日内组织召开绿色食品专家评审会，并形成专家评审意见，在 5 个工作日内做出是否颁证的决定，同意颁证的，进入绿色食品标志使用证书（以下简称证书）颁发程序。

2. 续展申请

初　审。市级工作机构收到符合规定的申请材料后，完成材料审查、现场检查和续展初审，初审合格的，应当在证书有效期满 25 个工作日前将续展申请材料报送中心，同时完成网上报送。逾期未能报送中心的，不予续展。

审　查。绿色食品发展中心收到市级工作机构报送的完备的续展申请材料之日起 10 个工作日内完成书面审查。审查合格的，准予续展，同意颁证；不合格的，不予续展，并告知理由。

3. 有机农产品认证审查

认证机构应当自收到认证委托人申请材料之日起 10 日内，完成材料审核，并作出是否受理的决定。符合有机农产品认证要求的，认证机构应当及时向认证委托人出具有机农产品认证证书，允许其使用中国有机农产品认证标志。

4. 农产品地理标志登记审查

申请登记的农产品生产区域在县域范围内的，由申请人提供区级人民政府出具的资格确认文件；跨县域的，由申请人提供地市级以上地方人民政府出具的资格确认文件。申请人应当根据申请登记的农产品分布情况和品质特性，科学合理地确定申请登记的农产品地域范围，包括具体的地理位置、涉及村镇和区域边界；报出具资格确认文件的地方人民政府农业行政主管部门审核，出具地域范围确定性文件。

初　审。省级农业行政主管部门自受理农产品地理标志登记申请之日起，应当在 45 个工作日内按规定完成登记申请材料的初审和现场核查工作。符合规定条件的，省级农业行政主管部门应当将申请材料和初审意见报农业部农产品质量安全中心。

审　查。农业部农产品质量安全中心收到申请材料和初审意见后，应当在 20 个工作日内完成申请材料的审查工作，提出审查意见，并组织专家评审。经专家评审通过的，由农业部农产品质量安全中心代表农业部在《农民日报》《中国农业信息网》《中国农产品质量安全网》等公共媒体上对登记的产品名称、登记申请人、登记的地域范围和相应的质量控制技术规范等内容进行为期 10 天的公示。

准予登记。公示无异议的，由农业部农产品质量安全中心报农业部做出决定。准予登记的，颁发《中华人民共和国农产品地理标志登记证书》并公告，同时公布登记产品的质量控制技术规范。农产品地理标志登记证书长期有效。

第三节　认证农产品的安全生产与管理

良好的产地环境是认证农产品生产的先决条件和基本保证，是认证农产品生产的前提和基础。认证农产品产地必须符合国家有关标准和规范，加强认证农产品证后监管，接受社会监督，才能确保农产品质量安全，满足大众消费。

一、产地环境要求

(一) 无公害农产品

产地环境质量标准要求是对土壤、空气、灌溉水的质量提出具体要求。无公害农产品产地选择要根据本地区的自然条件、社会经济发展规划和状况等方面的因素综合考虑。选择的原则是：生态条件良好，远离污染源，并具有可持续生产能力的农业生产区域。具体来说就是：产地最好集中连片，具备一定的生产规模，产地区域明确，产品相对稳定；产地区域范围内、灌溉水上游、产地上风向，均没有对产地构成威胁性的污染源；另外，应尽量避开公路主干线。

(二) 绿色食品

绿色食品产地的生态环境主要包括大气、水、土壤等因子。绿色食品产地应选择空气清新、水质纯净、土壤未受污染，具有良好农业生态环境的地区，应尽量避开繁华都市、工业区和交通要道，多选择在边远地区、农村等。

1. 对大气的要求

要求产地周围不得有大气污染源，特别是上风口没有污染源；不得有有害气体排放，生产生活用的燃煤锅炉需要除尘除硫装置。大气质量要求稳定，符合绿色食品大气环境质量标准。

2. 对水环境的要求

要求生产用水质量要有保证；产地应选择在地表水、地下水水质清洁无污染的地区；水域、水域上游没有对该产地构成威胁的污染源；生产用水质量符合绿色食品水质环境质量标准。

3. 对土壤的要求

要求产地土壤元素位于背景值正常区域，周围没有金属或非金属矿山，并且没有农药残留污染，同时要求有较高的土壤肥力。土壤质量符合绿色食品土壤质量标准。

(三) 有机农产品

有机生产需要在适宜的环境条件下进行。有机生产基地应远离城区、工矿区、交通主干线、工业污染源、生活垃圾场等。基地的环境质量应符合以下要求：土壤环境质量符合 GB15618-1995 中的二级标准，农田灌溉用水水质符合 GB5084 的规定，环境空气质量符合 GB3095-1996 中的二级标准和 GB9137 的规定。

如果农场的有机生产区域有可能受到邻近的常规生产区域污染的影响，则在有机和常规生产区域之间应当设置缓冲带或物理障碍物，保证有机生产地块不受污染，以防止邻近常规地块的禁用物质的漂移。在有机生产区域周边设置天敌的栖息地，提供天敌活动、产卵和寄居的场所，提高生物多样性和自然控制能力。

二、生产过程控制

（一）无公害农产品

1. 质量安全控制措施

种植业产品在生产、运输、贮存过程中都有可能受到外界有毒有害物质的污染。通过对种植业产品生产过程中每个步骤、每个环节进行危害分析，生产者必须建立、实施和保持一个适用的、有效的质量安全控制措施，并随着外部环境的变化和内部管理的改进而予以修改或更新。质量安全控制措施应包括两方面的内容：

（1）组织措施

对产品的安全质量安全保证能力，首先要看其最高领导者对该工作的重视程度，最高领导者是否为产品提供了必要的基础设施和设备，是否提供了足够的人力资源，是否赋予他们职责和权限，是否发布实施了管理文件。其次，是制定并贯彻落实各项规章制度。生产者的质量安全管理部门设置、岗位职责、人员作用和权限等，应形成文件。职责和权限应明确，避免交叉。组织措施是否落实到位，反映了生产者对质量安全控制重视的程度，是质量安全措施得以制定实施和持续改进的保障。

（2）生产过程管理

生产过程管理包括产地环境控制、种植技术、投入品控制、人员管理、记录、收获、包装、运输与贮存管理等各个方面。

产地环境控制。在按照无公害农产品产地环境要求选择好产地的基础上，要建立严格的产地环境管理制度，防止产地土壤、水质受到污染，使产地持续符合无公害农产品的生产要求。

种植技术生产者应建立科学、合理的种植制度和生产操作规程，必须以预防危害的原则，制定出生产计划，包括品种的选择、耕作制度、栽培措施、施肥与病虫害防治控制技术措施等。

投入品控制是种植业产品质量控制的关键环节之一，要建立严格的投入品管理制度，对投入品的选择、购买、出入库、使用、贮藏等方面做出规定。

人员管理是质量安全管理措施的重要内容，应该包括人员培训、人员健康、卫生要求和专业技能等，对无公害种植业产品的生产要求了解程度，具备何种岗位工作的能力和技能，以及对生产人员和管理人员应参加何种培训等方面制定管理措施。

记录有利于生产者掌握产品生产过程中病、虫、草害发生和农药、肥料等投入品使用的情况，是产品质量安全水平的一种证明，也是产品质量发生安全问题时，质量追踪和采取纠正措施、预防措施的依据。

生产者应制定明确的收获制度，确保与收获有关的人员清楚了解降低农产品微生物安全风险的原则。收获制度应包括人员卫生要求、采收工具与容器清洗及应达到的卫生要求等。

包装：通过清洁或消毒措施，尽可能保持包装车间和包装设备处于良好的使用状态。包装材料必须是国家批准可用于食品的材料，应建立明确的包装管理制度，使包装相关人员了解包装车间、设备、材料应达到的卫生要求、清洁及消毒频次等。

运输与贮存：在运输过程中，应对运输车辆、工具等进行清洗和消毒，禁止使用对人体有害的防腐剂和保鲜剂等，确保无公害农产品不受污染，要建立产品成品的出入库记录及销售记录。

无公害农产品是指使用安全的投入品，按照规定的技术规范生产，产地环境、产品质量符合国家强制性标准并使用特有标志的安全农产品。无公害农产品生产过程中允许使用农药和化肥，但不能使用国家禁止使用的高毒、高残留农药。

在蔬菜、果树、茶叶、中草药材上不得使用和限制使用的农药：禁止氧乐果在甘蓝上使用；禁止三氯杀螨醇和氰戊菊酯在茶树上使用；禁止丁酰肼（比久) 在花生上使用；禁止特丁硫磷在甘蔗上使用；禁止甲拌磷、甲基异柳磷、特丁硫磷、甲基硫环磷、治螟磷、内吸磷、克百威、涕灭威、灭线磷、硫环磷、蝇毒磷、地虫硫磷、氯唑磷、苯线磷在蔬菜、果树、茶叶、中草药材上使用。

(二) 绿色食品

1. 质量安全控制措施

绿色食品标准由以下六个部分构成：绿色食品产地的环境标准、绿色食品生产技术标准、绿色食品产品标准、绿色食品包装标准、绿色食品贮藏与运输标准和其他相关标准，它们构成了绿色食品完整的质量控制标准体系。

绿色食品产地的环境标准。绿色食品产地的环境标准，即《绿色食品 产地环境技术条件》规定了绿色食品产地的环境空气质量、农田灌溉水质、渔业水质、畜禽养殖水质和土壤环境质量的各项指标及浓度限值，监测和评价方法。制定这项标准的目的，首先是强调绿色食品必须产自良好的生态环境地域，以保证绿色食品最终产品的无污染、安全性；其次是促进绿色食品产地环境的保护和改善。

绿色食品生产技术标准。绿色食品生产技术标准包括绿色食品生产资料使用准则、绿色食品生产操作规程。该标准是绿色食品标准体系的核心内容。其中绿色食品生产资料使用准则包括：《绿色食品 食品添加剂使用准则》《绿色食品 农药使用准则》《绿色食品 肥料使用准则》《绿色食品 饲料和饲料添加剂使用准则》《绿色食品 兽药使用准则》《绿色食品 动物卫生准则》《绿色食品 渔药使用准则》。绿色食品生产操作规程是以上述准则为依据，按作物种类、畜禽种类和不同农业区域的生产特性分别制定的，用于指导绿色食品生产活动，规范绿色食品生产技术的技术规定。绿色食品生产操作规程包括农产品种植、畜禽饲养、水产养殖和食品加工等操作规程。

绿色食品产品标准。绿色食品产品标准是衡量绿色食品最终产品质量的指标尺度，它虽然与普通食品的国家标准一样，规定了食品的外观品质、营养品质及卫生品质等内容，但其卫生品质要求高于国家现行标准，主要表现在对农药残留和重金属的检测项目种类多、指标严，反映了绿色食品生产、管理及质量控制的先进水平，突出了绿色食品产品无污染、安全的卫生品质。

绿色食品包装标准。《绿色食品包装通用准则》规定了绿色食品包装必须遵循的原则，包括绿色食品包装的要求、包装材料的选择、包装尺寸、包装检验、抽样、标志与标签、贮存与运输等内容，从而防止最终产品遭受污染，防止过度包装造成资源的耗费，同时，有利于消费者使用和识别。

绿色食品贮藏、运输标准。这项标准对绿色食品贮运的条件、方法、时间做出规定，以保证绿色食品在贮运过程中不遭受污染、不改变品质，并有利于环保、节能。

其他相关标准。绿色食品标准还包括《绿色食品推荐肥料标准》《绿色食品推荐农药标准》《绿色食品推荐食品添加剂标准》和《绿色食品生产基地标准》等。

以上标准对绿色食品产前、产中、产后全程质量控制技术和指标做了明确规定，既保证了绿色食品产品无污染、安全、优质、营养的品质，又保护了产地环境，并使资源得到合理利用，以实现绿色食品的可持续生产，从而构成了一个完整科学的绿色食品标准体系。

2. 投入品使用

绿色食品生产应从作物病、虫、草等整个生态系统出发，综合运用各种防治措施，创造不利于病、虫、草害孳生和有利于各类天敌繁衍的环境条件，保持农业生态系统的平衡和生物多样化，减少各类病、虫、草害所造成的损失。优先采用农业措施，通过选用抗病抗虫品种，非化学药剂种子处理，培育壮苗，加强栽培管理，中耕除草，秋季深翻晒土，清洁田园，轮作倒茬、间作套种等一系列措施起到防治病、虫、草害的作用。还应尽量利用灯光、色彩诱杀害虫，机械捕捉害虫，机械和人工除草等措施，防治病、虫、草害。特殊情况下，当生产 A 级绿色食品必须使用农药时，应优先使用由中国绿色食品发展中心认证的"绿色食品生产资料"，选择中等毒性以下的植物源农药、动物源农药和微生物源农药。在矿物源农药中，允许使用硫制剂、铜制剂。

A 级绿色食品生产肥料使用要求：肥料使用必须满足作物对营养元素的需要，使足够数量的有机物质返回土壤，以保持或增加土壤肥力及土壤生物活性。所有有机或无机（矿质）肥料，尤其是富含氮的肥料应对环境和作物（营养、味道、品质和植物抗性）不产生不良后果方可使用。提倡使用就地取材、就地使用的各种有机肥料（由含有大量生物物质、动植物残体、排泄物、生物废物等积制而成）。包括堆肥、沤肥、厩肥、沼气肥、绿肥、作物秸秆肥、泥肥、饼肥等。允许使用商品有机肥、腐殖酸类肥、微生物肥、有机复合肥、无机（矿质）肥、叶面肥等。叶面肥料中不得含有化学合成的生长调节剂。掺合肥，即 BB 肥，有机氮与无机氮之比不超过 1∶1，禁用硝态氮肥。绿肥应在盛花期翻压，翻埋深度为 15 cm 左右，盖土要严，翻后耙匀。压青后 15～20 天才能进行播种或移苗。化肥必须与有机肥配合施用。对叶菜类最后一次追肥必须在收获前 30 天进行。

(三) 有机农产品

1. 质量安全控制措施

有机食品在生产过程中的质量控制主要包括以下七个方面：

- 种植业严禁使用农药、化肥、除草剂、增效剂和生长调节剂等；
- 养殖业严禁使用饲料添加剂和抗生素等非天然物质；
- 天然野生植物必须采自无污染的纯净区域，并不会导致水土流失和破坏生态平衡；
- 食品加工要求水质清洁无污染，严禁使用辐射、石油馏出物和酸碱水解物，不用食品添加剂、防腐剂、人工色素和合成维生素等；
- 有机食品在贮藏、运输和销售过程中严防其他任何有害物质的污染；
- 要严格检测，慎重颁证，规范上市；
- 建立一整套质量追踪系统，以加强有机食品的质量控制。

遵循《有机食品认证技术准则》的要求，建立并完善企业生产过程控制体系：

一是产品必须来自已建立的或正在建立的有机农业生产体系，或采用有机方式采集的野生天然产品；

二是加工产品所用原料必须来自已建立的或正在建立的有机农业生产体系，或采用有机方式采集的野生天然产品；

三是在整个生产过程中必须严格遵循有机食品生产、采集、加工、包装、贮藏、运输标准，包括：有机食品在其生产加工过程中绝对禁止使用化学合成的农药、化肥、激素、抗生素、食品添加剂等，而普通食品则允许有限制地使用这些物质；有机食品的生产和加工过程中禁止使用基因工程技术的产物及其衍生物；有机食品的生产和加工必须建立严格的质量跟踪管理体系，因此一般需要有一个转换期。

四是有机食品在整个生产、加工和消费过程中更强调环境的安全性，突出人类、自然和社会的协调和可持续发展，在整个生产过程采取积极、有效的生产措施，使生产活动对环境造成的污染和破坏减少到最低限度。

五是有机食品的可追溯，对从最终产品到原材料以及从原料到产品的整个过程，根据生产日期、生产及加工记录、原料到货记录、仓库保管记录、出货记录等各种记录和票据必须是可以追踪调查的。

2. 投入品使用

有机农业虽然不允许使用现代常规农业中使用的化学合成农药、肥料、生长调节剂和饲料添加剂、转基因技术等，有机农业仅排斥对生态系统和自然环境有不良影响的生产技术和物质，现代农业中设施栽培、微、滴灌技术、有害生物综合治理技术等仍提倡使用，以达到在保障食品安全和保护环境的同时还能提高产品品质与产量的目的。

进行有机认证过程中允许存在有机转换产品。转换期的规定是为了保证有机农产品的"纯洁"。如已经使用过农药或化肥的农场要想转换成为有机农场，需按有机标准的要求建立有效的管理体系，并在停止使用化学合成农药和化肥后还要经过2~3年的过渡期后才能正式成为有机农场。一年生作物的转换期一般不少于24个月，多年生作物的转换期一般不少于36个月。新开荒的、长期撂荒的、长期按传统农业方式耕种的或有充分证据证明多年未使用禁用物质的农田，也应经过至少12个月的转换期。在转换期间生产的产品，只能叫"有机转换产品"。

有机农业提倡创造利于作物和天敌生长，不利于病虫害繁殖和蔓延的生态环境；提倡通过非化学的土壤改良和培肥技术，作物营养与健康技术，天然植物生长调节技术，促进作物健康生长，减少病害的发生和蔓延；通过杀虫灯、黏虫板和性诱剂等产品进行害虫的测报和诱杀，迫不得已需要防治时，选择适合有机标准的植物源、矿物源和微生物源农药进行防治。

三、生产记录

（一）记录的重要性

认证农产品实行的是全程质量控制模式，强调对整个生产过程的控制。不仅要求产地符合认证农产品产地环境条件，产品符合认证农产品产品质量标准，而且要求在产品的整个生产过程中进行质量控制。生产过程控制不仅包括质量控制措施、生产操作规程，还包括记录等内容。一旦发生产品质量安全问题时，便于生产者及时分析查找原因，提出有针对性的改进措施。同时，保持必要的记录也有利于产品的溯源，可实现产品形成过程中每一环节的可追溯性。

（二）记录的要求

记录应系统、完整，贯穿于产品形成的全过程，能完整地反映生产过程管理状况和产品的质量状况。记录应正确、清楚、严格，绝不允许伪造、任意涂改、删除或篡改。记录应有专人和专门的地方进行保存，以防止记录的损坏或丢失。必须完整地保存各项记录，同时应确保各项记录的严肃性、真实性和原始性。

（三）记录的内容

记录应包括产品形成过程中所有影响产品质量安全的活动情况，如原料的购买情况、投入的使用情况、病虫草鼠害防治情况、产品检验情况、产品销售情况、人员培训情况及其他相关资料等，以反映产品在整个形成过程中的全貌。

1. 生产过程记录档案

生产过程记录档案必须真实、客观地记录产品从播种到收获所有影响产品质量安全的各项农事操作，应包括以下内容：作物名称、品种、种植时间、种子处理或苗木消毒、肥料使用情况、病虫草害防治情况、植物生长调节剂类物质的使用情况及产品的收获情况。为了保持记录的准确、完整，同一份生产记录最好由同一人进行记载。当记录完成后，记录人应当签名。

在农产品认证申请中，无论申请人是企业还是事业单位，其所申报的某一产品的种植农户往往是几十户乃至几百户，不可能要求申请人将所有种植户的生产过程记录都报送上来，但作为申请者来说，为了控制产品的质量，应当要求所有的种植农户进行严格的生产记录，并将其作为产品质量控制措施之一。

2. 培训记录

培训情况记录应当包括培训时间、培训地点、培训的内容、授课人、参加人员和培训结果考核等情况。作为申请人，应当将与申报产品有关的每次培训情况都一一进行记录。

3. 产品检验记录

产品内部检验制度是质量控制措施中非常重要的一部分，申请人应当详细记录下每次自检的情况，包括检验时间、抽样比例、抽样范围、检验项目、存在的问题和处理措施等内容。

4. 产品销售记录

产品销售记录应当包括每批产品的销售时间、销售量和销售去向等内容。

5. 其他记录

记录还应包括生产环节中其他影响产品质量安全的一些内容，如产地环境监测和评估报告，农药、肥料、种子的采购发票及产品说明，公司和农户签订的购销合同、种植农户名单等。如生产的是初级加工品，还应当包括外购原料及食品添加剂的购买发票和有关资料。

(四) 记录保持的时间

《中华人民共和国农产品质量安全法》规定，农产品生产记录应当保存2年。在《无公害农产品管理方法》中，没有对生产记录保存时间做出具体规定，但《绿色食品证书》和《无公害农产品证书》的有效期为3年。因此，绿色食品、无公害农产品生产记录应当保存3年，以作为3年持续进行无公害生产的证据。

四、证后监管

(一) 认证年度监督检查

1. 企业自查

由认证企业按照不同认证类别进行自查。自查重点是场地环境的符合性、生产档案记录的完整性、投入品仓库管理的规范性、投入品使用的安全性、认证产品包装的合法性等方面，对自查发现的问题要及时进行整改。

2. 监督检查

分为区级、市级督查，检查重点同自查。对发现的问题提出整改要求，分为口头要求整改和书面要求整改，认证企业必须在规定的时间内完成整改。

(二) 监督抽样

1. 部级抽样

按认证产品类别由农业部组织开展省级交叉抽样。

2. 市级抽样

每年按认证产品数量的 30% 左右进行抽样，确保在 3 年的认证周期内覆盖所有认证产品。

(三) 绿色食品年检制度

1. 年检依据

依据《绿色食品标志管理办法》（农业部令 2012 年第 6 号）第 25 条"省级工作机构应当组织对辖区内绿色食品标志使用人使用绿色食品标志的情况实施年度检查。检查合格的，在标志使用证书上加盖年度检查合格章"。

2. 年检内容

年检的主要内容包括企业的产品质量及其控制体系状况、规范使用绿色食品标志情况和按规定缴纳标志使用费情况等。

3. 年检结论处理

市绿办根据年度检查结果以及国家食品质量安全监督部门和行业管理部门抽查检查结果，依据绿色食品管理相关规定，作出年检合格、整改、不合格结论，并通知企业。年检结论为整改的企业必须于接到通知之日起一个月内完成整改，并将整改措施和结果报告市绿办。市绿办应及时组织整改验收并做出结论，验收不合格的应及时报请中心取消其标志使用权。对年检结论为不合格的企业，市绿办直接报请中心取消其标志使用权。

企业的绿色食品标志使用年度为第 3 年的，其续展认证检查取代年检。未提出续展申请的，其标志许可期满后不得使用绿色食品标志。

五、认证标志使用与管理

(一) 无公害农产品

任何单位和个人不得伪造、冒用、转让、买卖无公害农产品产地认定证书、产品认证证书和标志。标识使用者应建立标识使用管理制度，对标识的使用情况如实记录，登记造册并存档，存期3年，以备后查。

1. 使　用

凡获得无公害农产品认证证书的单位和个人，均可以向认证机构申请无公害农产品标志。获得无公害农产品认证证书的单位和个人，可以在证书规定的产品或者其包装上加上无公害农产品标志，用以证明产品符合无公害农产品标准。印制在包装、标签、广告、说明书上的无公害农产品标志图案，不能作为无公害农产品标志使用。使用无公害农产品标志的单位和个人，应当在认证的品种、数量、认证证书规定的产品范围和有效期内使用，不得超范围和逾期使用，不得买卖和转让。

2. 变　更

在无公害农产品证书有效期内，因生产管理实际情况发生变化，无公害农产品标志使用人有下列情况变化的：产品名称、注册商标、申报主体（申请人）、通讯地址、批准产量、生产基地，需要变更证书内容。

3. 终　止

获得无公害农产品产地认定证书的单位或者个人违反本办法，有下列情形之一的，由省级农业行政主管部门予以警告，并责令限期改正；逾期未改正的，撤销其无公害农产品产地认定证书：无公害农产品产地被污染或者产地环境达不到标准要求的；无公害农产品产地使用的农业投入品不符合无公害农产品相关标准要求的；擅自扩大无公害农产品产地范围的。

(二) 绿色食品

绿色食品标志是经国家工商行政管理局注册的质量证明商标，用以标识、证明无污染的安全、优质、营养类食品及与此类食品相关的事物。未经中国绿色食品发展中心许可，任何单位和个人不得使用绿色食品标志；不得伪造、转让绿色食品标志和标志使用证书。

1. 使　用

绿色食品标志使用人在证书有效期内享有下列权利：在获证产品及其包装、标签、说明书上使用绿色食品标志；在获证产品的广告宣传、展览展销等市场营销活动中使用绿色食品标志；在农产品生产基地建设、农业标准化生产、产业化经营、农产品市场营销等方面优先享受相关扶持政策。

绿色食品标志使用证书的有效期为 3 年。证书有效期满，需要继续使用绿色食品标志的，标志使用人应当在有效期满 3 个月前向省级工作机构书面提出续展申请。准予续展的，颁发新的绿色食品标志使用证书并公告。

2. 变　更

在证书有效期内，标志使用人的单位名称、产品名称、产品商标等发生变化的，应当经省级工作机构审核后向中国绿色食品发展中心申请办理变更手续。

3. 终　止

标志使用人逾期未提出续展申请，或者申请续展未获通过的，不得继续使用绿色食品标志。

产地环境、生产技术等条件发生变化，导致产品不再符合绿色食品标准要求的，标志使用人应当立即停止标志使用，并通过市绿办向中国绿色食品发展中心报告。

标志使用人有下列情形之一的，由中国绿色食品发展中心取消其标志使用权，收回标志使用证书，并予公告：① 生产环境不符合绿色食品环境质量标准的；② 产品质量不符合绿色食品产品质量标准的；③ 年度检查不合格的；④ 未遵守标志使用合同约定的；⑤ 违反规定使用标志和证书的；⑥ 以欺骗、贿赂等不正当手段取得标志使用权的。

（三）有机农产品

中国有机农产品认证标志标有中文"中国有机农产品"字样和英文"ORGANIC"字样及图案。地方各级质量技术监督部门负责对中资认证机构、在境内生产加工且在境内销售的有机农产品认证、生产、加工、销售活动进行监督检查。

1. 使　用

获证产品的认证委托人应当在获证产品或者产品的最小销售包装上，加上中国有机农产品认证标志、有机码和认证机构名称。获证产品标签、说明书及广告宣传等材料上可以印制中国有机农产品认证标志，并可以按照比例放大或者缩小，但不得变形、变色。中国有机农产品认证标志应当在认证证书限定的产品类别、范围和数量内使用。

2. 变　更

获证产品在认证证书有效期内,有下列情形之一的,认证委托人应当在15日内向认证机构申请变更:认证委托人或者有机农产品生产、加工单位名称或者法人性质发生变更的;产品种类和数量减少的;其他需要变更认证证书的情形。

3. 终　止

有下列情形之一的,认证机构应当在30日内注销认证证书,并对外公布:① 认证证书有效期届满,未申请延续使用的;② 获证产品不再生产的;③ 获证产品的认证委托人申请注销的;④ 其他需要注销认证证书的情形。

有下列情形之一的,认证机构应当在7日内撤销认证证书,并对外公布:① 获证产品质量不符合国家相关法规、标准强制要求或者被检出有机农产品国家标准禁用物质的;② 获证产品生产、加工活动中使用了有机农产品国家标准禁用物质或者受到禁用物质污染的;③ 获证产品的认证委托人虚报、瞒报获证所需信息的;④ 获证产品的认证委托人超范围使用认证标志的;⑤ 获证产品的产地(基地)环境质量不符合认证要求的;⑥ 获证产品的生产、加工、销售等活动或者管理体系不符合认证要求,且在认证证书暂停期间,未采取有效纠正或者纠正措施的;⑦ 获证产品在认证证书标明的生产、加工场所外进行了再次加工、分装、分割的;⑧ 获证产品的认证委托人对相关方重大投诉且确有问题未能采取有效处理措施的;⑨ 获证产品的认证委托人从事有机农产品认证活动因违反国家农产品、食品安全管理相关法律法规,受到相关行政处罚的;⑩ 获证产品的认证委托人拒不接受认证监管部门或者认证机构对其实施监督的;⑪ 其他需要撤销认证证书的情形。

六、认证农产品包装

(一)法律、法规依据

《农产品质量安全法》要求:包装物或者标识上应当按照规定标明产品的品名、产地、生产者、生产日期、保质期、产品质量等级等内容;使用添加剂的,还应当按照规定标明添加剂的名称。

《农产品包装和标识管理办法》要求:农产品生产企业、农民专业合作经济组织以及从事农产品收购的单位或者个人包装销售的农产品,应当在包装物上标注或者附加标识标明品名、产地、生产者或者销售者名称、生产日期。

(二) 主要标示内容

农产品生产企业、农民专业合作经济组织以及从事农产品收购的单位或者个人，用于销售的下列农产品必须包装：获得无公害农产品、绿色食品、有机农产品等认证的农产品，但鲜活畜、禽、水产品除外。有分级标准或者使用添加剂的，还应当标明产品质量等级或者添加剂名称。认证产品名称、产地地址、生产者或者销售者名称、生产日期是农产品包装必不可少的。

未包装的农产品，应当采取附加标签、标识牌、标识带、说明书等形式标明农产品的品名、生产地、生产者或者销售者名称等内容。农产品标识所用文字应当使用规范的中文。标识标注的内容应当准确、清晰、显著。销售获得无公害农产品、绿色食品、有机农产品等质量标志使用权的农产品，应当标注相应标志和发证机构。

参考文献

[1] 刘新录. 无公害农产品管理与技术（第4版）. 北京：中国农业出版社，2014.
[2] 赵卫东，王占弟. 农业标准化. 北京：中国标准出版社，1988.

第七章
农业生产环境与保护

环境是人类赖以生存的重要条件。以种植业、养殖业和水产业为主的农业生产，在生产过程中过度施用化肥、农药会造成土壤污染，焚烧秸秆会造成大气污染，不当处理畜禽粪便会造成水体污染，农业产生废弃物会造成对环境污染等。

解决农业生产过程中所产生的环境问题，保护农业资源，改善农业生态环境，防治环境污染和生态破坏，必须依法治农，加强农业生产环境保护建设，发展循环农业、生态农业，推进都市城乡环境保护一体化，走农业可持续发展道路，打造高效、生态、低碳的都市现代农业。

第一节　种植业污染及防治

种植业是农业的主要组成部分，是以土地为重要生产资料，栽培各种农作物以及取得植物性产品，是一切以植物产品为食品的物质来源，也是人类生命活动的物质基础。

种植业污染主要指与种植业关系密切的，在生产过程中不可避免产生的农药污染、化肥污染、农膜污染以及农作物秸秆。通过标准化生产规程的推行，可有效减少农药、化肥的使用量。通过环保行动计划的实施，提高农民的环境保护意识，减少农田污染物的残留。

一、农产品的污染及形成

农产品污染总体分为生物污染和非生物污染两大类。

生物污染：主要指农产品受到能使人致病的细菌、真菌、病毒或寄生虫等生物源污染物的侵蚀，这一类农产品如果没有得到妥善处理，人们在食用之后可能会受到致病生物的感染而得病。

非生物污染：以化学污染最为普遍，蔬菜、瓜果、粮食等农产品容易受到污染的主要有三类物质：农药残留、重金属、硝酸盐和亚硝酸盐。其中农药残留是食用农产品受污染的最重要来源。农产品生产中由于受到病虫草害而造成很大的损失。通过使用农药，能够将病虫草害造成的损失降低到最低限度。但是，各种作物施用农药后，在一定时间内，有部分农药残留在作物体表或果实、籽粒上，有的还渗透到作物表皮蜡质层或组织内部。残留在作物体内外的农药，在光照、风雨、气温等外界环境以及作物体内酶的作用下不断分解消失，但在收获的农产品中仍不可避免地残留有微量或超量的农药。若在农作物接近收获期，使用农药量过多，浓度过高，就会造成农产品中农药超量残留，可能会导致急慢性中毒，危害人体健康。因此，防止农药残留超标污染，是保障人体健康极为重要的措施。

二、推进化肥农药减量化

（一）化肥减量替代

通过调整种植业结构、测土配方施肥技术、秸秆还田、水肥一体化的施肥新技术等有效措施，达到化肥减量，改善农业生态环境，推进都市现代农业发展。

绿肥是用作肥料的绿色植物体，是我国传统的重要有机肥料之一，可以有效改良土壤结构，改善农作物的品质，提高农作物的质量，减少化肥对土壤和水源的污染。普及推广绿肥种植，可改善土壤结构，提高土壤的保水保肥和供肥能力，改善农业生产环境。绿肥翻压入土后，土壤速效氮、速效磷、速效钾、有机质和腐殖质的含量都有大幅度的提高，能有效地提高土壤肥力。长期种植绿肥，土壤肥力不断提升，还将有效提升后期水稻种植产量，达到用地与养地的有效结合。

持续推广使用商品有机肥，粮经作物推广测土配方施肥技术和缓释肥料，进一步优化用肥结构，科学合理施用肥料。推广蔬菜、瓜果等经济作物水肥一体化技术，提高肥料利用效率，减少化肥流失。

(二)农药减量控害

实施农药减量控害,是转变农业发展方式的重要举措。健全农作物病虫害预测预报体系建设,制定主要病虫草害的防治技术标准和农药使用操作规程,推动农作物病虫害统防统治,推广新型高效植保机械,应用高效低毒低残留环保型农药,开展绿色防控技术,推广农业有害生物综合治理技术增加杀虫灯、性诱剂、诱虫板等物理防治措施,形成农药减量控害技术体系,减少农药使用量。

三、组建农作物病虫害统防统治组织

(一) 目的和意义

保持农业生产的稳定,促进农业的持续增产增效。建立机构完善、手段先进、内容广泛的高效服务机构是发展现代农业,推进"公共植保""绿色植保"的新举措。农作物病虫害专业化统防统治符合现代农业发展方向,是解决一家一户农民防病治虫难、提高防治效果、减少农药污染的有效途径。在土地流转进度快,家庭农场、农业专业合作社组织程度高、种植品种相对单一的地区更能体现作用。让有志于服务农业、服务农民的中青年劳动力参与植保服务组织,开展专业化防治有偿服务。

(二) 具体做法

以镇、村为单位注册组建农作物病虫害统防统治组织,具备相应植物保护专业技术,以申请农业生产政策补贴添置设备,开展社会化、规模化、集约化农作物病虫害防治服务。通过定期技术培训,提高服务能力和水平,施药时间抓住了防治适期。专业化防治是提升农作物病虫害防控能力,确保农产品质量安全和农业生态环境安全的有效手段,不仅大大提高了防效,而且高效、低毒、低残留的农药得到了大力推广。

(三) 取得的成效

解决农民防病治虫难,易出现的"漏治一点,危害一片"现象,根据病虫发生规律变化,最大限度降低了农药使用量和农药的使用次数,从根本上避免了农民滥用农药、误用农药的可能,节约了劳动力,减少了农药使用量、提高病虫害防控效果,杜绝了高毒、高残留农药的使用,有效减轻对环境的污染。

采用更有效的机械防治病虫害,减少防治用工,把广大农民从繁杂的劳动中解放出来,提高了农民生活质量。

四、创建蔬菜标准园

创建一批规模化种植、标准化生产、商品化处理、品牌化销售、产业化经营,以及统一品种、统一购药、统一标准、统一检测、统一标识、统一销售的蔬菜标准园。产品质量符合食品安全国家标准,化学农药使用量大幅下降,示范带动都市农业蔬菜质量全面提升和经济效益全面提高。以标准园创建为抓手,推进区域内蔬菜生产规模化、专业化、标准化生产,提升适度规模经营机制活力,提升生态环保水平,提升质量安全监管水平。优先选择已取得绿色食品、有机食品、地理标志、GAP、HACCP等相关认证单位,加快推动蔬菜生产向环境友好型、资源节约型、质量安全型转变。

推广生态栽培技术。蔬菜标准园主要强化安全检测手段,重点示范防虫网阻隔和色板、性诱剂、频振式杀虫灯等诱杀防虫技术,防雾滴棚膜与膜下滴灌控湿防病技术,减少农药用量,开展蔬菜生产废弃物的净化处理。同时,蔬菜标准园要科学选用高效低毒低残留农药,控制农药残留,提高蔬菜质量安全水平。

实施食品安全信息追溯,建立可追溯质量安全管理制度。不购买、不使用国家禁限用投入品,科学安全使用投入品的投入品管理制度。健全生产档案,按照地方标准化生产技术规程进行田间管理,建立使产品质量全程可追溯的生产档案制度。标准园产品上市前全覆盖农药残留快速定性检测,不定期农药残留定量抽检,确保农药使用过安全间隔期后采收的检测制度。实施有承诺、有检测、有相关认证的产地准出制度。

在环境保护上禁止使用对环境有严重影响的农业投入品,废弃农膜、农药肥料包装物等农业投入品必须全部回收,保护生态环境和场容场貌。禁止使用城市垃圾、污泥、工业废渣和未经无害化处理的有机肥。及时清理残枝落叶和杂草,集中进行无害化处理,保持田园清洁。

当地政府可对用于生态栽培物化技术应用、农产品质量安全可追溯管理和标准化生产推进等方面实施财政补贴。主要用于频振式杀虫灯、防虫网应用、生产档案记录、农残检测仪器及试剂、农产品质量追溯体系建设、技术操作规程制订、技术指导服务、展示示范、品牌推进等方面。

五、回收和集中处置农药包装废弃物

农药包装废弃物的回收处置，涉及面广，难度大，却是一件利国利民、有利于子孙后代健康成长的好事，能改善农村生态环境，减少农业安全生产隐患。在都市农村结合乡村建设，作为环保行动计划，由政府部门牵头，财政出资、企业运作。通过设置回收点，建立健全回收体系，逐步形成群众参与、有偿回收、规范处置的运行机制。

建立回收点与回收员队伍。回收点定点可设立于村、农民合作社、家庭农场、农资经营门店，配备可移动的分类收纳桶，分类存放不同材料的农药包装物。定点回收点的条件要符合国家相关污染防治标准、技术措施和技术规范，设立台账，记录收购农药包装物的日期、数量等。确立以村为单位或生产单位、农资门店建立回收员队伍，定期上门收集农药包装废弃物作有偿回收，制定回收单价，做好清点结算，将回收的农药包装废弃物送专业处置单位进行处置。与受委托单位签定委托服务协议，明确其任务与要求，并加强对其工作的监管。收集和运输过程必须符合国家相关污染防治标准、技术措施和技术规范，依据国家相关污染防治标准、技术措施和技术规范，对农药包装废弃物进行分类安全处置。其中经费主要包括：直接回收费、专用回收袋、回收箱费、收集费、转运处置费等。

区县农业部门负责本地区农药包装废弃物收集、回收和安全处置。环保部门负责本地区农药包装废弃物转运和集中安全处置的监督管理。财政部门负责安排本地区农药包装废弃物回收和集中处置的资金。

层层落实责任，建立工作考核机制。乡镇有关部门根据定点回收点的台账，结合本村农药包装废弃物污染的实际情况，对村指定专人的工作进行考核，并对成绩突出者给予适当奖励。区县有关部门对乡镇回收点、回收工作进行考核，根据考核结果核发补贴，并对成绩突出者给予适当奖励。省市有关部门根据农药包装废弃物处置单位出具的收货凭证上的包装废弃物总数，对区县工作进行考核，将结果列入区县农业面源污染治理工作的考核内容。

第二节 畜禽养殖污染及治理

畜禽养殖过程中，动物排泄物、病死动物的处理如不彻底，势必造成对周边环境的影响，包括水源污染、土壤污染和空气污染等畜禽养殖污染。畜禽养殖业的污染主要有动物所产生的粪便、尿液与养殖过程中产生的臭气，还包含畜禽养殖的水污染。

随着畜牧业的规模化发展，环境问题也日益严重，禽畜养殖场排出的废弃物已经成为重要因素。科学规划布局，统筹考虑保护环境与促进畜牧业发展，推进畜禽养殖废弃物的综合利用和无害化处理。创新循环农业的种养模式，为都市构建优质安全的种植业保障基地，保护和改善环境，保障公众身体健康，使畜牧业生产走持续健康发展的道路。

一、畜禽养殖的污染

都市畜禽养殖业高度集约化养殖会产生量大而集中的畜禽废弃物（包括有害气体及浮尘）。大量的畜禽废弃物直接进入地表和地下水体，土壤的自净能力跟不上污染的节奏，成为蝇类及寄生虫等有毒微生物的寄生场所，甚至威胁到饮用水源的安全。同时，养殖场散发的臭气引发了众多周边居民投诉和引发纠纷。

对土壤的污染：现有大型养殖场建有贮存畜禽粪尿及污水的转化池，但其中一些转化池底部却不具备防水功能，导致进入池中的粪尿及污水渗入地下，造成对土壤的污染。

对水资源的污染：在畜禽养殖过程中，渗透至地表水及地下水中的动物粪尿和废弃物所，甚至个别掩埋的病死畜禽，会对水资源造成污染。有害的细菌及病毒等通过水传染给人及家畜，被污染过的水危及人及动物，对其生命健康及安全造成危害。

二、畜禽养殖的综合治理

依靠科技进步和制度创新，构建都市农业生态环境保护与治理的长效机制，通过畜禽污染综合治理、不规范畜禽养殖整治、农业废弃物循环利用，不断改善和优化农业生态环境。对没有纳入养殖发展规划的畜禽养殖场，要制定退养计划，逐年退养。对严重违法从事畜牧业生产的，要坚决予以取缔。设立禁养区，依法关闭或搬迁禁养区内（尤其是沿城沿江沿河）的畜禽养殖场和养殖专业户。

规范畜禽养殖行为，防止畜禽疫病和有毒有害物质残留对人体的危害，防治畜禽养殖污染，促进都市畜牧业可持续发展。当地政府制订相关政策和措施，规范发展大中型畜禽养殖场，扶持科技含量高的种源生产，引导其逐步实现集约化生产、标准化管理、产业化经营。限制和调整小型畜禽养殖场，对符合环保要求和动物防疫条件的，促使其逐步过渡为大中型畜禽养殖场。

三、病死畜禽无害化收集、处理、监管

实施对病死动物进行及时、有效、规范的处置，遵循"统筹兼顾、突出重点；健全制度、规范运作；注重服务、提升能力；加强领导、保障运行；加大宣传、严格执法"原则，开展统一制度、统一布点、统一车辆、统一收集、统一处置，实施区县统一收集、乡镇统一收集、规模场统一收集模式。着重构建病死畜禽收集运送系统和病死畜禽加工处理系统。

（一）病死畜禽收集运送系统

病死畜禽收集运送系统由畜禽养殖场（户）、乡镇病死畜禽无害化处理收集点、区县级病死畜禽无害化处理收集站三个层面构成，实行规模化养殖场自主收集运送，非规模化养殖场（户）由乡镇级收集点和区县级收集站收集运送。

在涉及养殖的乡、镇以政府购买服务的形式设立收集点，落实人员开展病死畜禽的接收、运输、记录等工作。收集运送模式主要可分为以下四种：①在动物养殖数量较少的区域，由收集点统一收集，每日派出收集车辆至各养殖场户进行确认、装车；②在规模化养殖场先行将病死动物暂存在专用存放间或冷库，收集人员根据数量一周两次到场收集；③当病死畜禽数量多或有突发情况时，需要单独移交的，以乡镇收集点为联络点，及时安排车辆、人员统一收集；④畜禽养殖专业合作社则由公司自行解决专用病死畜禽无害化收集车

辆，专人负责收集。

（二）病死畜禽加工处理系统

建立病死畜禽无害化处理焚烧站，作为病死畜禽及相关产品的焚烧处理指定场所，收集处理养殖场所、屠宰场所及道口查处的病死畜禽，以及无主病死宠物。配备无害化处理设施设备，落实无害化处理政策措施。

（三）病死畜禽无害化处理监管

畜禽养殖场（户）是本场病死畜禽无害化处理的责任主体，场长（养殖户）是第一责任人，养殖方收集人员是直接责任人。

收集点负责人和收集员是第一责任人和直接责任人。乡镇职能部门制定畜禽养殖场（户）病死畜禽无害化处理的工作制度和岗位职责，负责收集点对畜禽养殖场（户）病死畜禽收集、暂存、运送、移交、统计、核对等环节的监督管理和收集工作的考核。

收集站是区县级病死畜禽收集、运送环节的责任单位，负责人是第一责任人，工作人员是直接责任人。区县级职能部门为管理部门，负责收集站的日常监督管理与考核，以及对畜禽养殖场（户）、收集点、收集站病死畜禽的分析评估与指导。

省市及区县级动物卫生监督部门对畜禽养殖场病死畜禽的统计、收集、移交和收集点接收、运输、消毒环节等进行全过程监管，对病死畜禽的收集、保存、移交、记录、消毒等工作进行规范。同时制定一套长效考核激励机制以总结经验、树立典型，加大对违法违规行为的通报和查处力度，推进无害化工作深入开展。

四、推进畜禽标准化养殖

以转变发展方式、提高综合生产能力、发展现代畜牧业为核心，按照高产、优质、高效、生态、安全的发展要求，通过树立典型、示范引导、以点带面、全面提升，推进畜禽场规模化、标准化、生态化和产业化建设，提升畜产品质量安全水平，增强产业综合竞争能力和可持续发展能力，提升生产水平，实现废弃物合理利用，保障畜产品质量安全。实施畜禽养殖与环境保护相适应的减量化和标准化，合理调整都市农村养殖规模和布局，推进地方特色品种保护和开发利用,提高畜禽养殖生态化、标准化和科技化。

养殖设施化。养殖场选址布局科学合理,畜禽圈舍、饲养和环境控制等生产设施设备要满足标准化生产的需要。

生产规范化。制定并实施科学规范的畜禽饲养管理规程,配备与饲养规模相适应的畜牧兽医技术人员,严格遵守饲料、饲料添加剂和兽药使用的有关规定,生产过程实行信息化动态管理。

防疫制度化。防疫设施完善,防疫制度健全,科学实施畜禽疫病综合防控措施,对病死畜禽实行无害化处理。

粪污无害化。畜禽粪污处理方法得当,设施齐全且运转正常,实现粪污资源化利用或达到相关排放标准。

监管常态化。依照《畜牧法》《饲料和饲料添加剂管理条例》《兽药管理条例》等法律法规,对饲料、饲料添加剂和兽药等投入品使用,畜禽养殖档案建立和畜禽标识使用实施有效监管,从源头上保障畜产品的质量安全。

第三节 水产养殖污染的原因及治理

随着都市水产养殖业的发展,水体的生态功能已成为需解决的主要矛盾。通过标准化生态型水产养殖场和标准化水产健康养殖场的不断推进,加强水产品安全源头监管,解决水产业发展过程中的关键问题,推动现代都市水产业加快发展。

一、水产养殖污染的原因

都市水产养殖业的特点为高密度、集约化、规模化和名优化,养殖模式为高生物负载量和高投入量的高产高效益,产生了超水体容量的养殖高密度,残剩饵料、肥料和生物代谢产物累积量大,水体自净能力下降,水体富养化日益严重,破坏了水体的生态功能。水产品的生长依赖着水产养殖环境,通过水域中的生物和生物、生物与环境构成相对稳定的统一体。随着都市的飞速发展,影响了天然水体,饮用水源和地表水遭受了不同程度的污染,生态压力较大。

从外源性污染角度看,水产养殖的基础是水体环境,主要来自天然水体河流和湖泊的主要水源。在都市受到工业废水、生活污水和农业面源污染的影响，水产生物资源赖以生存的环境质量下降。都市农村受植物性营养元素氮、磷和耗氧有机物的污染，造成水体缺氧。集约化高密度水产养殖，大量投喂外源性饲料，残饵中所含的氮、磷等植物性营养元素、悬浮性颗粒、耗氧有机物等成为养殖水体富营养化的主要污染来源，导致养殖水体的污染日趋严重。

从内源性污染角度看，在优化农村产业结构，增加农民收入的方面，水产养殖已逐渐成为都市现代农村经济发展的增长点，但是传统的高密度的水产养殖模式，带来了鱼病发生频繁、水质严重恶化、药物残留超标的现象，影响了水产品质量安全，造成了区域环境污染，威胁水产养殖业的可持续发展。高密度的养殖模式，投入品所产出的固液态废弃物，造成养殖自身的污染，残饵、残骸、鱼体排泄物，以及频繁使用的鱼药，在水体中分解时氨氮增加，使水质恶化，滋生大量病毒、细菌等致病微生物，对水产养殖的水环境产生污染，影响了养殖水产品的质量安全。

二、推进水产品安全源头监管

使用证。凡在江河、湖泊、滩涂和精养鱼塘等渔业水域进行水产养殖生产的，须由养殖单位或者个人向当地政府或渔政监督管理机构提出申请，经审核同意后，由区县人民政府发出养殖使用证。加大水产品质量安全监管力度，每年实施水产品质量安全专项整治，强化监管，落实责任，与养殖场签订安全生产承诺书。开展水产品质量安全检查，对孔雀石绿等违禁药物进行抽样检测。

无公害渔业是现代渔业的发展方向和趋势，是保障水产品质量安全的有效措施。对排放污水（包括农田施用农药后的排水）、污染物，污染渔业水域而造成渔业损失的单位和个人，由渔政监督管理机构进行调查处理。

三、建设标准化水产养殖场

建立无公害水产品养殖生产基地，推进标准化家庭水产养殖场发展，改进场内进排水系统、道路，加强对标准化养殖场的维护，着重进行池塘清淤，应用工厂化循环水养殖、池塘生态循环水养殖等技术，提升规模化、标准化水产生产水平，既是我国水产业参与国际竞争的迫切需要，也是进一步提高水产品质量，保证消费者以及提高人们生活水平的内在需求。建设内容为水产健康养殖场的资质条件、环境条件、养殖场规模和基本建设内容、养殖设施、养殖技术、管理及人员配备等,生产环境、生产过程和最终产品质量安全符合无公害水产品标准要求,对人类健康有安全保障。水产品品质、色、香、味等达到国内、国际标准,无超标药物(兽药、抗生素、激素)残留、重金属残留,病原微生物、霉菌毒素、细菌总数在国家或国际标准以下,获得无公害水产品认证的渔业产品。实现资源节约、环境友好,保证养殖水产品的质量与食用安全。

标准化生态型水产养殖场和标准化水产健康养殖场要选择取水口无污染源、水源充足、生态环境良好的区域,具备进排水方便、交通便利、电力配套条件。水源水质要符合NY5051、NY5052,标准化生态型水产养殖场连片总面积在300亩以上,养殖水面积在200亩以上;标准化水产健康养殖场连片总面积在100亩以上,养殖水面积不低于65%。标准化生态型水产养殖场主要负责人必须具有5年以上水产养殖及管理经验,持有渔业行业职业技能培训高级证书;主要技术人员持有渔业行业职业技能培训中级证书;养殖工持有渔业行业职业技能培训初级证书;标准化水产健康养殖场主要负责人具有4年以上水产养殖及管理经验,持有渔业行业职业技能培训中级以上证书。

水产养殖要符合DB31/T348规定,配合饲料安全卫生指标要符合NY50NY规定,鲜活饲料新鲜、无病症、无污染,药物使用要符合NY5071要求。生产档案按照《农产品质量安全法》规定,存档记录使用农业投入品的名称、来源、用法、用量和使用、停用的日期,以及捕捞的日期、病害发生和防治情况、水质检测等原始记录。

第四节 农业废弃物资源化利用

农业废弃物产生与农产品的生产过程相伴而生,是一种特殊形态的农业资源。这些废弃物既是宝贵的资源,又是污染源,若未经妥善处理直接进入环境,势必造成环境污染和生态恶化。农业废弃物的资源化利用对缓解农业资源不足,减少环境污染,提高农业综合生产能力和农业综合效益,改善都市农村生态环境,具有十分重要的现实意义。

一、农业废弃物的定义与污染的表现

(一) 农业废弃物的定义

农业生产过程中必然会产生大量的废弃物。作为农业垃圾的农业废弃物,是指在整个农业生产、农产品加工与畜禽养殖过程中被丢弃的有机类物质,主要指农作物秸秆和畜禽粪便。

(二) 农业废弃物污染的主要表现

农业废弃物污染主要表现在:农作物的秸秆焚烧增加了空气污染指数,严重影响生态环境及居民的日常生活和身体的健康,影响交通和航空;规模饲养家禽家畜的场所排放的粪便以及畜栏、禽舍的铺垫物,如果不加处理直接排放入周围环境中,周边会污水横流、臭气熏天,滋生大量苍蝇和其他害虫,造成环境污染;排入江河湖泊使水质污浊,造成厌氧腐化或富营养化现象,同时也会传染疾病,影响居民健康。

二、秸秆的综合利用

开展秸秆综合利用,可以有效解决因秸秆焚烧或废弃而带来的环境污染,保护生态环境,提高土地肥力;可以促进秸秆的资源化、商品化和产业化利用,维持生态平衡和生态系统的良性、高效循环,发展循环经济,增加农民收入,协调人与自然的关系、生物与环境的关系,打造绿色、生态和低碳环境,对促进都市新农村建设具有十分重要的意义。秸秆综合利用主要以还田、堆肥、燃料、原料、饲料等利用方式为主。

(一) 基本原则

尊重自然规律,维持生态平衡和生态系统的良性、高效循环,协调人与自然的关系、生物与环境的关系,实现土地的可持续利用、农业的可持续发展的科学发展原则。根据农业生产实际,充分考虑农作物生长规律以及技术路线实施的限制因素,合理选择适宜的秸秆综合利用技术进行推广应用,最大限度做到节约劳动耗费和成本消耗的技术经济原则。

充分调动农民和企业的积极性,坚持秸秆还田利用与产业化开发相结合,由点到面、循序渐进推动秸秆综合利用,同时加大对秸秆焚烧的监管力度,疏堵结合、以疏为主的疏堵结合原则。强化市场运作，动员和组织全社会力量参与秸秆禁烧和综合利用，同时发挥政府政策、资金的鼓励和引导作用，努力形成"政府引导、农民自愿、企业主体、公众支持"的工作机制。

（二）秸秆综合利用的处理方式

秸秆综合利用主要有机械化还田、食用菌培养料生产和有机肥生产三种处理方式。

农作物秸秆机械化还田，用机械将秸秆就地粉碎，均匀地抛撒在地表，随即耕翻入土，使之腐烂分解。通过秸秆的机械化还田，能够改善土壤的理化性状，调节土壤pH值，改善容重，提高土壤的有机质、全氮、速效磷、速效钾等主要养分，还田年数越长，效果越明显。从社会效益来看，还田区域内杜绝秸秆焚烧现象，减少环境污染，净化了空气，节约了资源，防止飞机和车辆发生意外事故。

食用菌集约化生产是秸秆综合利用的重要方法之一，也是促进农民增收的一项富民工程。可最大限度地发挥利用秸秆生产食用菌培养料的规模效益，降低食用菌生产成本，提高产品的市场竞争力。

建立秸秆收集中心，添置秸秆加工设备，对周边地区的稻麦秸秆进行集中收集并加工成商品有机肥生产所需的秸秆粉，解决自身辅料供应。

（三）秸秆机械化还田的利用

秸秆机械化还田技术是采用机械化手段对水稻、麦秸秆处理后还回田间的技术。秸秆机械化还田不仅合理、高效地利用了秸秆资源，培肥地力，增加作物产量，还能有效防止秸秆焚烧。水稻秸秆还田能改善土壤物化性状，增加土壤团粒结构作用，增强土壤通透性、渗透性，提高地表温度、土壤释肥作用、土壤蓄水能力，保持耕层蓄水量，有利于提高后茬的抗旱能力。秸秆还田可以很好地解决水稻收获后秋播农时季节紧张的矛盾，同时，能减少秸秆焚烧和废弃所造成的对大气、土壤、水体、环境的污染，对促进可持续农业发展和提高农产品品质有着重要的意义。

在两麦收割与水稻种植的过渡关键期，麦秸秆难处理导致水稻难种的问题一直困扰着种植户。秸秆被焚烧或废弃，不仅污染了环境，还造成了资源的浪费。在秸秆禁烧和综合利用的政策背景下，都市农业部门高度重视秸秆禁烧和综合利用工作，防止秸秆焚烧污染，是环保行动计划的一项重要内容。保护生态环境，攻克处理麦秸秆、确保水稻种植不受土地残留麦茬的影响的课题势在必行。在当前注重环境保护、倡导循环农业的大背景下，经过秸秆机械化还田，麦秸秆由影响水稻种植的阻碍变成了利于水稻生长的有机肥料，实现了麦秸秆的有效利用，有利于农业的绿色环保和可持续发展。

秸秆中含有大量的新鲜有机物料，能增加土壤有机质，改良土壤结构，使土壤疏松，孔隙度增大，容量减轻，促进微生物活力和作物根系的发育。秸秆还田是把不宜直接作饲料的秸秆（麦秸、玉米秸和水稻秸秆等）直接或堆积腐熟后施入土壤中的一种方法，经过一段时间的腐解作用，就可以转化成有机质和速效养分。秸秆还田是培肥地力的增产措施，有增肥增产的作用，杜绝了秸秆焚烧所造成的大气污染，促进农业节约成本、增产、增效和农业可持续发展。

做好秸秆综合利用，可以有效解决因秸秆焚烧或废弃而带来的环境污染，保护生态环境，提高土地地力；可以促进秸秆的资源化、商品化和产业化利用，发展循环经济，增加农民收入，对促进社会主义新农村建设具有十分重要的意义。

三、畜禽粪便的综合利用

畜禽粪便是农业生产的重要肥料资源。当前都市规模养殖水平迅速提高，养殖业机械化程度不断得到提升的同时，畜禽粪便因量大、集中处置需相应场地和手段等原因成为一大难题，在未得到有效利用时，成为都市农村的主要污染源之一。另一方面，土壤有机质含量不断下降，农业面源污染不断加重。因此，坚持畜禽粪便循环经济理念，加快推进农业与畜禽养殖业结合，提高畜禽粪便的资源化利用率，是畜禽粪便处理和利用技术的基本出发点，是主推技术选择的基本原则。

（一）畜禽粪便处理和综合利用的必然性

当前我国畜禽养殖正在发生深刻变化，特别是都市大量小型养殖户正加速退出，规模化养殖发展迅猛。养殖方式的变化，也给畜禽养殖业发展带来新的问题和挑战。养殖场粪污集中排放与处置，提高养殖场周边环境质量，已势在必行。

目前，国家农业部在全国组织开展畜禽养殖标准化示范创建活动，提出规模养殖场要实现"粪污处理无害化"的要求。虽然畜禽粪便的无害化处理因畜禽粪便的特点各异，有效处理与综合利用的难度大，但在不同畜禽规模养殖场示范场推广应用了一批粪便处理技术，达到了粪便无害化的要求，取得了较好的成效。

(二) 粪便处理利用的基本思路

源头减排，预防为主。饲料源头减排技术的优点在于：既能减少部分饲料养分投入，节约饲料资源，也能减少环境污染。但养殖废弃物的饲料源头减排不应以牺牲动物的生产性能为代价，而应平衡生产效益与环境效益之间的关系。

种养结合，利用优先。畜禽粪便中富含农作物生长所需的氮、磷等养分，经过适当的处理后，固体部分可通过堆肥好氧发酵生产有机肥，液体部分可作为液体肥料，能改良土壤和为农作物生长提供养分，是很好的农业资源。还能降低粪污的处理成本，缓解环保压力。同样，在发展有机农业上，使种养有机结合，实现农村生态效益、社会效益、经济效益的协调发展。

因地制宜，合理选择。都市农村根据规模化畜禽养殖场的实际需要，采取对养殖粪便进行堆肥无害化处理后，可作为大田作物、蔬菜、水果或林业用生产有机肥，养殖污水进行净化处理回用或达标排放。

四、畜牧业与种植业的有机结合

畜牧业和种植业的有机结合，要求畜禽场在建设前要开展评估其对环境的影响，根据评估的结论来决定其生产规模，防止农场养殖规模过大对环境造成负面影响，使禽畜粪便和禽畜场的废弃物经过发酵处理后，作为天然有机肥料施入农田，从而取代种植业中使用的化肥。

调整都市市郊畜禽生产布局，改善生产条件，提高生产水平，布局划分禁止养殖区、控制养殖区、适度养殖区和异地养殖区，实施资源化、减量化、无害化、生态化的治理，形成种养业依存、相互促进的良性循环高效生态养殖系统。对污染严重、整治无望的畜禽场实行关停转撤，对排放超标的畜禽场依法予以处罚。

开展对郊区规模化畜禽场的综合治理,对环境卫生状况差、污染严重、规模小的场实行关闭的同时,开展以还田为主的生态治理。依托大型生猪龙头养殖企业推出"一座猪场＋一片粮田""一座猪场＋一片菜田"的种养结合家庭农场新模式,走循环农业发展的新路子。畜禽粪便经处理后还田,既肥了土壤,长了庄稼,又降低了成本,保护了环境。

　　扶持一批有机肥料加工企业,充分利用畜禽粪便资源,生产有机生物肥料,替代化肥使用,逐步修复土壤环境,促进整个农业向生态化、可持续方向发展。

参考文献

[1] 吴乃山等. 农村环保培训教材. 上海科学技术出版社,2013.
[2] http://www.zhazhi.com/lunwen/nykx/sclw/64534.html.
[3] 上海市秸秆综合利用规划(2010～2015年).
[4] 上海市农业生态环境保护与治理三年行动计划(2015～2017年).

第八章
都市现代农业的投资管理

投资管理是经济组织经营管理的重要内容。对于中小投资者而言，由于收集市场信息的局限，加上本身的资金有限，如果项目选择不当，投资决策失误，不仅会陷入自身的经济困难，还会最终影响投资项目的成败。都市现代农业项目，受到自然条件、市场因素、宏观政策的多重影响，因此，加强投资项目管理，预测并控制项目投资的风险尤为重要。

第一节 都市现代农业项目的投资要求与特点

一、都市现代农业项目投资的要求

都市现代农业比一般的农业具有更高的科技含量和创意特征，是一项兼顾经济效益、社会效益、生态效益的绿色综合性产业；是以满足城市居民的多种消费要求，融农产品生产、生态保护、科学文化、休闲旅游为一体的现代化农业体系；是依托于城市化进程不断演化的产业形态和生态系统。因此，都市现代农业项目投资一般具有鲜明的个性特征，必须符合城市发展和城市居民消费取向的各种要求。

（一）空间布局的要求

都市现代农业项目一般布局在城市周边的间隙地带，在城市周边合作城乡嵌入区域进行生态经济的规划设计、开发利用、生产经营，具有圈层性和放射状相互交织的网状结构，使整个城市形成绿色生态的合理构成。都市现代农业项目的规划设计要作为城市总体规划的一部分，对具体投资项目要进行城市生态景观分布、农耕文化传承、特色产品供给等多方面功能进行充分研究，在此基础上科学地进行定性、定量、定位分析。

（二）城乡一体化发展的要求

都市现代农业项目的投资必须符合城乡一体化发展的要求，体现城市支持农村，工业反哺农业的发展理念；在城市化的进程中，要为都市农业的发展留有足够空间，城市应该为都市现代农业的发展提供科技、资金等方面的支撑。同时都市农业在用地、空间布局、结构安排、与其他产业的关系等方面要服从城市的需要和总体规划设计，为城市的建设发展和提高城市生活质量服务。城市化进程与都市农业同步协调发展，可以缩小城乡差距，促进城乡社会经济的深度融合，共同发展和谐的良性互动。

（三）功能的多样性要求

都市现代农业项目除了考虑满足城市居民对农产品供给的新鲜、安全、营养要求之外，还应结合城市发展对生态环境的保护要求，结合城市居民对农耕文化、科普教育、休闲旅游的多元化需求。为此，都市农业项目要注重经济效益、生态效益、社会效益的联合开发，进而实现全功能的协调发展，这样才能使都市现代农业全方位地服务市民，为提升城市的生活品质和生态文明作出特殊的贡献。

（四）高度科学化的要求

都市现代农业项目的投资选择，有条件充分考虑应用当代最先进的科技成果。利用城市的人才优势、信息优势，以前瞻性的眼光吸收应用现代高科技的知识成果，如生物工程、大数据、互联网、智能制造、机器人、虚拟现实等，改变传统农业粗放经营、科技含量低的模式，展现高科技、高品质、高附加值的都市现代农业特征。

（五）产业化、市场化的要求

都市现代农业项目的投资选择，应该跟随农村城市化、城乡一体化的进程，不断拓展市场功能、社会功能，延伸产业链。适应城市消费多样性、多元化的趋势，实行规模化、产业化、市场化运作，实现产加销、产教研、农工贸的一体化。都市农业的发展模式因经营主体不同，各个城市发育情况的差异而呈现多种多样，但应该坚持产业化、市场化的运作基本要求。

二、都市现代农业投资项目的特点

农业项目投资具有与工业项目不同的特点，这是由农业生产本身的属性所决定的。科学地认识这些特点，对于把握都市现代农业项目投资决策和评估有着重要作用。

（一）都市农业项目投资需要考虑综合平衡

农业生产一方面受到自然资源、自然环境的影响，另一方面规模化的农业作物、动物的生产，也会对城市周围的自然条件与生态环境产生持久的影响。因此，农业项目投资评估中，既要注意一个都市农业项目的独立性，又要考虑该项目对于自然环境、社会环境的关联程度，注意到它的综合性平衡。要站在经济、生态、文化的多重角度思考投资的方向、数量、时间先后等因素。

（二）农业项目投资收益的风险性

农业生产既是经济再生产，同时也是自然生命体的再生产。由于农业生产对象具有生命有机体的特征。农业生产受自然因素如气候、土壤等的影响较大，因此农业项目投资，比如品种、新技术的引进，必须预防因"水土不服"产生的经济风险。都市现代农业项目必须坚持因地制宜的原则，因时因地因对象确定投资的方向、数量和时间，在投资决策过程中，应特别重视不确定因素对农业项目投资造成的风险。

（三）农业项目投资回收期的特点

都市现代农业项目涉及许多领域，种类繁多，许多项目具有多种产业结合的特色。有的项目投资见效快，有的需要多年投资，才能形成效益规模。因此在都市农业项目投资评估中要注意投资回收期的问题。在项目的选择方面，既要考虑战略上的长期经营投资，也要顾及投资收益的时效问题。采取科学严谨的态度，协调平衡农业项目投资的长效与速效，争取收获更好的综合效益。

（四）农业项目投资要注意市场价格周期的波动

农业生产受到动植物生长自然规律的制约，许多农产品供求状况呈现周期性的波动，例如猪肉的供求状况每隔4~5年就会出现供求关系的逆转，造成市场价格的起伏变化。为此，在评估农业投资项目时，必须考量未来市场供求关系的变化趋势，以及由此造成的价格涨跌，预防未来市场价格与成本可能严重背离而造成的不可控结果。

第二节　都市现代农业项目投资管理的流程

投资项目管理是投资主体最具有挑战性的管理活动，科学周密的投资项目管理流程设计，是规范投资行为、防范投资风险、提高投资收益的基础。

本章所指的投资项目是指农业生产经营者经营性投资项目，不包括政府部门对农业基础设施的建设项目。现阶段，我国农业经营主体以家庭农场、各类农业合作社、农业企业为主，由于投资规模、项目类型的不同，项目投资管理的模式与方法不可能相同，但从投资管理的流程来说，有基本一致的要求。

一、信息的收集和分析

信息收集和分析是指全面、客观、真实地收集投资项目决策所需的信息。通过适当的信息整理加工和分析，使农业投资项目的决策有可靠的基础。

对都市现代农业投资者来说，不仅应注重收集投资项目所处的宏观环境方面的信息，如当地社会经济发展水平、城市化发展进程、新技术、新品种的动态以及环境保护等，更重要的是要收集投资项目市场环境的信息，主要包括市场供求、市场竞争、目标消费者的需求取向等方面的信息。

二、投资项目的可行性研究

项目的可行性研究是指在投资项目决策前，在收集分析与投资项目有关信息的基础上，对项目建成后的社会、经济以及生态效益进行科学的预测和评价，提供可靠、可行的建议方案，进而为投资项目决策提供依据的活动过程。

三、投资项目的决策

投资项目决策是指在项目可行性研究的基础上，从若干个建议方案中选择一个最为可行的方案的过程。在进行投资项目决策时应注意以下两点：

(一)坚持效益原则

农业项目投资决策者在项目决策时,既要重视项目的盈利性,保证投资利润的最大化,同时又要从社会发展和宏观经济的角度考虑,坚持绿色发展的理念,使所决定的投资项目符合社会效益和生态效益的原则。

(二)提高决策效率

面对复杂多变的市场环境,及时把握市场机会,对投资者来说是至关重要的。这就要求投资的决策者对所选准的项目,要尽可能地缩短从决定到投产的间隔时间,防止错过进入市场的最佳机会,避免出现项目投产之时,产品行将淘汰的困境,提高决策的时效性。

四、项目决策的规划

投资项目的规划,既要着眼于当前市场,又要考虑产品及市场供求关系的未来发展,同时,还要考虑到向相关项目转变或者提升的可能性,以提高所投资项目在市场上的适应能力。

五、项目决策的监督和反馈

由于诸多不确定因素的影响和主客观条件的变化,一个正确的决策在执行过程中,往往也会出现偏差。因此,在投资项目实施的过程中,应适时地进行监督和反馈,及时采取相应措施予以解决,把损失和误差降低到最低程度,保证投资活动向预定的目标运行。

第三节 投资项目的可行性研究

投资项目的可行性研究是指在项目决策之前,在深入细致的调研和科学预测的基础上,通过分析判断投资项目在技术上的先进性和适用性,经济上的合理性,建设上的可能性和可行性,进而为投资决策者提供科学依据的一种论证方法。科学的、客观的可行性研究是预防投资失误的重要措施。

一、可行性研究的步骤

完整的可行性研究一般包括投资机会研究、初步可行性研究、详细可行性研究三个工作阶段。各阶段的目的、任务、要求和内容均不同，工作范围由宽到窄，内容由浅入深，工作量由小到大，投入的成本由少到多。

(一) 投资机会研究

机会研究是对投资项目的初步设想和建议所作的概括性分析。机会研究的主要任务是寻找投资机会，选择投资方向，提出项目设想和项目建议，确定有无必要作进一步的详细研究，可行性研究所需时间为1~3个月。

投资机会研究阶段主要是利用现有资料及经验进行估计，而不是通过调查研究，收集更多的资料来进行详细分析。如投资额估算往往采用最简单的方法，套用类似经营组织的建设费用来估算；项目的销售前景、盈亏的可能性以及成本等方面的问题，也是凭借经验和类比的方法，粗略地推算出来。如果投资机会研究的结果能引起投资者的兴趣，才会转入下一步的初步可行性研究。

(二) 初步可行性研究

初步可行性研究是在投资机会研究的基础上，对项目的可行性做出较详细的分析论证。对投资机会研究选出的项目进行筛选，将确实有发展前途的项目列入详细可行性研究计划中。初步可行性研究一般在半年内完成。

初步可行性研究的主要任务和目的：① 在投资机会研究的基础上，进一步分析投资项目的条件和前途；② 就项目中的关键问题，通过市场调查、现场考察、技术考察、模拟试验等方法进行分析与研究；③ 确定该项目是否需要进一步作详细的可行性研究。

(三) 详细可行性研究

详细可行性研究是在初步可行性研究的基础上对初选项目进行全面细致的分析和论证，是最后阶段的调查研究。其工作任务是从技术、经济、环境等方面对初选项目进行综合和系统的分析，并进行多个备选方案的比较评价，最终为投资决策提供确切全面的依据和结论性意见。一般中小型项目的详细可行性研究所需的时间为4~6个月。

详细可行性研究的重点是实地调查，通过调查了解和掌握与投资项目有关的技术和经济状况，调查的重点是技术上的先进性和适用性、市场需求、市场机会等。

详细可行性研究的主要任务和目的：① 提出可行性研究报告，对项目进行全面的评价；② 为投资决策提供两个或几个可供选择的方案；③ 为下一步工程设计和施工提供基础资料和依据。

二、可行性研究的主要内容

（一）市场的调查研究

主要调查分析产品的国内市场（有些项目可能还要涉及国外市场）需求、供给以及市场竞争等方面的状况，从而判断产品的有效需求量。

市场需求分析的主要任务是调查影响项目产品需求的因素及影响程度，进而确定项目产品的市场需求量。市场供给量包括实际供给量和潜在供给量、国内供给量和国外供给量。市场竞争分析的内容主要包括：竞争者的类别、数量、规模和地区分布；各主要竞争者的市场占有率；各主要竞争者采取的产品策略、价格策略、分销渠道、促销手段等。

（二）生产、技术、环保等方面的可行性研究

农业项目与工业项目不同，与自然条件的关系更为密切，在项目可行性分析中更应关注生产、技术、环保等方面的可行性研究。生产适应性中要考虑产品生产需要的气候、土壤等条件，生产技术中要考虑生产技术成熟程度、是否具备生产所需的生产技术人员、生产操作人员。

（三）项目的经济评价

1. 计算投资总成本

投资总成本是指从开始投资到投资全部收回的全过程的费用。主要包括：① 实际投资额，即用于购买各种固定资产、流动资产等的投资额；② 资本成本，即由于投资所需筹集资本的费用，如利息和股息的支出、债券和股票的发行费用等；③ 其他费用，即从投资项目信息收集到全部收回成本期间，上述费用以外的与投资项目有关的合理支出。

2. 进行项目投资经济效益综合评价

在评价项目投资的经济效益时，不仅要考虑项目为企业带来的利益，还应

从社会效益的角度出发，考虑项目对整个社会以及生态系统产生的影响。

3. 分析影响投资项目效益的不确定因素，预测投资风险

企业投资的项目可能会面临诸多不确定因素，从而产生投资风险。投资的风险性是指投资可能遭受到的损失以及损失程度。构成投资风险的原因很多，主要有：① 政治风险，如战争、政策变化等；② 通货膨胀风险，如因通货膨胀使资产贬值等；③ 市场风险，如因购买力变动、供求和物价相对变化、市场转移等；④ 决策风险，如决策不准确，投资的时间选择不当等。可以使用盈亏平衡分析法、敏感性分析、概率分析法对投资项目的不确定性进行定量分析。

第四节 项目投资经济效果分析

项目投资经济可行性评价就是通过分析与评价投资项目的经济效益，确定投资项目是否可取。投资决策经济可行性方法有长期决策方法和短期决策方法，而长期决策中考虑资金的时间价值更为科学合理，常用的有计算净现值、内部收益两种方法。但计算较为复杂，本书不予介绍。本书主要介绍短期决策中常用的本量利分析法。

本量利分析是成本、业务量和利润三者依存关系分析的简称，它是指在成本习性分析的基础上，运用数学模型和图式，对成本、利润、业务量与单价等因素之间的依存关系进行具体的分析，研究其变动的规律性，以便为企业进行经营决策和目标控制提供有效信息的一种方法。

一、成本习性及其分类

本量利分析是在成本习性分析基础上发展起来的，所以成本习性分析也就成为本量利分析的基础。

（一）成本习性

成本习性也称成本性态，指在一定条件下成本总额的变动与特定业务量之间的依存关系。这里的业务量可以是生产或销售的产品数量。按照成本习性对

成本进行分类，对正确地进行财务决策，有着十分重要的意义。

（二）成本按习性分类

按照成本习性可以把成本划分为固定成本、变动成本和混合成本三类。

1. 固定成本

固定成本是指其总额在一定时期和一定业务量范围内不随业务量发生任何变动的那部分成本。属于固定成本的主要有按直线法计提的折旧费、保险费、管理人员工资、办公费等。这些费用，每月（年）支出基本相同，即使产（销）量在一定范围内变动，它们也保持固定不变。也正是因为这些成本是固定不变的，所以随产（销）量的增大，单位产品的固定成本将逐渐变小。

应当指出的是，固定成本总额只是在一定时期和业务量的一定范围内保持不变。这里所说的一定范围通常称为相关范围。超过了相关范围，固定成本也会发生变动，如：土地租金，一般按照租借的时间来收取，如果租金三年不变，那对三年内来说土地租金就是固定不变的成本；超过三年，土地租金就有可能发生变化，所以，这时三年就成了相关范围。从较长时间来看，所有的成本都在发生变化，没有绝对不变的成本。

2. 变动成本

变动成本是指其总额随着业务量成正比例变动的那部分成本。这里要注意的是正比例的变动关系，即同比例变化。只有这样，单位变动成本是保持不变的。如水稻收割费，如果合同规定是按照每亩收取一定金额的话，这时水稻收割费就是变动成本，它的金额随着亩数同比例变化，但每亩水稻的收割费是一样的，保持不变。

与固定成本相同，变动成本也存在着相关范围。也就是说，只有在一定范围内，产量和成本才能完全成同比例变化，即完全的线性关系；超过了一定的范围，这种线性变化的关系就不存在了。例如，随着农业专业化的发展，农业生产过程中的部分作业如植保、收割、烘干等将委托专业公司承担，这些公司的收费标准将按照作业的数量来确定，作业量在一定的数量范围内收费标准保持不变，超过一定的数量，可以享受一定的收费折扣，数量越大，费率就越低。其实许多农业生产的变动成本，与生产的一定规模有关。

3. 混合成本

有些成本虽然也随业务量的变动而变动，但不成同比例变动，这类成本称为混合成本。混合成本按其与业务量的关系又可分为半变动成本和半固定成本。

半变动成本。它通常有一个初始量，类似于固定成本，在这个初始量的基础上随产量的增长而增长，又类似于变动成本。如：植保服务费，有的服务合同可能按照两种标准计算：每年支付一定的基本服务费（固定部分），再根据种植面积或服务数量收取一定的服务费（变动部分）。

半固定成本。这类成本随产量的变化而呈阶梯型增长，产量在一定限度内，这种成本不变，当产量增长到一定限度后，这种成本就跳跃到一个新额度。

4. 总成本习性模型

从以上分析我们知道，成本按习性可分为固定成本、变动成本和混合成本三类。但混合成本又可以按一定方法分解成变动部分和固定部分，这样，总成本最终可分成变动成本加固定成本。用公式表示如下：

$$y=a+bx$$

其中，y 指总成本，a 指固定成本，b 指单位变动成本，x 指业务量。

从成本习性来认识和分析成本并将成本重新进行分类，有助于进一步加强成本管理，挖掘内部潜力，提升经营预测和决策的科学性，争取实现最大的经济效益。

二、本量利分析法

(一) 基本公式

本量利分析是以成本性态分析和变动成本法为基础的，其基本公式是变动成本法下计算利润的公式，该公式反映了价格、成本、业务量和利润各因素之间的相互关系。即：

税前利润＝销售收入－总成本
　　　　＝销售价格×销售量－（变动成本＋固定成本）
　　　　＝销售单价×销售量－单位变动成本×销售量－固定成本

即：$P=px-bx-a=(p-b)x-a$

式中：P：税前利润；

p：销售单价；

b：单位变动成本；

a：固定成本；

x：销售量。

该公式是本量利分析的基本出发点，以后的所有本量利分析可以说都是在该公式基础上进行的。

(二) 盈亏临界点及其计算

1. 盈亏临界点

所谓盈亏临界点，就是指使得贡献毛益（指销售净额减去变动成本总额后的余额）与固定成本恰好相等时的销售量。此时，投资主体处于不盈不亏的状态。

2. 盈亏临界点的计算

确定盈亏临界点，是进行本量利分析的关键。按照成本习性分析，企业的固定成本总额跟业务量无关，即使不经营，有些固定成本还是发生的。如土地转让费，一般按流转时间收取转让费，不管是否进行生产，其土地转让费总是要支付的。从这个角度来说，企业的收益首先要抵消固定成本后，才能有盈利。

在上述基本公式中：税前利润为零，即是盈亏临界点。

税前利润＝销售收入－总成本
　　　　＝销售价格×销售量－（变动成本＋固定成本）
　　　　＝销售单价×销售量－单位变动成本×销售量－固定成本

即：$P=px-bx-a=(p-b)x-a=0$

$x=a/p-b$

盈亏临界点可以采用下列两种方法进行计算：

A. 按实物单位计算，其公式为：

　盈亏临界点的销售量（实物单位）＝固定成本/单位产品贡献毛益

其中：单位产品贡献毛益＝单位产品销售收入－单位产品变动成本。

B. 按金额综合计算，其公式为：

盈亏临界点的销售量（用金额表现）＝固定成本/贡献毛益率

如果产量比盈亏临界点大，那么有盈利，可以投资生产；如果产量比盈亏临界点小，那么产生亏损，项目不可以投资。

例题：某农业合作社种植100亩水稻。假设每亩农资及劳动服务费等成本为1050元，每亩的土地流转费700元，假定一季水稻用地半年，合作社管理人员1名，年工资5万元。

水稻收购价每公斤3元。问是否值得投资生产？

分析：题目中农资成本及劳动服务费、土地流转费，其金额与每亩水稻产量的多少是无关的，所以相对每亩水稻产量来说，可以看作是固定成本。

解：盈亏临界点＝固定成本÷销售单价－单位变动成本

＝（1 050＋700÷2＋50 000÷100×2）÷3＝550（公斤）

可见，亩产550公斤是盈亏临界点。如果亩产量超过550公斤，那是有盈利的，可以投资生产。

（三）平均价格和平均产量

在现实经济生活中，农产品的价格和农产品亩产量具有不确定性，农产品的价格和亩产量有多种可能性。除了不确定性外，农产品的价格还有不一致性，即一茬农产品（如水蜜桃、甜瓜）前后价格可能不一致；不同质量，价格也不一致。这时如何预测农产品的价格和亩产量呢？就用平均价格和平均产量来测定。以平均价格为例，先预测价格有哪些可能性，以及每种可能性的概率或产量比例，这样就可计算出农产品的平均价格。公式：平均价格＝价格1×该价格概率＋价格2×该价格概率＋价格3×该价格概率。

例题：根据以往市场的情况预测明年扁豆价格。行情好，每公斤3.5元；行情一般，价格2.8元；行情差，价格2.4元。预计明年行情好的概率是40%，行情一般的概率是40%，行情差的概率是20%。那么明年扁豆的平均价格是多少？

平均价格＝3.5×40%＋2.8×40%＋2.4×20%＝3（元/公斤）

例题：根据以往生产和市场的情况，预测一等品甜瓜单价：行情好，每公斤1.5元；行情一般，每公斤1.2元；行情差，每公斤1.0元。二等品甜瓜单价：行情好，每公斤1.1元；行情一般，每公斤0.9元；行情差，每公斤0.7

元。三等品甜瓜单价：行情好，每公斤0.8元；行情一般，每公斤0.6元；行情差，每公斤0.4元。2016年预测市场行情好的可能性是40%，市场行情一般的可能性是50%，市场行情差的可能性是10%。总产量中20%是一等品，50%是二等品，30%是三等品。预测一下2016年甜瓜的平均单价。

$$\begin{aligned}平均价格 =& (1.5\times 40\%+1.2\times 50\%+1.0\times 10\%)\times 20\%+(1.1\times \\ & 40\%+0.9\times 50\%+0.7\times 10\%)\times 50\%+(0.8\times 40\%+ \\ & 0.6\times 50\%+0.4\times 10\%)\times 30\% \\ =& 0.26+0.48+0.2=0.94（元/公斤）\end{aligned}$$

第五节 都市现代农业项目的融资管理

资金是投资活动的血液，资金缺乏是影响投资行为的主要因素，科学的经营投资活动离不开融资管理。按照资金最终是否需要偿还进行分类，资金可分为权益资金（或自有资金）和债务资金。权益资金是以增加投资的方式筹措的资金；债务资金是投资人借入并需要与利息一起归还的资金。权益资金的主要优点是不像债务资金那样，需定期支付利息，到期归还本金。但资金的拥有量必须要有一个合理的界限，资金过剩，无益地加大了资金使用成本，影响资金的使用效率。融资管理的主要任务就是在资金需求预测的基础上，通过各种渠道和方法筹集资金，实现资金结构的合理配比。

一、农业投资项目融资困难的原因

"融资难"是许多中小农业经营主体共同面临的突出问题。筹资困难一直是限制都市现代农业项目发展的"瓶颈"。现阶段农业经营主体融资困难主要有以下原因：

抵押贷款难。大部分地区土地承包经营权、宅基地使用权、农民自建住房、农业生产设施设备等，没有形成市场交易政策法律依据，没有市场交易的平台通道可以变现，难以作为抵押物进行贷款。

农村金融体系创新活力不足，发展缓慢，金融机构对农业主体的贷款热情不高。农村融资担保的方式单一，未能依据农业管理体制和农业项目投资的特点，建立科学合理、行之有效的农业资产评估、担保、抵押体系，使得农业贷款手续繁琐，通道狭窄。

农业经营主体大部分属于中小投资者，由于投资规模较小的问题，还存在如下融资困难：① 农业投资项目一般规模较小，破产率较高，市场风险大，资金不足，所以很难通过发行股票募集资金；② 农业投资主体的资金管理能力较差，所以不易采用规模大、技术复杂的融资方式，如期权融资等。由于经营风险大，生命周期短，缺乏自身信用支持，难以使用信用融资的方式；③ 从中小农业投资主体自身的角度看，向银行借钱的手续复杂，导致交易成本太高，也使其不愿向银行借款。

二、都市现代农业项目资金需求的预测

不论通过什么渠道，采取什么方式筹集资金，农业投资项目在筹资前必须要正确地预测资金需要量，为融资提供定量依据，以克服融资的盲目性。只有使资金的筹集与需要量达到平衡，才能防止出现融资不足而影响生产经营或因融资过剩而降低融资效益。

资金需求量的预测方法有以下两种：

（一）定性预测法

定性预测法主要是利用有关资料，依靠个人经验、主观分析和判断能力，对项目未来的资金需要量进行测定的方法。

对农业企业来说，比较简单实用的方法有：借鉴同类农业经营主体资金运行情况，来估算资金需用量，当然有条件的，在此基础上咨询相关熟悉农业经营情况和财务情况的专家，那预测的结果可能更加可靠。运用定性预测法预测资金需求量的优点是简单有效，一般是在企业缺乏完备、准确的历史资料的情况下采用。

定性预测法的缺点在于它不能揭示资金需要量与有关因素之间的数量关系。预测资金需要量应和企业生产经营规模相联系。生产规模扩大，销售数量增大，会引起资金需求量的增大；反之，则会使资金需求量减小。因此，在历史、现状和未来数据资料比较完备、准确的情况下，应尽量采用各种定量预测

法来预测资金需要量。

(二) **定量预测法**

定量预测法主要是利用历史、现状和未来的有关数据的基础上，运用数学模型对企业未来的资金需要量进行测定的方法。常用的定量预测方法有销售百分比预测法、资金习性法以及趋势预测法，以下重点介绍资金习性法。

所谓资金习性，是指资金的变动与产销量的变动之间的依存关系。按照资金同产销量之间的依存关系，可以把资金区分为不变资金、变动资金和半变动资金。

不变资金是指在一定的产销量范围内，不受产销量变动的影响而保持固定不变的那部分资金。主要包括：为维持营业而占用的最低的现金，原材料的保险储备，必要的成品储备，厂房、机器设备等固定资产占用的资金。

变动资金是指随产销量的变动而成同比例变动的那部分资金。它一般包括直接构成产品实体的原材料及外购件等占用的资金。另外，在最低储备以外的现金、存货、应收账款等也具有变动资金的性质。

半变动资金是指虽然受产销量变动的影响，但不成同比例变动的那部分资金，如一些辅助材料占用的资金。半变动资金可采用一定的方法划分为不变资金和变动资金。

进行资金习性分析，把资金划分为不变资金和变动资金两部分，从数量上掌握资金同产销量之间的规律，对正确地预测资金需要量有很大的帮助。

资金习性法就是根据上述原理，预测资金需要量的方法。其数学模型为：

$$Y = a + bX$$

式中：Y：资金需要量；a：不变资金；

b：单位产销量所需要的变动资金；

X：产销数量。

运用上式在已知 a，b 的条件下，即可求得一定产销量 X 所需占用的资金量。运用这种方法，可以直接预测资金占用总额，也可以先分若干资金占用项目预测，然后汇总测算出资金需求总额。

现以一种植蔬菜合作社为例预测年资金需用量：该合作社种植面积30亩。年计划种植番茄—青菜—黄瓜三茬蔬菜。直接成本（变动成本）有农业投入品成本、劳动力成本、农业管理费用、土地租金。年固定成本有合作社管理人员2名，年工资10万元，一辆车子年运行费5万元。

(番茄—青菜—黄瓜) 蔬菜种植农业成本表 (单位：元/亩)

蔬菜品种		番茄（元/亩）	青菜（元/亩）	黄瓜（元/亩）	合 计
总支出	种子	160	60	350	570
	化肥	497	160	436	1 093
	有机肥	160	0	160	320
	农药	60	50	90	200
	农膜	711	158	553	1 422
	小计	1 588	428	1 589	3 605
劳动力	用工数	45	15	46.5	
	单价	80	80	80	
	费用	4 080	1 200	3 720	9 000
地租	(保护地/露地)	1 000	333	677	2 000
管理服务	机械、排灌	115	115	115	345
	修理、维护	600	30	600	1 230
	小计	715	145	715	1 575

总成本＝变动成本＋固定成本
＝16 180×30＋100 000＋50 000
＝635 400 元

所以该合作社年资金需用量63.54万元。

三、都市现代农业经营主体融资渠道和方式的选择

农业企业经营者寻求资金的渠道有三种：一是以增加股本的方式筹措权益资金；二是以举债方式筹措负债资金；三是支农资金补贴。

(一) 权益资金的类型和来源

1. 个人积蓄

这是农业投资项目所需资金的首选来源，因为从自己口袋里取钱最节省时

间，而且成本最低。

2. 亲戚朋友

由于与创业者的关系密切，亲戚、朋友更愿意投资，也比其他外来投资者更有耐心。然而，有时亲戚朋友不现实的期望值或误解也会破坏许多人之间的友谊和家庭内部的团结。为了避免这一风险，创业者必须开始时就如实讲清投资可能带来的机遇及必须承担的风险。这里应注意三点：① 投资者必须是自愿投资；② 严格按照商业惯例安排投资中的有关事项，为了避免纠纷，不论亲友关系多么密切，贷款利率至少不应低于市场利率；③ 尽可能签订书面协议，内容包括：涉及金额多少，是否以现金投入？借款如何偿还？如果经营失败，善后事项如何处理等问题。

3. 个人投资者

这些个人投资者往往是比较成功的企业主，在积累了一笔可观的家产后向其他企业投资。他们对企业的前景和风险有敏锐的判断能力，并能对投资主体提供技术和管理上的支持。

在与个人投资者打交道时，项目投资主体应注意：调查投资者及其过去的业绩；以意向书归纳投资的具体内容；做法简明易行；明确投资者的退出方式；避免胁迫潜在的投资者，不要勉为其难；自始至终都要真诚对待；提供各种供选择的投资方案；言之有信，遵守约定。

4. 合伙人

为了增强资金实力，创业者可以为拟议中的项目物色合伙人。合伙人有两类：普通合伙人和有限合伙人。普通合伙人对企业债务承担无限责任，有限合伙人仅以自己的投入资金对企业债务负有限责任。

5. 大公司

大公司也有可能参与有发展潜力的都市现代农业投资，其投资的目的可能是为了延伸自己的产业链，或者与该公司开发新的产业、拓展销售市场有关。

（二）债务资金的类别和来源

债务资金是投资者借入并需要与利息一起归还的资金。债务资金的各种来源及其特征如下：

1. 商业银行

商业银行是金融市场的核心，商业银行也是中小投资者融资的首选对象。

银行发放的主要是短期贷款，有时也会给予某些项目中长期贷款。商业银行关心担保是否有充分保证，投资者过去的经营业绩如何，从有关资料分析项目的未来发展潜力，关注产品的销售前景是否稳定，产品或服务是否能获得足够的现金以偿还债务。

短期贷款。一年以内的短期贷款是常用的商业贷款。这些资金用于补充流动资金账户以采购更多存货、扩大生产、向客户赊销或得到付现折扣优惠。当存货和应收货款转化为现金时偿还贷款。短期贷款有以下三类：商业贷款、信贷限额和抵押贷款。

中长期贷款。中长期贷款的偿还期限可延长至1年或1年以上，一般用于增加固定资产或发展资金，是商业银行为新的投资项目提供基础设施建设、购买不动产和设备及其他长期投资的中长期贷款。投资者通常按月或按季归还贷款。中长期贷款基本上可分三类：无担保定期贷款，分期偿还贷款，分期付款的贴现信贷。

2. 以资产为担保的出借人

这是一些小型商业银行、商业金融公司或专业的出借人，他们向发放贷款时要求将财产作为担保。当尚未盈利的投资者难以得到银行贷款时，可设法得到这种以资产为担保的贷款。

以资产为担保的融资，主要有应收账款的贴现融资、存货融资和信用融资等。

应收账款贴现融资是担保信贷最常用的方式。在这种融资方式中，中小经营者以应收账款为担保。作为回报，银行根据应收账款的金额，预先向企业放贷。然而，贷款金额并不等于应收账款金额。

当经营者从客户处收到应收账款后，即将其转给银行。银行在扣除一定比例还贷后，将余款转入企业账户。如果无法收回的账款过多，则由借款人补齐。应收账款融资的利率比无担保贷款的利率高。以应收账款作为担保时，不再需要补偿性存款。

存货融资。采用存货融资时，经营者以原材料、在制品和制成品作为获得贷款的担保物。如果违约，银行可出售存货，以其收入偿还贷款。在大多数情况下，由于存货是不容易流动或变现的资产，银行只能给予存货价值50%以下的贷款。

信用融资。信用融资主要表现为应付货款和预收货款,由于贸易信贷快捷灵活,是许多中小企业融资的重要来源。卖方和供应商通常愿意以无息、信用期为30~90天的条件为中小投资人提供融资机会。

此外还可以通过发行债券、保险单贷款等方式获得债务资金。

(三) 支农资金补贴

最近几年,各地政府出台了许多支农、惠农的政策,不断加大扶持现代农业发展的力度,都市现代农业项目可以从多个方面获得政府财政资金的支持,成为都市现代农业经营主体筹措投资资金的重要渠道。这些支农惠农的政策种类比较多,各地也有不一样的执行细则。另外,有些政策有较强的时效性,不同时期的补贴种类与额度可能有差异,所以,本书无法一一介绍。各类农业经营主体可以查询当地农业网,及时了解有关政策的内容变化,或直接向当地农业部门咨询。

下面以上海浦东新区为例,介绍几种主要的支农资金补贴。

1. 支农资金整合项目

支农资金整合是指立足本地实际和经济社会发展规划,以支农资金使用效益最大化为目标,以主导产业或重点项目为平台,在不改变资金性质和资金用途的前提下,把投向相近或目标一致但来源不同的各项支农资金统筹安排,集中使用。所以,各地方政府都有支农资金整合项目的政策。在浦东新区,凡是符合条件的农业项目都可以申请支农资金整合。包括:种植业项目、养殖业项目、农业产业化项目、农业旅游项目、农业社会化服务项目、农业科技创新项目等。

2. 农业经营过程中的各类支农政策

在农业经营过程中也有各类补贴政策:如农业生产补贴,包括粮食生产补贴、蔬菜生产补贴;购置农机补贴;农作物秸秆综合利用补贴;农产品营销体系及品牌建设补贴;涉农组织用工补贴(鼓励使用当地劳动力)。

3. 促进新型农业经营主体发展的支持政策

为了大力培育新型农业经营主体,浦东新区政府下发促进新型农业经营主体发展的"1+2"文件,为合作社、家庭农场等组织的发展提供资金支持。

4. 涉农贷款贴息及农业保险补贴

符合条件的农业龙头企业、农民合作社、家庭农场和农业投资管理公司,可以申请贷款贴息资金，即用于生产经营的银行贷款利息及因贷款发生的区级及以上政策性贷款担保公司（安信农保、中投保）的担保费予以补贴的资金。

农业保险补贴。按市规定的补贴险种和保险金额、费率，市、区保费补贴比例：① 水稻、能繁母猪、生猪和奶牛保险的保险费补贴比例为80%；② 麦子、油菜、蔬菜种植、大棚设施、家禽、农机具综合、群众渔船综合保险的保险费补贴比例为70%；③ 淡水养殖、水果、食用菌、羊、鲜食玉米、水稻制种的保险费补贴比例为60%；④ 蔬菜制种、农产品安全责任保险的保险费补贴比例为50%；⑤ 淡季绿叶菜成本价格保险的保险费补贴比例不高于90%；⑥ 对新区重点推进的农业项目，其中涉及农业保险事项的给予相应的政策支持。

随着各地财政收入的逐年增加，支农、惠农政策将不断得到强化，对都市现代农业发展产生强大的支撑作用。

参考文献

[1] 陈娆，田淑敏. 农业经济管理. 高等教育出版社，2011年.
[2] 周曙东. 农业技术经济学. 中国农业出版社，2012年.
[3] 杨家陆等. 中小企业管理. 复旦大学出版社，2004年.
[4] 吴方卫，陈凯. 都市农业经济分析. 上海财经大学出版社，2007年.

第九章
案 例

"宝贝豆"创亿元产值的奇迹
——记上海红刚青扁豆生产专业合作社

王红刚是上海浦东新区泥城镇的一位普通农民,以前在外打工经商。1993年花了200元钱买了一斤扁豆种子,回家撒播在自己的3亩地上,每天全身心地扑在田地里,历经艰难,终于形成一定的生产规模和销售渠道。一家人致富后,他想到:一家好不算好,带动一方百姓好才是真的好,于是在2004年8月发起成立"上海红刚青扁豆生产专业合作社"。

这是一家"青扁豆产购销一体化"的农民专业合作社,坚持以"质量求生存、诚信求发展"为宗旨,做大、做强、做优青扁豆产业。合作社主营产品——"红刚"青扁豆,吃口爽、糯、嫩,含有多种维生素及丰富的蛋白质,营养价值高,每年4~11月可连续采摘,天天上市,深受消费者喜爱。"红刚"青扁豆于2010年被评为上海市名牌产品,"红刚"牌商标于2011年被评为上海市著名商标。目前"红刚"青扁豆在华东地区青扁豆市场占有率达到70%,上海市场占有率达到97%,主产地——浦东新区泥城镇在1999年荣获"中国青扁豆之乡"称号,合作社先后被评为全国农民专业合作社"示范社"、上海市农民专业合作社"示范社"、上海市守信农民专业合作社、上海市农民专业合作社标兵社、浦东新区"三农"工作"十面红旗"单位等。红刚青扁豆生产标准化示范基地先后被授予"国家级青扁豆生产标准化示范区""浦东新区农村残疾人就业基地""浦东新区教授工作室—科教研推广基地""现代农业示范创业基地"等称号。

一、打造青扁豆产、加、销一条龙产业

(一) 规模化、组织化、标准化生产,为青扁豆产业发展夯实基础

合作社现有大股东 12 名,社员 4 180 名,社员种植青扁豆面积达 6 300 亩,辐射带动浦东新区泥城镇及周边 6 个乡镇共 1 万多户农户种植青扁豆,总种植面积 2.2 万亩。合作社采取"党支部+合作社+基地+社员+农户+市场"的经营模式,始终牢记"发展为了农民,发展依靠农民,发展成果与农民共享"的发展理念。在各级政府、领导的关心支持下,合作社加强产业基础设施建设,积极发挥合作社在生产规模化、组织化、标准化的引领作用,对农民种植青扁豆采取"三导"策略,即"产前引导、产中辅导、产后疏导",将农民组织起来,抱团发展,提高并解决了千家万户小农业小生产参与千变万化大市场,提升市场竞争力,不断引领农民增收致富,保持青扁豆产业持续、平稳、快速发展。2004~2012 年,青扁豆累计总种植面积达 14.5 万亩,累计总产量达 45.3 万吨,累计总产值达 15.72 亿元。

(二) 形成"统""分"结合的供、产、销一体化经营模式

通过近九年的努力经营,合作社已基本形成了统一种植生产、统一培训指导、统一农资配送、统一收购包装、统一品牌销售的集约化、产业化、组织化、信息化、品牌化的经营体系。通过对农户实行保护价收购措施,提高种植户的种植积极性,建立长期互利合作关系,建立长期稳定的青扁豆营销队伍和体系,加强产业化、集约化、多元化经营,提升现代农业发展水平。

合作社现有注册商标"红刚"牌,2005 年通过国家农业部无公害产品、产地认证,通过品牌诚信建设,整体地提升了"红刚"青扁豆品牌的内在实力。2008 年合作社被评为首批上海市守信农民专业合作社、上海市农民专业合作社示范社;2010 年"红刚"青扁豆被评为上海市名牌产品、浦东新区"十大最受欢迎农产品";2011 年"红刚"牌商标被评为上海市著名商标;2012 年,合作社被授予"全国农民专业合作社示范社"。

(三) 科技创新,为农业增效、农民持续增收保驾护航

科学技术是第一生产力,合作社十分注重青扁豆新品种的培育和新技术的开发、推广绿色防控技术等,推进科技农业的发展。合作社与上海交通大学农

业与生物学院以及区农业技术推广中心等专业技术部门建立长期合作关系，使科技成果得到很好地应用和转化。2012年，通过对11种青扁豆品种杂交、试种，不断选育青扁豆新品种，并投入市场测试其商品性及经济效益。同时合作社科技人员巧妙利用红刚青扁豆和优质草莓两种产品的生长季节时差，积极探索一套青扁豆和草莓的高效套种技术。目前合作社种植青扁豆和草莓套作面积约20亩，该技术的推广实施不仅能够充分利用资源，提高青扁豆在冬季的抗冻能力，而且增加了种植草莓带来的经济收入，种植户每亩可增加6 000元纯收入。通过科技创新与推广，发展资源节约型和环境友好型的生态农业产业，为农民持续增收保驾护航。

(四) 加强项目推广过程的组织管理，对农民进行培训

一是会同项目推广小组成员，深入红刚示范基地，发掘种植优势，组织推广到书院基地和种植农户。

二是协调开好18次项目推广小组成员的例会，探讨实施工作，调整培训内容，增加营销技术培训，扩大市场占有率。

三是协同项目推广小组，每年举办两场现场种植观摩会，手把手教会农户种植技术，提高单位产量。

四是每年举办四次技术培训讲座，以育苗、移栽、整枝、防病为技术支点，分阶段有重点地培训农户掌握种植技术。做好每次培训讲座的签到、资料发放、培训记录等一系列管理工作。每年培训量达到680多人次。

(五) 实施人才战略，为青扁豆产业发展提供人力资源保障

合作社非常关注人才引进和培养，坚持以新人、新知识、新观念带动农业创新和农业发展，通过上海市农委的"三支一扶"项目，合作社先后引进5名"三支一扶"大学生，目前合作社拥有本科以上学历的骨干人员6名，其中研究生1名，本科生5名，分别来自工商管理、国际经济与贸易、市场营销、物流管理等专业，目标是培养一批身强力壮、思想品德好、热爱农业、对农民富有感情、年轻有为的青年参加农业建设。

2010年合作社经泥城镇党委批准成立了党支部，现有党员17名，其中研究生1名、本科生1名、大专生1名，农民社员党员14名，预备党员1名，入党积极分子2名。合作社的年轻党员学历高、理论文化知识丰富，但缺少实

践经验。党支部进行了关于"年轻党员下田"的专题讨论，决定由党支部牵头，带动合作社所有年轻党员、团员等下田种植，承包实验地参与生产全过程，提高年轻一代的农业生产知识，为各项工作研究创新提供实践基础，培养对"三农"的感情，加深对"红刚"青扁豆品牌的认可度和对合作社的归属感，逐步实现从事业留人到感情留人的提升。

除引进农业人才外，合作社也非常注重对本地青年农民的培养。合作社积极为在校大学生、初高中生等提供暑期社会实践机会。暑期是青扁豆上市高峰期，学生必须每天早上6点来合作社工作，与一线农业劳作零距离接触，锻炼动手能力和吃苦耐劳精神，增强对家乡特色产业的了解，培养对农业、农民、农村的感情。合作社从中挖掘对农业工作有兴趣、有能力的苗子，进行重点关注及培养，保障青扁豆产业发展的连续性，为合作社的全面发展提供人力资源的保障。

二、发挥合作社的经济效益、社会效益，探索农业发展的多功能性

（一）保障有序生产，提供就业岗位，助农增收

合作社通过产前引导，使种植户根据自身情况分别采取大、中、小棚不同种植模式，控制种植规模；通过产中辅导，向种植户提供农资配送、种植指导等服务，提升青扁豆品质；通过产后疏导，及时将农民种植的青扁豆运往市场销售，实现青扁豆商品化率达100%。同时合作社通过提供收购、分拣、包装等就业岗位，带动当地农村富余劳动力就业，用工高峰时每天吸收400多人参与产业服务合作社，增加农民的工资性收入；租用农民多余的房屋设立临时收购点，增加农民的财产性收入。

在全体青扁豆种植户的共同努力下，2012年青扁豆总产量达8.75万吨，总产值达2.67亿元，青扁豆种植能手黄连根、陶红星等实现了年纯收入超10万元，农民种植户们都是喜上眉梢，亲切称其为"宝贝豆""发财豆"，说种植青扁豆就像开了个"小银行"。2013年青扁豆种植面积2.2万亩，2013年上半年度（4~6月，上市青扁豆为大棚种植模式，共1.5万亩），上市青扁豆总产量18 750吨，较上年同比降16%（因2013年6月7日台风及连续降雨，对产量影响较大），总产值1.537亿元，较上年同比增长26.2%，平均亩产量1 250

公斤,平均亩产值10 250元,平均单价8.2元/公斤,较上年同比增长46.4%,带动农户14 000多户。

(二) 保证产品品质,保障持续供应,稳定物价

青扁豆具有耐高温、生产期长的特点,每年4～11月可天天采摘,天天上市,尤其能填补蔬菜淡季的缺口,无论是暴雨、干旱、台风,合作社都坚持定时采摘,定时将新鲜、优质的青扁豆运往市场。合作社基地内设有农产品检测室,并配有检测员2名,全国无公害产品生产内检员1名。自2008年被列为国家级标准化生产示范基地以来,合作社青扁豆产品检测合格率达100%,并做到检测结果联网上传,严格保证出场农产品的新鲜、安全、优质,保证市场供应充足,丰富了市民的菜篮子,按市民日需求青扁豆1斤来算,合作社青扁豆平均日供应量可解决约60万市民的蔬菜问题,通过保障青扁豆的持续供应,保民生、稳物价。

(三) 提升社会服务功能,真诚回报社会,积极促进社会和谐发展

怀着对社会的感恩与回馈之心,2009年12月,合作社向泥城镇残联提出申请,经区残联审核同意后,成立浦东新区首家促进农村残疾人就业基地。"授人以鱼,不如授人以渔",合作社因人而异、因人配岗,为残疾人提供多种岗位,累计已与29名残疾人签订了劳动合同,还经常组织谈心会、不定期上门走访,每逢过年过节送上礼品,让他们感受到集体的温暖。合作社参加"蓝天下的至爱"捐款活动,捐款金额总计9万元。合作社党支部还积极参与"春风关爱"活动,在泥城镇党委的牵线搭桥下,与泥城镇云帆苑党支部进行帮困结对。重点帮扶的结对对象沈品飞身患重病,丧失劳动能力,家中经济来源仅靠妻子微薄的打工收入,并供养一名在上海大学读书的大学生,合作社党支部在全体社员的支持下,与其长期建立结对关系,并为结对家庭的大学生提供假期实习岗位,鼓励其努力学习,成为一名对社会有贡献的人,现已先后结对4户特困家庭,为社会困难人员提供了一些力所能及的帮助。

三、下一步发展规划

紧紧围绕国家对社会主义新农村建设、科技农业发展的要求,未来三年合

作社计划建成青扁豆终端体系,并通过其特强优势,为农民创造更多的就业机会和财富。具体分三个中心:

帮困扶贫中心基地建设。地点:书院镇洋溢村、中久村,基地面积500亩。

浦东新区东南片农产品集散中心建设。地点:泥城镇马厂村,基地面积150亩。

青扁豆品种研发培育、农民培训、技术推广、农资综合配送、农产品安全检测、农产品精加工、展示展销和青扁豆文化中心建设。地点:泥城镇海关村,基地面积300亩。

合作社将坚持发展理念和为农服务的宗旨,认真开展工作,从提高农民组织化程度和助农增收着手,坚持引入先进农业科技及科技创新,推进农业产业化经营,把合作社建成组织农民进市场、推动新农村建设、科技农业发展的重要力量。同时不断地开拓经营,整合网络,充分发挥购销网络点多、面广、线长的优势,通过创新机制,实现农产品和农业投入品的"双向流通",提高服务和管理水平,使我社成为农产品和农业投入品的集散中心、价格形成中心和信息中心,为国家和社会多作贡献。

点评

在上海浦东,一种极为普遍的青扁豆(蔬菜),竟然创造了3亿元产值,一跃成为上海市名牌产品。"红刚"扁豆商标被评为上海市著名商标。目前,"红刚"青扁豆在华东地区扁豆市场占有率达到70%,上海市场占有率达到97%,主产地浦东新区泥城镇荣获"中国青扁豆之乡"称号。"红刚"青扁豆被农民亲切地称为"宝贝豆""发财豆"。

"红刚"青扁豆所创造的奇迹,并非是"运到"好,而是"红刚"扁豆的创始人王红刚,历经艰难,形成了"合作社+农户"的生产经营模式,不仅自己致富,而且带领一方百姓持续增收。"红刚"品牌之所以成功,其奥妙主要有四点:一是规模化、组织化、标准化生产;二是"统""分"结合的供、产、销一体化经营模式;三是科技创新与推广;四是品牌和人才战略。这四点经验做法构成了"红刚"青扁豆生产专业合作社运作机制的核心内涵。

"红刚"专业合作社之所以成功,关键是重视"品牌"和"人才"战略,王红刚本人就是一个很优秀的农业人才,他不仅掌握专业技术,而且组织了一大批人才为他所用。"红刚"专业合作社的经营发展之道,值得人们从个案入手去思考中国农业现代化的发展途径。

多利农庄打造绿色有机生活体验平台

一、面向全国跨界经营的多利农庄

多利农庄成立于 2005 年，经过 10 年的发展，已成为中国最有影响力的有机农业品牌，在全国建立了九大有机蔬菜种植基地，有机种植面积超过 3 万亩，并形成了集果蔬生产、禽畜养殖、食材加工、有机餐饮、家庭宅配、农业旅游等业务在内的多元化产业格局，在生鲜行业蓬勃发展的今天，沉淀出独特的竞争优势和市场信誉：2009 年分别获 ISO9001 质量管理体系认证、ISO1400 环境管理体系认证、南京国环有机产品认证中心（OFDC）有机产品认证、国际有机农业运动联盟（IFOAM）有机认证；2014 年，多利农庄获得农业产业化上海市重点龙头企业称号；2015 年，获得上海市著名商标称号。多利农庄创始人兼董事长张同贵也因此获得 2013 年第二届浦东新区年度经济人物，2013～2014 年获得中国冷链"金链"年度人物，2014 年荣获"创业创新奖"，2015 年 4 月，被评选为上海市劳动模范。

2015 年是多利农庄开办 10 周年，多利农庄于年初启动了成立 10 年以来最大的变革：① 丰富了产品品类，蔬菜瓜果、肉禽蛋奶、进口美食、米面粮油、水产海鲜、南北干货等，优质食材一应俱全；② 全面扩充了销售渠道，包括自营商城、移动运用、第三方平台等，让全国用户随时享用优质食材服务；③ 在有机餐饮、农业旅游等方面做了较大投入。多利位于上海浦东大团镇的农庄，正在朝着 4A 级国家旅游景点的目标进发。2015 年 6 月，多利的成都基地与世界知名的五星级度假酒店 LUX（丽世）管理集团签署了战略合作协议，共同打造一流的乡村酒店；④ 中国平安战略投资多利农庄，成为多利农庄第二大股东，多利农庄顺利完成第三轮融资；⑤ 多利农庄将与平安共同探索在产品、供应链、服务和营销各个环节的创新模式，提升有机农产品的客户体验，大力提升服务时效与服务质量，服务范围正在逐步抵达全国，真正让用户享受健康、轻松、舒心的有机生活。

二、实行全新的营销策略和生产模式

(一) 基地直供，品质可控

多利农庄在全国拥有不同经纬的九大基地，种植面积 1 万亩，合作耕种面积 2 万亩，有机种植总面积达 3 万亩。消费者可以选择 A 基地的小黄瓜，B 基地的猪肉，C 基地的土豆等。在基地面积和基地产品多样化方面，多利农庄拥有自身独特的优势，比大多数同行先行一步。

在选择每一个农业基地之前，多利农庄都会对基地进行严格的实地考察，只有空气清新、民风淳朴、污染较少的地方才能最终成为多利农庄有机蔬果的农业基地。多利农庄基地的不断拓展，不仅为多利的顾客提供丰富的产品，而且一定程度上带动了每个农业基地当地经济的发展，通过聘请当地农户在基地进行基础种植，结合当地特色，生产出多利农庄特色有机农产品，也为当地农户带来了更多的就业机会。

为了实现所有农业基地的产品品质可控，多利农庄坚持基地布局和质量管理相结合，以"基地环境、过程控制、产品检测"全方位确保产品生命线。为了确保全国会员一年四季都能吃上天然、新鲜、健康的有机蔬菜，多利横跨全国不同经纬带，在上海、山东、陕西、四川、海南等省市建立了九大农业基地。此外，多利还在全国实施"分品类跨区域布局"战略，按种植产品的不同属性，进行相应的地理布局，真正做到有机蔬菜新鲜直供。这样，不仅为企业长期发展提供基础，而且也为行业提供质量保障先例。

(二) 会员制与直营电商双模式并行，有效解决产销矛盾

每亩有机蔬菜的生产成本是普通蔬菜的 3～5 倍，产量却要低 20%～30%。这就意味着需要投入大量成本。在其他企业还在通过超市、专卖店等传统渠道销售蔬菜时，多利农庄在成立初期的 4 年间，就开辟独特的"从田间到餐桌"会员制直销模式，将礼品营销模式移植进来，利用 B2B 与 B2C 销售联动，将新鲜的有机蔬菜直接配送到顾客的家里。多利农庄将品牌定位到高端，在与保时捷、法拉利等奢侈品多次联合活动后，它的会员数量迅速增加，到 2015 年已有数百家优质企业客户和 10 万多个家庭客户。

只要成为多利的会员，便可以尊享会员礼遇，享受新鲜有机蔬果一站式宅配到家服务。除了为会员提供丰富的生鲜食材以外,多利农庄还一直在努力打造中国最优秀的有机生活体验平台,定期邀请会员们到农业基地参观,体验种菜过程,品尝新鲜有机蔬果并体验现场采摘的乐趣。多利农庄全年都会举办丰富多彩的活动,邀请会员参与,让会员们时刻感受到多利的用心服务;也邀请非会员参与活动,用以建立信任感,在顾客体验到这种购买蔬菜的喜悦后,不知不觉中自然而然地成为多利的会员。

为了实现与消费者100%信息对称,多利农庄2015年启动电商,会员制直销与直营电商双模式并行,实现线上线下产品同步发售,一站式宅配到家,让更多的消费者能够享受最新鲜、最营养、最健康的生鲜食品。多利农庄会员制模式与直营电商模式并驾齐驱,多利会员的数量成倍增加,对生鲜食材的需求量越来越大,而多利农庄九大基地生产的大量生鲜食材基本上能满足顾客们的需求,有效地解决了多利农庄的产销矛盾,以市场实际需求进行供应,避免生鲜产品过早采摘带来的损耗,由此构建起高效的现金流,让产销达到完美的平衡。

(三) 市场拓展,增强品牌影响力

张同贵深知产品变为商品,必须走品牌化道路。他同市场团队,通过国际有机展、上海科技周、浦东新区农博会,浦东电视台走进社区活动等,做好宣传和扩大知名度;开展有机校园行,组织亲子游、家庭日,通过小手拉大手,推动家长的有机理念与健康生活;针对金融区和大型企业,组织"陆家嘴金融创新峰会、金融家属中秋音乐会、平安精英媒体日活动、青云创投年会、平安银行社区金融、华宝证券滨江跑步活动,联通&特斯拉农庄活动、凯迪拉克4S活动、保时捷家庭日活动,贝尔企业大讲堂活动,美领馆农庄参观、杜邦家庭日活动、仁爱体检"相关活动等带动企业关爱员工和提高团队凝聚力。

(四) 深练内功,开创五大科技体系

张同贵在做好产品和做大市场的同时,考虑企业发展的动力和潜力。公司现有研究和技术人员50人,其中有高级职称10人、博士5人、硕士学士35人的研发团队,积极与中国人民大学、中国农科院、上海交大、上海农科院、同济大学、海洋大学等科研院校合作,建立上海多利有机农业工程技术中心,提出"水肥植保智能一体化技术体系研发、有机蔬菜工厂化生产技术体系研

发、智慧农业和农业物联网技术体系研发、有机蔬菜标准化、规范化种植体系研发、低碳农业和废弃物循环利用技术体系研发"等方面显示多利特色,探索出"节省人工70%、肥料70%、能耗30%、用水70%,同时增产30%,而且安全可靠(系统有数据反馈及可追溯性)"现代农业生产模式,体现浦东乃至上海特色的都市农业科技含量和水平,为行业发展提供有力的科技示范与支撑。

多利团队先后取得"蔬菜仓储和宅配中的保鲜方法、有机农产品质量追溯系统、有机种植农资管理系统、有机农产品种植管理系统、蔬菜有机无土栽培与栽培基质及其制造方法、土壤改良方法"6项专利,1项"土壤墒情智能监测灌溉系统软件"著作权,以及"有机彩椒、有机胡萝卜、有机黄瓜、有机四季豆、有机豇豆、有机番茄、有机小白菜、有机菠菜、有机生菜、菜田有机转换期土壤改良作业规范、有机栽培菜田土壤耕作与肥培管理规程"11项企业标准。从而,增加双产品(农产品和科技),更好为客户服务;增强企业竞争力,为行业良性发展提供参考。

三、建设独具魅力的休闲观光、有机生活平台

与其说多利农庄是中国最有影响力的有机农业品牌,不如说多利农庄是中国优秀的有机生活体验平台,因为其不但出产大量的健康有机产品,而且还集生态休闲园、科普教育基地、农耕文化体验区等为一体,为顾客提供丰富多彩、乐趣无穷的农业观光旅游和有机生活体验。

(一)风光无限,把菜园建成著名生态休闲园

投入巨资用三四年的时间改良基地水土之后,多利农庄对基地进行了多元化建设。多利农庄上海浦东大团基地不仅是上海著名景点,而且是国家AAA级景区,其空气新鲜,风景优美,基地的集装箱接待中心是上海世博会德国馆原班设计团队精心打造的精品环保建筑力作,被世界权威工业设计网站DesignBoom授予"2012年世界十大集装箱建筑"。它由70多个废弃集装箱搭建而成,里面充满了智慧,竹纤维压制而成的竹地板,还安置了空调系统,采用地源热泵,利用地热交换起到冬暖夏凉的效果,冬天人住在里面也会感觉非常暖和舒服,非常低碳环保,充分体现了多利农庄"有机,环保,资源利用回

收"的绿色理念。

(二) 边玩边学，与植物共呼吸的科普教育示范基地

多利农庄内设有机科普文化长廊，长廊里张贴了关于餐桌安全、环境污染、健康常识、有机农业等40多个科普小知识，以生动的图文结合方式，让顾客们在农庄旅游中学到一些关于健康与有机的知识，从而对自身健康加以重视，由此起到一个良好的教育意义。

有机生态园采用通透玻璃结构，将育苗技术、栽培方法及灌溉科技逐一展现。有机种植大棚由铁质构件及透明薄膜搭建而成，内设喷灌及滴灌系统，和露天种植相比更宜把握水分及病虫害的防治。高低不同的棚群，夏季可顺畅通风，冬季可达到良好的保温效果。顾客们到多利农庄参观，还可以了解多利农庄先进的农业科技。

此外，多利农庄有机展示中心以高科技为主打特色，占地1 300平方米，主要介绍了两大高科技的代表作，智能化数字灌溉系统和立体气雾栽培系统均是展示中心的亮点。这里也是小朋友增长知识的绝佳场所，里面有火龙果、芦荟、墨西哥仙人掌、红叶油麦、丝瓜、彩椒、锦屏藤、圆茄、天竺葵、薄荷叶、扁豆、金线辣椒、枸杞等各种特色有机蔬菜，展现丰富多彩的有机蔬菜世界。

(三) 农夫之乐，远离城市喧嚣的农耕文化体验区

多利农庄目前已完善生态建设，在多利农庄基地旅游的顾客，不仅可以进行有机种植、有机蔬果采摘，还可以品尝到有机美食和地道农家菜等，身临其境体验农夫的乐趣，让久居城市的人们享受清新的空气和健康的有机生活。多利农庄特色美食区由以下三部分组成：

多利农庄浦东大团基地四合院。四合院是中国的一种传统合院式建筑，有一股浓郁的传统文化气息，是多利农庄很有仿古特色的一个地方，各种地道农家菜香味将会扑鼻而来，古老、传统与田园清新的气息完美杂糅，只会让您更久停留。

多利农庄浦东大团基地小木屋。小木屋占地600平方米，由加拿大魁北克进口的木材搭建而成，是集旅游、餐馆为一体的加拿大式风味会所。里面冬暖夏凉、透气性强，是会务和有机特色餐饮活动的主要场所。它的招牌美食——

有机小火锅，采用农庄自有散养有机土鸡，特选上等药材补品，文火8小时熬制的底汤，配上新鲜的有机蔬菜，新鲜香浓、原汁原味，深受客户的喜爱。

上海陆家嘴滨江的多利有机体验中心。多利有机体验中心选址陆家嘴滨江，背靠双辉大厦，毗邻文华东方大酒店，是陆家嘴少见的闹中取静的一端。体验中心由世博德国馆设计团队打造，全玻璃透光构造。为避免光污染，外立面由环保线网覆盖，是各类高端客户活动及大型户外活动的主要场所，各式精致小糕点、西式有机下午茶、有机蔬菜沙拉等特色美食都由国际大厨制作，非常健康美味。

> **点评**
>
> **都市现代农业的领跑者**
>
> 都市现代农业之路如何走，特别是国际大都市现代农业建设之路如何走？上海多利农庄在建设都市现代农业的成功实践中，生动地回答了这个问题。为了让客户一年四季都能吃上绿色、新鲜、健康的蔬菜，多利农庄在上海、山东、广西、四川、云南等不同经纬度的省市，跨界建立了九大农业基地，实施"分品类跨区域布局"战略，按种植产品的不同属性，进行相应的地理布局，有机种植面积达3万亩之多。
>
> 质量、安全、服务是多利农庄的跨界经营路线。
>
> 多利农庄与中国人民大学、中国农科院、上海交大、上海农科院、同济大学、海洋大学等科研院校合作，建立上海多利有机农业工程技术中心，以"基地环境、过程控制、产品检测"全方位确保产品质量，建立了11项果蔬企业标准，先后取得国家6项专利，增强了企业竞争力。
>
> 多利农庄不仅是中国最有影响力的有机农业品牌之一，而且还集生态休闲园、科普教育基地、农耕文化体验区为一体，为客户提供丰富多彩的农业现代旅游和休闲生活体验。
>
> 多利农庄是都市现代农业的领跑者。

专注生态种养　投身生态农业

沈竑是一位来自浙江湖州的年过半百的中年男子，炯炯有神的眼睛中透露着几分睿智与自信。布衣短衫使他显得格外质朴，不是农民，却干着农活。不像商人，却经营着公司。确切地说，他是一位专家学者型的生态农业实干家。

1986年他毕业于浙江水产学院水产养殖专业，1989年硕士毕业后被分配到了国家海洋局东海环境监测中心，从事海洋环境生物监测工作。应该说这是一个难得的铁饭碗。由于工作表现出色，1995年他被破格晋升为高级工程师，那年他年仅31岁，是海洋局最年轻的高工之一；同年又被评为国家海洋局十大科技精英。在世人眼里，他是一帆风顺，事业有成。平心而论，海洋局的工作与待遇是不错的，然而，在工作之余，他想得更多的是如何使自己内心更充实。他要做自己想做的事情，实现他大学的梦想，那就是从事水产养殖与科研。另外，他认为一个有创业意识的人，必须跳出传统的择业观念和固有的思维模式。长期以来，人们在意识中总把希望寄托在别人身上，自己所做的努力，希望得到别人的认可，进而重用并得到利益。他想改变这种想法，做一个敢于挑战的人。在一个把进城当终身追求的年代，自动到农村去养鱼养蟹需要一定的勇气，但他认为内心的满足才是人生快乐的源泉。

1997年，对于他的人生来说掀开了崭新的一页。他经过两年多对崇明的实地考察和调研，发现河蟹育苗和蟹种培育是当地农民最迫切需要解决的关键问题，认为无论从崇明对人才需求来看，还是从他本人的专业来考虑，崇明都将是他创业的一个好地方，也是实现他人生价值的好地方。于是他毅然辞去了国家海洋局舒适的工作，一个人来到了祖国的第三大岛——崇明岛。受聘于上海瀛生实业有限公司，担任总经理职务。

满怀激情、踌躇满志的他排除了所有的阻力，踏上了追求内心充实的征途，也开始了他的创业之旅。他学习的专业是水产养殖，先后在崇明的团结沙、二通沙等养殖基地工作。那里的生活条件是非常艰苦的，其程度远远超出城里人的想象。在20世纪90年代的中后期，那里依然没有自来水，没有有线电视、没有空调和浴室，晚上所有的娱乐活动就是守着一台图像很模糊的电视机,三伏天关着房门热得难以忍受,开门则无情的蚊子又毫不留情地向你袭来;数九寒冬时,凛冽的北风透过门缝呼啸而入。物质生活的贫乏和艰苦,并没有减少他内心丝毫的快乐。当他在显微镜下看到河蟹胚胎出现心跳时,他赞叹生命的伟大,自然界的奇妙。在他的精心看护下,河蟹胚胎发育成熟,破膜而出,一次次蜕壳后成为蟹苗,崇明岛首次人工繁育蟹苗成功了!喜悦无以言表,内心甚感满足。在崇明岛从事河蟹养殖的岁月里,做科研项目既完善了他的理论知识,增长了他的才干,又让他成为农民兄弟可以信赖的技术员。在那几年艰苦的岁月里,他先后主持并完成了市县两级科研项目10多项,发表了相关论文、论著30余篇,并多次在相关的国内和国际会议进行学术交流,并普遍得到关注和好评,取得了较为显著的成果。这些成绩的取得与组织上的关心和鼓励是分不开的,虽然他是一个从外地引进的农业科技人员,但是,崇明的领导、群众从来没有把他当外人看,相反,在科研攻关、技术推广中给了他很多的关心和支持,又给了他很高的荣誉:1999~2001年两次被评为崇明县经济建设功臣;2001年被授予上海市农业科技先进工作者;2002年被评为崇明县拔尖人才、县科协常委;2003年被选为县政协委员。

正当事业红红火火之时,由于公司老板个人的不良行为,他所在的单位陷入资金链断裂,股东纷纷退股,公司无法正常运转,这就意味着除了他脑子里的知识,他将一无所有,从头来过,这种打击不是每个人都能承受的,这意味着他8年的辛苦奋斗的事业中断,他不得不将重新开始。他反思多日,内心才渐渐平静,当前,崇明的农业科技急需各类人才,崇明的农民朋友急需科技知识,崇明的特色水产养殖研究不能中断,他不能离开崇明,离开心爱的事业。他应该创办一家水产养殖研究所。他不怕从头来过,因为有了第一次的创业经历和适应艰难条件的能力,他相信自己,相信英文格言"If you think you can, you can!"。在县科委和社团局的支持下,沈竑开始了二次创业,创办了上海滩涂生物资源开发研究所,继续了他的水产科研工作,很快又恢复了为水产养殖户提供技术指导。

那年,他还租下了700亩土地,成立了上海沐雨生态农业有限公司,自己挂帅为总经理。在这块土地上继续做生态研究,开始尝试种养结合模式。即先在50亩地里种植水稻,同时在每亩水稻地里投放小龙虾种虾。因为要投放种虾,就必须要开挖生态环沟,并降低水稻种植密度,稻田因通风、光照好,再加上小龙虾等生物"消灭"了一部分害虫。当年水稻和小龙虾都有了可喜的收成。"稻虾"共生试验大获成功。

当"稻虾"养殖获得成功后，沈竑对打造"生物链条"这条路信心倍增。他从资料上获悉，"鳖以龙虾为食料"。灵感迸发，如果"生物链条"再延伸一步，打造一条"稻—虾—鳖"共生的产业链，那么土地的附加值就更高了。2008年，上海春润水产养殖专业合作社正式成立，探索出稻虾鳖（水稻＋小龙虾＋甲鱼）循环共生种养新模式。由于小龙虾对农药的极度敏感，小龙虾只要能在稻田里生存、繁殖，就能证明稻田没有农药的污染；同时小龙虾又是甲鱼良好的活饵料，该模式还能减少化肥施用量的50%以上，稻秸秆100%还田，现已在崇明岛推广2 000多亩，取得了很好的经济效益和生态效益。为确保成熟产品"落袋为安"，沈竑加强了管理，并尝试与家庭农场加盟，即合作社将养了2年的鳖转手给家庭农场养殖，并同时提供技术支撑，生产出的优质农产品统一销售。如此，便使管理环节规范化、精细化。

沈竑在事业上有着一颗永不满足的心，沈竑的步子又向前迈开。他思考着先进的种养模式应有先进的销售模式，"开辟田间超市"就是一种大胆的尝试，即把广阔的田野设计成市民观光休闲的好去处。让市民在参观现代农业过程中，放心地把菜篮子交给沐雨。这种销售模式又将土地的价值提高了一大截，成为农旅结合的典范。2011年"禾偕水产生态园"打造成功，既让市民亲眼看到了打造绿色生态农产品的全过程，又使生态园成为青少年科普教育基地。从2004年到2014年，从"沐雨"到"禾偕"，这十年间，沈竑在崇明岛上脚踏实地，攻克着一个又一个难关，打造出了一片美丽诱人的生态农业基地。关于"生态"一词，他有自己独到的解读："打造生态农业，首先要有一个好的心态，允许自然界动植物和谐共生，而非竭泽而渔。水稻密度低，产量自然会降低，但稻谷无农药残留，同时稻田又是特种水产品栖息之地，生态效应显著。因此，对我而言，打造这条产业链不是技术问题，不是资金问题，而是如何克制贪欲问题。生态好的地方欲望少，人不能被欲望冲昏头脑。否则，越如此，人们只会失去得越多。"在他的观念中，最真正的生态，是所有的生命都处于自然的状态，何其深刻，何其前瞻的感悟。

他曾说："民以食为天"，而"食"是人字下面一个良，良心的良啊，凭良心做事的人就会有人帮助你。现在上有政府支持，下有农户拥护，身边还有同事的鼎力相助,甚至还有外国友人加盟,他坚信他们一定能够把农业这个良心事做好。2014年,他有幸获得国务院特殊津贴,这更坚定了他探索循环生态农业的信心和决心。

沈竑来崇明创业20年,他真切感受到:干自己喜爱的工作是快乐的。还有,一个人的成长离不开组织上的关心与支持,他常常思考顺境与逆境,他认为顺境使自己的精力闲散无用,使人们感觉不到自己的力量,但是逆境却唤醒这种力量并加以运用。一个人只有经过长时间完成其发展的艰苦工作,并长期埋头沉浸于其中,方可望有所成就。一个人要想成才,除了表面的成功以外,还应存在内心的价值标准。他最大的愿望就是让更多的农民都参与进来做生态农业。能在生态岛上发展生态农业,是他毕生引以为豪的事情。

沈竑经常用东晋诗人陶渊明"神释"诗的最后四句与大家共勉:纵浪大化中,不喜亦不惧。应尽便须尽,无复独多虑。

点评

追梦都市现代生态农业

美丽的崇明岛被认为是上海重要的"生态保留地"和"后花园"。低碳发展、发展高效生态农业、发展生态休闲旅游、构建绿色生态屏障都是崇明看重的发展取向。

而来崇明创业20年的沈竑就是在这块土地上坚持实践生态种养的追梦者之一,他的经历具有追梦者的鲜明特质。当年他因为不满足而来到崇明起步,8年越界苦干和钻研,成功推进了科学养殖,获得多方殊荣;8年后适逢环境低谷,他不仅不失抱负再次起步,且从"沐雨生态农业有限公司"到"禾偕水产生态园",孜孜以求,历时10年,种养事业不断升级,打造出了一个生态种养与现代都市生态游兼具的新天地。

作为一个探路者和实干家,他以生态研究为支撑,成功实现了"稻—虾—鳖"共生养殖,在此基础上创办了多功能生态农业基地"禾偕水产生态园"。生态种养不仅优化了土壤,产出的味美无污染的水稻、小龙虾、野生鳖为都市餐桌增添了生态新品,打造出了舌尖上的美味与安全,生态园旅游更在青青绿野间给人以回归田园,清新舒缓的感受。

沈竑是那样一种人,坚持生态理念,守护一方土地,不断创新开发,延伸功能，把现代生态农业理念融入产品和服务，传达给大众。他最大的愿望就是让更多农民都参与进来做生态农业。他的天地和情怀令人赞叹。

生态农业，为都市输送绿色、健康。

不言满足，带一颗永远出发的心在路上，用科技和实干把生态农业与乡村文明共生发展变为现实，这是沈矻和许多人正在追寻的。

家庭农场打造都市生态农业
——记川沙新镇八灶赵家农场

2013年中央一号文件提出，坚持依法自愿有偿的原则，引导农村土地承包经营权有序流转，鼓励和支持承包土地向专业大户、家庭农场、农民合作社流转，发展多种形式的适度规模经营。自此"家庭农场"的概念首次在中央一号文件中出现。

川沙新镇位于上海浦东新区东部，区域面积96.7平方公里。作为古镇，川沙早在唐天宝（公元751年）时便有先民在此繁衍生息。1997年以来，川沙镇陆续撤销合并东城镇、黄楼镇、六团镇等，成为如今的川沙新镇，上海迪士尼乐园便坐落于此。

在过去的上海川沙新镇，人们"怕"遇上好天气。阳光照在田里的蔬菜大棚形成的光污染，让这里的居民直呼"受不了"。菜农们为了追求单位面积产出，过度开垦土地，这种近乎掠夺式的个人开发不仅吃力不讨好，还容易对周边环境造成破坏。

自从川沙承接了迪士尼项目之后，原来传统的农业模式已经不符合整体发展的需要，为了确保生态环境改善、农业发展、农民增收，发展精品农业、生态农业势在必行。2013年开始，川沙的农业发展变得不一样了，开展了大规模的土地流转。2014年6月份，川沙的土地大流转完成。26 000亩农用地中，有约87%的土地通过各种形式实现了规模化经营，流转土地全部种植水稻，能够形成规模化的生态湿地，改变了原本田间窝棚杂乱散布的面貌，打造出一片片生态农业景观，不仅让川沙的乡村变得更加美丽，还能改善周边的小气候，提升生态附加值，把川沙打造成迪士尼的生态后花园。如今川沙的面貌，已经焕然一新。"川沙新镇目前有47户以水稻种植为主的家庭农场，已经初具规模的水稻种植产业，仅2014年，他们就生产了5 000多吨优质的水稻。"政府每年要拿出将近1 000万元人民币的补贴，发给土地流转的农民。

目前川沙新镇共有47家以种植水稻为主要作物的家庭农场，八灶赵家农场（永仙家庭农场）就是其中之一。农场主赵永弟种了20多年的地，老赵是种地农民里会想办法的人。1997年，老赵决定承包八灶村3个村民小组的土地。邻居们都笑他傻，老赵只是笑笑，"种田种惯了，也不知道还能做啥？"如今，赵家农场就是依靠当年的土地逐渐形成了170亩的水稻种植地。老赵对自己的种地技术颇有自信。他回忆称，2006年，他曾向国家知识产权局申请了无农药无化肥水稻种植方法的专利，并获得了成功。简单来说，就是采用物理"水淹法"，将田垄抬高后灌水，随后再将水排出，害虫或被淹死或随水流冲走，而不影响到农作物。

老赵的女儿赵淑俊10多年前从复旦大学毕业后，进入了外企从事人事经理的工作。令人意外的是，2015年她突然辞去高薪工作，选择回到上海浦东川沙新镇，成为一名农场主。她报名参加区里的新型职业农民培训班学习技术，了解农业的政策，学开拖拉机、下农田干活，帮父亲减轻点压力。谈及回归农田的初衷，她说，或是源于对土地生于斯长于斯的热爱，"父亲年纪大了，多年的手艺也得有人继承下去。"在老赵看来，高材生女儿回来种地确实可惜，可是她新颖的营销手段和对农场未来的发展想法是老赵所缺乏的。

物理"水淹法"这一方法目前作用于赵家30亩稻田中，真正实现了无农药无化肥的水稻特别栽培。这些水稻成熟之后，通过赵淑俊微信朋友圈等互联网销售渠道售卖；其余稻米也与一些企业达成收购协议，统一销售。

如今，赵淑俊还为农场未来制定了发展计划："去年十月，我们开辟了一块地，专门用来种植除水稻外的葡萄、无花果等作物，开春后，黄瓜、番茄也将加入我们的大家庭。"

除了销售产品外，赵家农场还将发展生态农业旅游、开展校园、亲子体验活动等。在老赵看来，自从女儿来到家庭农场后，发生了很多可喜的变化。

点评

家庭农场，是一个起源于欧美的舶来名词，而如今的浦东，家庭农场正在悄然兴起和发展中。赵家农场（永仙家庭农场）是川沙新镇47家家庭农场中的一员，由当地村民赵永弟与女儿赵淑俊经营。2015年赵淑俊辞去了外企的工作，回到川沙成为一名农场主。

在赵家农田中，父女二人利用物理水淹法应对虫害，打造生态绿色农业，真正实现了无农药无化肥的特别栽种法。如今，这些水稻成熟之后，通过赵淑俊微信朋友圈微店等互联网销售渠道售卖；还与其他一些企业达成收购协议。同时小赵把父女俩的合影和水稻品种南粳46也标注到包装上，使这种吃口很好的大米走上更多人的餐桌。赵家农场瞄准大都市市场需求，以独具特色的创新生态方式，改进了稻米种植，形成了一个家庭农场品牌。

而女儿的加入，父女联手打拼使赵家农场发展看到了更长久的未来。赵淑俊打算，今后农场一方面要向丰富品种发展，另一方面打算开展校园、亲子体验等活动，扩展农场的旅游、体验农业等功能。

发展都市农业，走的是一条发展生态绿色农业、观光休闲农业、市场创汇农业、高科技现代农业的路，赵淑俊这样的"70"后、"80"后农二代，在广阔的土地上大有可为，用不同的理念、视野和知识体系承上启下，开创现代都市农业的崭新未来。

桃咏专业合作社打造浦东具有国内
影响力的特色农业品牌

　　浦东专业合作社能否带动农民增收？"特色农业＋合作社（家庭农场）"能否成为浦东模式？浦东特色农业能不能打响国际国内品牌？带着这些问题，由浦东新区农委、张江平台经济研究院、上海农科院、区府办综合处等组成的专家调研组，对桃咏专业合作社开展了专题调研。

　　专家认为：桃咏专业合作社已经在品牌经营和带动农户上取得了良好的效益，发挥了示范效应。桃咏合作社以品牌瓜果为特色产业，农户们参加合作社是因为他们生产的产品相同或相似，具有相同的市场地位，自发地结合成互助互惠的经济合作组织，打造品牌，提升质量，扩大市场影响，从而提高品牌产品的销售价格，使农户在激烈的市场竞争中取得经济利益的最大化。建议浦东新区加以总结和推广，使之成为浦东有特色、上海能推广、全国能复制的特色农业发展模式。

一、桃咏桃业合作社的基本经验值得推广

　　2014年，浦东南汇水蜜桃遇到三公经费消费减少的销售难题，逼得果农合作走市场，反倒逼出了一个品牌联销的好机制，参加水蜜桃联销平台农户的销售规模不降反升，比上年成倍增长，成为媒体关注的热点，人们把其归功为桃咏桃业专业合作社的引领和浦东农委农协抓品牌建设的成果。

　　上海桃咏桃业专业合作社成立于2005年，有成员10多户，主要生产经营南汇水蜜桃、"8424"西瓜、翠冠梨等浦东本土农产品，目前已成为品牌瓜果农户的领头羊和联销平台。桃咏专业合作社的创始人何明芳具有18年的南汇瓜果种植经验，其培育的"桃咏牌"瓜果获得上海市著名商标和名牌产品，自身种植900亩土地的瓜果，成为上海市优质农产品培育生产基地，年收入上千万元。同时带动联产联销的760多户果农的科技化种植和规模化销售，使果农们的年收入逐年增长，不仅远高于粮食种植户和蔬菜种植户，而且也高于其他未签约的果农。

桃咏的成功让人们看到了农业创业的希望，已带动一批农科人员下田创业，也让社会资本看到了投资农业的前景，更让农户们尝到了合作经营特色产品的甜果，其经验初步总结如下：

以科技兴农奠定价值。何明芳是科技兴农的带头人，在南汇瓜果的产前、产中、产后三个环节都以科技应用为解决方案：生产前采用良种；生产中坚持用有机肥，使南汇瓜果的口感更佳、个头更大、更健康安全、产量更高；生产后，采用科学检测，并以电子商务、二维码等新业态、新模式进行营销。科技兴农使"桃咏牌"南汇水蜜桃在全国品质领先，使"8424"西瓜和翠冠梨在上海品质领先，成为地产瓜果的佼佼者，创造了附加值。"桃咏牌"品牌瓜果的价格成倍于同类南汇瓜果，更远高于外地瓜果价格，仍供不应求。

以品牌经营拓展市场。桃咏专业合作社在浦东新区农委农协的重视支持下，注重打造特色农业的品牌。其自身的生产基地2007年通过无公害认证，2009年通过绿色认证，2010年荣获上海市著名商标、上海市名牌产品，同时又获得中华人民共和国原产地域产品标志、世博特供基地产品和绿色产品认证。其拳头产品"桃咏牌"新凤蜜露桃、"8424"西瓜、葡萄和翠冠梨在上海市各类优质农产品评比中屡次被评为"金奖""最受市民喜欢"奖。品牌不仅是品质，而且是文化和认同感。何明芳靠自身的勤劳和智慧创造信得过的美味瓜果，靠自身淳朴守信利他的人品开拓市场带动农户，把南汇地区朴实好客热情诚信的传统美德融入到品牌建设中。目前其吸引的老客户就有数万人，成为几百户合作农户共享的资源。

以组织创新带动农户。何明芳勤劳致富之后，合作社的10多户农户都分享成果，更多的果农要求共享品牌，于是联销平台作为一种新的组织模式应运而生，带动了"三个经营圈"的规模化经营：一是自产自销经营圈，主要是指桃咏专业合作社通过租赁而生产经营的900亩农地，包括500亩桃树、梨树和葡萄树，以及海边种植的400亩西甜瓜，经营规模达到千万级；二是签约订单经营圈，合作社与120余户家庭经营的果农签约，联产联销，每年瓜果成熟时，经桃咏合作社验收合格统一收购；三是联销平台经营圈，范围扩大到浦东上规模的34家果业合作社，由桃咏领头，在农协支持下成立联销平台，利用"桃咏"品牌和线上线下的营销渠道进行总经销，仅南汇水蜜桃的销售规模就已经上亿元。

专家指出,联销平台是浦东的一大创造,把专业合作社的规模经营优势推到新的高度和广度:

首先,联销平台是一种整合产业链的复合合作组织,比单一的生产合作社或营销合作社更有推广价值。从产前的统一种源,到产中的统一质量标准,到产后的统一营销和定价,联销平台的功能推动了地产特色农业的产业化经营。

其次,在联销平台的机制下,许多分散经营做不到的事,都能通过规模经营发挥效应:第一,可以统一采用最优秀的瓜果品种,如桃子研究所提供的"新凤"蜜露桃,新疆农科院提供的"8424"西瓜良种;第二,可以采取最新的销售手段,如与瓜果二维码相结合的网上销售;第三,可以统一价格,保护果农的权益,避免竞相杀价,从而使农户逐年增收,例如南汇水蜜桃的亩产从2年前的不到1万元,增收至如今的近2万元。

第三,联销平台得到农协的大力支持,引导政府的政策支持方向从输血转向造血。与农民分散相适应,过去政府对农业的支持往往撒胡椒面,输血不造血。建设了品牌平台后,政府的支持可以集中在有利于生产和销售的关键环节。近年来政府通过新区农协会在种子资源、保障标志、广告宣传和专家培训上对新区瓜果生产经营者的资助,都产生了立竿见影的效果。农协对进入联销平台的合作社和农户,实行"六统一":统一技术、统一标准、统一质量、统一商标、统一包装、统一价格,从而提升了产品质量和品牌价值,使南汇水蜜桃一举超过无锡阳山水蜜桃,成为全国第一品牌。品牌水蜜桃销售量猛增,与农协会精心组织媒体宣传和营销活动是分不开的。

二、推广桃咏专业合作社经验的几点建议

专业合作社与家庭农场并举,是浦东农业经营体系创新的重要特色。浦东农业就种植面积而言,粮食与经济作物平分秋色。粮食生产适宜家庭农场模式,而瓜果和蔬菜等特色农业种植更适宜专业合作社,因为特色农业更贴近市场,更需要产业链合作经营,更需要营销平台,对规模化专业化和市场化的要求更高。桃咏专业合作社所创造并实践的"联销平台+专业合作社+农户"的发展模式,代表了浦东专业合作社发展的方向和亮点,起到了示范引领作用,值得予以宣传推广。为此,建议如下:

(一) 大力扶持培育特色农业的龙头企业和知名品牌

"桃咏牌"蜜露水蜜桃和"8424"西瓜等浦东本土培育的品牌农产品，目前不但附加值高，而且供不应求。有必要进一步加以扶持，使桃咏专业合作社这样的龙头企业及其所拥有的知名品牌做大做强，更好地发挥带动农户增收的作用。2016年品牌瓜果都实现了增收，但没纳入品牌系列的瓜果却因雨水过多和销售渠道不畅等原因，反而在丰收的背景下减收，一方面要把更多的农户纳入品牌营销体系，另一方面也要支持龙头企业以农业设施应对自然灾害，在相关项目的立项上给予倾斜。例如，桃咏为了预防雨水对水蜜桃生产的影响，拟探索把部分水蜜桃放进连栋大棚内种植，项目总投资500多万元，提高产品优质率20%，将带来年收入增收100多万元的效益，可使100多户签约果农增收10%以上。希望浦东新区"支农资金整合项目"相关资金给予支持。建议有关部门予以重视研究。

(二) 大力推进水蜜桃、"8424"西瓜等优势特色产品的产业化

浦东的地产绿色食品、有机食品和无公害农产品在全市有知名度，有影响力，也有市场份额。如南汇水蜜桃、"8424"西瓜、翠冠梨、红刚青扁豆等，是浦东农业的亮点，应当继续大力扶持培育。借鉴荷兰的国际经验，荷兰是农业的第二大出口国，其中郁金香作为特色园艺产品更是居功至伟。郁金香原产古代中国，移种荷兰后成为其国花，不仅装点了江山，而且带来巨大财富。荷兰每年生产40多亿个郁金香种球，其中50%用于鲜花生产，使荷兰的园艺产品在世界贸易中占据了近25%的巨大份额，其花卉产品在全球贸易中更是雄踞支配性的50%份额，种球花卉的份额甚至高达80%。小小的南汇水蜜桃也与荷兰郁金香一样不能小看，完全可以拓展大市场。

就南汇水蜜桃来看，亩产已达近2万元，在带动农户增收上很有影响力。目前新区水蜜桃种植面积4.4万亩，年产量约为5万吨，目前主要供应上海市场，一旦把国内外市场做起来，就可能在产品结构上需要优化，在种植规模上需要扩大。市农委有关领导也曾表态，如果浦东重点发展水蜜桃，可考虑核减部分粮菜指标。市农委以及上海科研院所的著名农业专家，几乎都建议浦东大力发展水蜜桃产业，产业链要拉长，产业规模要扩大，把市场拓展到国际国内。把水蜜桃和桃花节观光旅游、桃花精桃花素等美容保健产品的研发创新和

深加工、桃树相关有机肥和有机保鲜新材料等组合成集群化发展。对此，要精心规划，加强研发创新，合理布局，给予政策扶持，做大做强浦东的特色农业。

(三) 加大宣传推广和支持力度，把浦东特色农业的品牌影响力拓展到国际

桃咏专业合作社尽管其品牌瓜果供不应求，需要扩大规模，但何明芳的愿望是提高品牌的附加值，降低损耗率，带动农民有更大幅度的增收。水蜜桃应销往北方地区乃至港澳台和日本新加坡。目前港澳台的品牌水蜜桃每只价格都在百元以上。桃咏蜜露水蜜桃是国内口感最佳的绿色水果，但走向国际市场却碰到保鲜的瓶颈。目前，浦东有一家海归人才创办的企业正在为浦东特色瓜果量身定做无毒无害的纳米有机保鲜材料，已经有一定的保鲜效果，何总希望有机保鲜的时效可以达到一周左右，这样就可让浦东的特色瓜果出口海外。同时，由于保鲜问题没解决，水蜜桃的损耗率高达40%～50%，也影响到农民增收。希望保鲜材料的研发创新项目得到新区有关部门的重视和支持，在浦东率先研制成功和示范应用。

(四) 推广"联销平台＋合作社＋农户"的组织创新模式

浦东工商注册登记的合作社约4 000家，比较成功的有百家左右，但真正在模式创新上有推广价值的并不多，最有特色的可能就是桃咏专业合作社及其联销平台。我们建议，借鉴荷兰的农业合作社发展经验，把"桃咏"这种浦东有条件的龙头合作社做大做强，使之成为浦东农业经营模式创新的标杆，成为中国农业"浦东模式"的示范。

荷兰的农业以合作社经营为组织特色，分别有信用合作社、供应合作社、农产品加工合作社、销售合作社、服务合作社等五种形式，目前已经从单一功能的合作社转向复合功能的合作社。也就是把合作经营和合作金融都放在同一家龙头合作社身上。我们建议借鉴其思路，以桃咏合作社为试点，把农村合作金融与专业合作社结合起来，真正做到服务于产业链，服务于本土专业合作社和家庭农场。一旦浦东进行这方面的探索试点，一定会起到更好的宣传推广作用。

点评

丰年产量大，却遭遇"贱价伤农"难题，一直是不少地区性优质农产品走不出的一个怪圈。浦东南汇桃咏合作社通过多方整合，深度合作，打造出的"桃咏"名牌和农产品联销平台给出了一个令人惊喜又颇具启发性的答案。

分散的生产者如何对接大市场？"酒香也怕巷子深"，代表性特色农产品如何在现代都市农业发展中走好棋，出高招，让企业生意越来越火，产业链管理越来越体系化，使更多的农户在携手发展中，有路可循，共做品牌，共闯天下，市、区两级农委做出了回答，浦东农协会做出了回答，龙头企业做出了回答。

品种优化靠科技，品牌做大靠组织、靠联合、靠观念先行，桃咏合作社从10多户农户起步，发展到如今近千家合作的规模，打响了品牌，创出了效益，确立了南汇水蜜桃的市场地位，联销经营的成效得到了市场验证和社会肯定，形成了明显的带动效应，值得借鉴，值得推广。

农旅文结合的仓桥水晶梨合作社

上海市松江区仓桥水晶梨专业合作社于2004年3月22日正式成立，同年8月31号领到工商营业执照。从成立初的3名股东到现有股东31名，社员175名，生产规模3 313.85亩，涉及永丰、车墩、石湖荡、佘山、叶榭等乡镇，合作社坚持按章程办事，对社员重点实施"三改""三推广"的栽培技术。

目前仓桥水晶梨专业合作社已初步形成了自己的特色和品牌，优质梨产量逐年上升，从2005年平均亩产1 743斤、产值3 556元，到2012年平均亩产2 240斤、产值8 576元，短短7年间，亩产量、产值翻了一番多。2005年仓桥水晶梨专业合作社被上海市农业委员会评为上海郊区50个重点合作社之一。2006年、2008年、2010年、2013年在郊区优质梨评比中，合作社选送的早生新水、翠冠和爱甘水分别获金奖、银奖和引进新品种奖。2008年6月经上海市农业委员会、上海农村商业银行评为上海市守信农村合作社之一。2009年和2011年被上海市农业委员会评为示范合作社。2010年3月获上海世博果品特供基地。2010年合作社承担上海市科委关于《高接换种技术的应用暨优质中熟梨新品种的引进、示范推广》项目。2011年1月15日，"仓桥水晶梨"获国家质量监督总局批准成为国家地理标志产品保护。2011年5月11日被松江区科普教育工作联席会议办公室评为"松江区科普教育基地"。2012年2月被上海市农业委员会评为"上海市农民专业合作社标兵"。2012年5月被上海市科普教育联合会评为"上海市科普教育基地"。2012年7月被国家农业部评为"全国农民专业合作社示范社"。

2014年，上海仓桥水晶梨专业合作社在区农委产业办、区林业站和永丰街道农业技术服务中心的指导下，经过175户社员的共同努力，2 485.32亩水晶梨，共6个品种，据不完全统计，共收获595.55万斤，比2013年增加109.97万斤，增产13.4%，平均每亩产量2 396.3斤，比2013年单产增加432.4斤；销售收入达218.57万元，比2013年增加102.5万元；增收4.9%，平均每斤销售3.67元，比2013年减0.3元/斤；平均每亩产值达87 947元，比2013年每亩增收998.30元。仓桥水晶梨已成为上海郊区的特色高效经济作物，合作社把创品牌作为农业发展战略，实施农业产业化经营，走出了一条科技兴农、富农的道路。

一、推广普及农业科学技术，实行标准化生产和销售

合作社为了打造品牌，每年4月、11月两次聘请浙江大学、南京农业大学、郑州果树研究所、上海农科院等果树专家来仓桥水晶梨基地给梨农传授栽培和管理技术，介绍新品种等。在生产实践中，对老品种实行高接换种等标准化生产技术体系的同时，还充分运用信息化技术服务平台推广、普及梨树栽培管理技术，实行标准化生产和销售。

（一）实行对仓桥水晶梨提纯复壮

近年来，为社员高接换种700多亩，不断引进优良梨树品种，提高生产组织化程度。通过改进传统栽培技术后，水晶梨品质得到明显改善与提高，果品上市后深受消费者欢迎，从过去的数量型按斤卖向现在按个卖的质量型转变，果农开始尝到了新技术与引进优良品种的甜头。据统计，采用新技术后果实平均增重了5～10克，汁多味甜，肉质细脆，糖度提高1～2度。果农亩均产值比原来增加了2 000多元。

（二）实行统一采购农资，确保标准化生产实施和果品安全

为解决果品生产周期长、资金占用多的矛盾，区农委为合作社担保，在上海农村商业银行永丰支行办理贷款100万元，并实行统一采购农资，从源头严控果品安全生产流程，达到了无公害标准。

（三）实行科学测报，推广综合防治

合作社坚持每月印发梨树农事信息，在防治病虫害方面，每15～20亩安装一盏佳多杀虫灯，坚持以灯光诱杀与药物防治相结合。种了20多年梨的老果农沈益德，加入合作社后，就一直坚持学习新技术，严格按照科学的方法管理，2015年他种植的27亩梨，亩均收益达到1.99万元。他说，过去种梨，只讲产量，不讲质量，一亩地产量8 000多斤，3斤梨只能卖1元钱，亩产值不到3 000元，卖相不好、口感不行，市场上不好卖。如今，产量高了，质量优了，早已不是论斤销售，而是论个销售，平均一个梨能卖到5～10元钱，价钱是普通梨的好几倍。

(四) 实行统一注册商标,实施品牌建设

为了组织社员能够立足市场,合作社为水晶梨统一注册了"仓桥"牌商标,实行统一包装,使仓桥水晶梨生产开始进入正规化、产业化轨道。为了加强标准化生产,提高社员标准化安全生产意识,合作社依据国家级梨果生产标准化示范区的要求,实施标准化梨园建设,制定完善《仓桥水晶梨生产技术操作规程》和《地理标志产品仓桥水晶梨》产品标准。为广大社员提供梨果标准化生产的土壤管理、果树整形修剪、花果管理、病虫防治、采收运输、贮存等技术示范。经过几年的努力,社员都能按照标准化、产业化自觉执行安全生产。合作社邀请梨树专家给广大梨农开设梨树管理技术培训等一系列专题讲座;同时每月结合气候变化编写梨树管理要求,印发梨树农事信息,推广使用新技术,提高优质梨比例,指导果农用足用好政府"双增双减"的扶持政策。

二、借他山之石,深化品牌战略

2007年7月,第二届中国园艺学会梨分会暨全国第五届梨科研、生产与产业化研讨会在松江红楼宾馆召开,来自全国23个省市的大专院校及科研单位的125名专家、学者与会。合作社在交流推广仓桥水晶梨专业合作社产业化经验的同时,不忘吸收全国各地的梨树专家、科技工作者交流的先进生产技术为我所用,以进一步深化品牌战略。

(一) 推广新型灯、药剂,降低成本无公害

经与兄弟省市交流得知:四川成都新津生化工程研究所生产强力清园剂——30%机油石硫合剂微乳剂,是全国农业技术推广服务中心推荐的无公害杀虫菌剂,其效果显著,且省工省钱,是优质高效绿色食品生产的理想药剂。它有效杀灭各种越冬害虫和病菌,比原来自烧的石硫合剂每亩节约5元,而且防治病虫害效果明显。目前这一技术在合作社已广泛运用。

(二) 推广新型梨果袋,促进果品早成熟

给梨果"穿衣"能使果品表面细腻光滑,特别是对基地温室种植的早生新水梨,经专家指导,套白袋比套黄袋的成熟期明显提前。一棵梨树套日本小林纸袋,能防菌防虫,抑制果锈果点,增进表光,促进着色,提高耐贮性。往年大棚内早生新水梨套黄袋在7月8日左右成熟,2007年同样在大棚内由于套日本小林白袋，6月22日就成熟了，比往年提早3周投放市场，梨的品质好，价格虽然高了点，但仍深受消费者的欢迎。

（三）推广梨叶果比例，培育优质水晶梨

一棵梨树留多少果，才能确保品质优，外观好看，确保大风大雨（八级风力以下）不落果？为此合作社请来了国家梨产业体系首席专家张绍玲教授指导社员。上海郊区是台风频发、雨量集中的地区，确定梨树树型调整成开心型，主枝高度不超过2米，按25~30张叶片留一个果，这就成为培育优质仓桥水晶梨的基础。合作社创作、编排了"水晶梨计划生育"小品对社员进行广泛宣传，2012年5月录制的小品在浙江天台县参加全国休闲农业创意精品赛华东区展示评比活动中获"文化创意"类优秀奖。

（四）推广"走出去，请进来"的学习方法

在梨树管理方面，合作社先后组织股东社员考察了浙江桐庐钟山蜜梨合作社、嘉善惠民蜜梨专业合作社、赵县大寺庄果品专业合作社、江苏南通市秋月果业合作社等。通过考察，学到了全国各地对果园标准化建设的先进经验与技术，特别是对病虫防治与喷药技术的改进，采用标准园推广绿色植保技术，对虫害采用性诱剂、诱捕器、铺反光黑地膜、树干捆绑瓦楞纸、杀虫灯、挂黄板等，既降低了生产成本，又有利于提高果品质量，还减少了农药残留，安全又卫生。

三、弘扬水晶梨文化，做好品牌农业的社会宣传

为弘扬水晶梨文化，从2008年开始创办上海仓桥水晶梨游园节，组织集旅游观光、普及梨文化、销售为一体的活动已连续8年，得到了区政府的支持和游客的广泛欢迎。

（一）创办梨文化游园节，助推品牌致富果农

每年6月的最后一个周六至国庆后第一个周日为上海仓桥水晶梨游园节。以"千年美仓桥，一品水晶梨"为主题开展梨文化内容各项活动。在新的历史时期，仓桥水晶梨被社员视为增收的"摇钱树"，被城市居民视作净化空气的"氧气树"。以"千年美仓桥，一品水晶梨"为主题的仓桥水晶梨游园节和梨花节，为游客开展观梨花品水晶梨、参观上海梨文化博物馆、观看仓桥水晶梨竞

数风流专题片等活动，让游客们享受到来自大自然的快乐与活力，高兴而来满意而归。梨花节活动形式多样，请来了薛家腰鼓队、街道志愿者欢迎贵宾、游客，并进行文艺表演：上海说唱"仓桥水晶梨"和沪剧"卖水晶梨"等小戏，开幕式后市民、游客、水晶梨会员进入采摘、品尝高峰。仓桥水晶梨以"脆""甜""鲜""靓"的品质获得了荣誉，得到了广大消费者的认可。梨花节期间游客络绎不绝，据不完全统计，客流量达到近万人次，许多游客都为这次活动留下了深情感言，对水晶梨的品质表示了赞美以及对梨花的溢美之辞，还给予了很多好建议。

近年来合作社先后接待了国内外宾客、果树研究所专家、大中小学生等550多批20多万人次摘梨、品梨、参观梨文化博物馆。2010年7月日本山梨县知事横内正明一行17人考察仓桥水晶梨基地与梨文化博物馆。他们反映上海梨文化博物馆真实展示了世界梨的起源，亚洲梨的栽培方式，中国梨的发展史，上海仓桥水晶梨的优质、高效。

（二）征水晶梨广告语，创（唱）水晶梨之歌

在《松江报》、合作社网站上发表征集仓桥水晶梨广告语启示后，先后收到全国23个省、市72名广告语爱好者献出的298条广告语。有关领导、专家经过评审、投票产生的作者是浙江省台州市东城开发区李文龙先生的广告语"千年美仓桥，一品水晶梨"获奖。编写以水晶梨为题材的文艺节目"梨中王"表演唱，创作水晶梨之歌，拍摄"仓桥水晶梨竞数风流"专题片，在游园节开幕式上为嘉宾、游客表演并播放，得到了市民代表、嘉宾的肯定和欢迎，让广大游客充分享受梨文化的乐趣。

（三）中华名梨选拔赛，仓桥牌水晶梨也上台

2009年10月22～24日由上海市农产品质量认证中心组织的中国绿色食品2009烟台博览会，合作社选送的早生新水、翠冠、园黄、雪青等优质仓桥水晶梨赴烟台博览会。仓桥牌水晶梨凭其良好的外观和优质的品质被中国绿色食品2009年烟台博览会组委会评为金奖，为上海绿色食品企业争得了荣誉，为郊区农产品争得奖牌。2010年9月4日合作社应邀参加由中国园艺学会、中国果品流通协会、北京市园林绿化局、北京大兴区人民政府主办的2009年中华名梨评选暨北京大兴第七届全国梨王擂台赛，选送的"翠冠"梨与来自北京、上海、甘肃、河北、山东等8个省市梨生产基地、龙头企业、果品协会等选送的264个样品共同参加角逐,在参评样品均通过了农残检测后。由《北京晚报》10位热心读者担当的市民评委,将仓桥牌水晶梨的翠冠梨评为"最受北京市民喜爱的十大名梨"之一。

(四)招募水晶梨会员,重阳拜访敬老院

2007年开始,合作社在网站上发出仓桥水晶梨会员开始报名登记以来,先后收到来基地报名、电话报名、邮箱报名和通过永丰街道"双学双比"协调小组报名总计有500多位市民。有不少家庭带小孩来水晶梨基地找一个快乐开心的天地,闻梨花香、赏梨园景、尝梨果甜、修身健体,使他们亲身感受采摘和品尝的乐趣,同时也学习到梨的栽培管理技术。在取得经济效益的同时,合作社未忘将爱心奉献给社会,每年新梨上市和重阳节,总会给松江上海第四福利院、松江区福利院、永丰街道敬老院的老人们送上新鲜美味的水晶梨,祝老人们安康、幸福和愉悦。

四、加强特色项目建设,科技入户增效益

(一)扶持政策见成效,灾年也能增收入

合作社申报的上海市区域特色农产品生产基地建设项目,获上海市农业委员会、上海市财政局联合发文沪农委(2012)217号批准扶持松江区永丰街道仓桥水晶梨生产基地建设项目。在区农委、区财政局的直接关心指导下,首先搭建7座MGM80风冷系统生梨保鲜库以及1万只装梨塑料周转箱。经过招投标,塑箱选择嘉善鑫峰达塑料制品经营部生产,质量好,价格合理,发货快,确保果家按时发给果农使用。保鲜库选择上海圣邦制冷设备有限公司安装,技术质量可靠,保证在台风季节前安装调试交付给社员使用。当年海葵台风来袭,7户梨农提前采摘进保鲜库,每座贮藏3万斤左右,总计21万斤左右,使水晶梨减少了损失。社员沈益德、娄小良、王富余、高金明等激动地说,区域特色项目保鲜库救了他们的"命",3万斤水晶梨少说一点卖5元/斤,15万元就是合作社参加农业保险,也是十赔九不足。他们要感谢党的好政策,感谢农委、财政对他们的扶持,一座保鲜库农户出2万多元,一年不到就赚回来了。

(二)龙舟赛上品尝梨,"乡土有约"比诚信

在上海市第三届市民龙舟大赛暨松江区第四届端午龙舟赛上,区商业和旅游委员会准备名品展位为松江优质农副产品搭建销售平台。合作社采摘设施栽培水晶梨,经过分级、包装,首次上市就一炮打响。品尝的市民络绎不绝,工作人员削梨都来不及,100多箱水晶梨"一抢而光",不到一个小时就卖光了,赢得游客的广泛欢迎。上海市林业总站组织上海市林果乡土专家行动计划系列活动之一,品郊区安全果品、尝农家新鲜土菜、游乡村生态果园。首届"乡土有约"活动,当年在上海辰山植物园主举办。合作社理事长带队采摘仓桥水晶梨供游客品尝购买,得到消费者的热烈欢迎,有的顾客好奇地问仓桥水晶梨这么早就上市,这梨种在啥地方?这么早,这么甜,水分又这么足,真是吃了还想吃,买一箱梨回去让家里大家吃。

(三)实施科技示范户,购物节上打品牌

2013年年初,合作社实施了科技入户示范工作,主推技术应用到位,梨农掌握并运用优良品种和规范化栽培技术,提高了产品的质量,推广梨园种草和安装杀虫灯,减少了化肥、农药的使用,实现了节本增收。据对示范户、辐射户、普通户进行统计对比,20户示范户的平均亩产量比辐射户平均增产8%,产值增17%;辐射户平均亩产量比普通梨农增产5%,产值增11%。辐射户梨通过套袋以后每公斤增收2元以上,优质果品率提高了12%~15%。经测算,辐射户2013年每亩产值提高300~500元。在每年的松江购物节上,合作社推出了参观梨文化博物馆、免费品尝、85折优惠、会员认养梨树等活动,把最精品的水晶梨推向市场,分别在松汇西路、文诚路、玉树北路的森鲜馆、新松江路松江优质农副产品展示中心、辰山植物园开设仓桥牌水晶梨专卖点,方便消费者购买水晶梨,深受市民欢迎。据不完全统计,在购物节期间,共销售水晶梨10 000多箱,散装梨果近5吨,销售额比上年同期增长27%。

点评

做创新发展的先行者

挂牌于2004年3月的上海仓桥水晶梨专业合作社,依托国家质量监督局授予的地理标志保护产品——仓桥水晶梨品牌,创新"农旅文"不同产业的深

度融合，加快转变生产发展方式，保持了企业稳定增长和果农持续增收。合作社从成立初的 3 名股东发展到现有股东 31 名，优质梨生产规模 3 313.85 亩，经过十多年的努力奋进，走出了一条产出高效、品牌驰名、资源节约、环境优美的创新发展之路，被国家农业部授予"全国农民专业合作社示范社"。

仓桥水晶梨专业合作社的创业实践，又一次证明"创新是引领发展的第一动力"。

俗话说："桃三杏四梨五年，枣树当年能卖钱。"可见梨的始挂果期要比桃、杏、枣晚得多。为了最大限度地发挥好梨产业本身具有的"食品保障、原料供给和就业增收"的三大传统功能，合作社注重学习、推广、普及梨树栽培和无公害防治水晶梨科学新技术，不断改良梨树品种，改进栽培技术，改善水晶梨品质，从过去按斤卖的数量型向现在按个卖的质量型转变，"仓桥牌"注册商标使水晶梨生产进入正规化、产业化轨道。为了提升梨果生产的整体水准，要求果农按照《仓桥水晶梨地理标志产品》DB13/546-2011 的产品标准和《仓桥水晶梨生产技术操作规程》进行仓桥水晶梨生产，极大地保证了仓桥水晶梨生产安全性。由此可见，合作社为了保障仓桥水晶梨高品质传统功能特色，在科学育梨上用尽了心思。

建设现代农业，除了提升农业的传统功能，还必须注重开发农业的多种功能，促进农业结构进一步优化。创新者总是领先一步。合作社比较早地悟到千亩梨园的价值，他们依托农村的青山绿水、梨园风光、梨科普知识，创新农旅文的深度结合，将生态保护、观光休闲和文化因子有机融合，形成了梨产业发展的多维目标体系，不断推进产业链和价值链的提升。

合作社从 2008 年起，每年举办仓桥水晶梨游园节和仓桥水晶梨梨花节，组织集旅游观光、普及梨文化、销售为一体的活动。近年来，合作社已先后接待了国内外宾客、果树研究专家、大中小学生等 550 多批，计 20 多万人次摘梨、品梨和梨文化馆观摩活动。

千年美仓桥，一品水晶梨。

产销一体化的弘阳蔬菜农庄

青浦区农委根据中央和市委、市政府关于加快农业转型发展、构建新型农业经营体系的要求,积极扶持发展新型农业经营主体。近年来,位于该区白鹤镇杜村的弘阳农业有限公司,在区、镇两级政府的直接帮助和扶持下,积极探索蔬菜经营新模式,初步形成了"统包结合、产销一体"的经营机制。目前,弘阳公司经营蔬菜面积已达5 000多亩,下辖3个专业合作社、1 000多家蔬菜种植户。2014年,上市各类蔬菜70 000多吨,营业额1.8亿元,为市民吃到放心菜、菜农稳定保增收作出了贡献。公司已通过了GAP良好农业规范一级认证,被认定为农业产业化上海市重点龙头企业、上海市著名商标、上海名牌;先后荣获农业部蔬菜标准园、全国农民专业合作社示范社、全国农超对接先进单位、上海市蔬菜标准园、上海市农民专业合作社标兵、世博蔬菜生产先进单位等荣誉称号。

一、建立基地,形成蔬菜产销一体化体系

蔬菜生产用工多、成本高、风险大,按照传统的细碎化经营模式,菜农无法与市场对接,十有八九要亏本。青浦区委、区政府把蔬菜生产作为建设菜篮子工程的重要项目来抓,首先从规范土地流转,建立规模化菜地源头抓起。2013年,区农委经过调研,形成了规范土地流转文件,由区政府直接发文,明确了规范土地流转程序、流转价格、受让准入条件,拆除田间窝棚,整治农村环境等一系列规定,支持新型农业经营主体发展粮食和蔬菜适度规模经营,形成了稳定可控的蔬菜化产基地。

弘阳公司蔬菜产销体系形成,大致经历了三个阶段:

为批发商提供货源阶段。弘阳农业创办人陈春民介绍说,他1993年从浙江金华到上海,先从小贩做起,食用菌起家,为曹安市场批发商供货。1997、1998年从台湾引进金针菇,又在上海种植食用菌,为市场、超市、宾馆服务,积累了一定的蔬菜市场经验。

开设门店自营销售阶段。1997年起,陈春民先后在北京、上海、杭州、

无锡、苏州等地开设了 10 多个蔬菜销售门市部，自行采购销售。这种自采自销的模式，带来了结账难、资金周转慢等问题，更严重的是，采购来的各地蔬菜缺乏产地追溯机制，无法检测其农药残留量，给蔬菜质量安全带来了很大的隐患。因此，对陈春民来说，这条路也走不下去了。

建立蔬菜配送生产基地阶段。2003 年，陈春民在闵行区华漕镇成立了蔬菜配送中心，并租下了 2 000 平方米的仓库和一块菜地，成立了上海弘阳农业有限公司，把全国的蔬菜调配到上海市场，当年配送额 1 400 万元。2008 年，又在白鹤镇青龙村流转土地 420 亩，作为弘阳公司的蔬菜基地。为了抓好基地生产，2008 年年底，陈春民又成立了春鸣蔬菜专业合作社专门管理蔬菜基地生产。这样，弘阳公司可以专心于开拓市场接订单，合作社主要负责基地生产，一种新型的蔬菜产销经营体系逐步形成。至 2013 年年底，弘阳公司旗下的蔬菜基地达 5 000 多亩，其中 2 000 多亩通过土地流转租赁而来，另外 3 000 多亩是通过蔬菜收购销售契约而建立的配送基地。并且在山东、云南昆明、江苏东台、浙江丽水和金华等地建有 20 000 余亩合作社合作基地，形成蔬菜大流通格局。近年来，又成立了两个专业合作社。目前，通过合作社收购农户配送上市的蔬菜占弘阳公司蔬菜总销售额的 40%以上。一种"公司＋合作社＋基地＋农户"的蔬菜产销弘阳模式逐步形成。

二、农超对接，建立稳定均衡的供应链

长期以来，蔬菜生产面临着自然风险、市场风险和质量安全风险。蔬菜增产和减产会引起价格的周期性、突发性波动，直接伤害了市民和农民的利益。如何做到蔬菜均衡上市，价格稳定运行，是各级政府和社会关注的问题。用陈春民的话来说，如何使市民吃到安全放心、价格合理的蔬菜，使农民安心生产，又能增收，这是弘阳农业应尽的责任，必须为产销架好桥梁。因此，建立蔬菜均衡稳定供应、可持续的产销机制，让市民、农民都得利，是弘阳模式的核心和真谛。为此，青浦区农委从资金、项目等方面积极为弘阳农业创造条件，促进弘阳模式在实践中不断完善发展。弘阳农业在产销对接方面主要做到：

以订单稳定市场供应。弘阳农业实行产销一体化的首要环节就是实行以市场为导向，以销定产，大力发展订单农业，农超对接。他们先后与家乐福、华

润乐购、易买得、香港城市超市等建立了配送供货关系。通过订单满足市场对蔬菜品种的要求。现在，弘阳农业通过订单生产配送的蔬菜占公司全部销售量的90%以上，其中为各大超市配送的蔬菜占公司全部上市蔬菜的80%以上，品种达160多种。

以物流做大市场供应。蔬菜产销一体化，物流是关键。为了减少中间环节，降低蔬菜销售成本，让市民得实惠确保蔬菜质量，弘阳农业不搞第三方物流，建立自己的物流体系。陈春民说，在蔬菜产销方面，弘阳农业发挥了三大功能：物流功能、加工功能、仓储功能。正是这三大功能，使弘阳农业在蔬菜供应方面不断做大做强。目前，公司拥有10台冷藏车，8台菜篮子工程车，日配送蔬菜量达180多吨。

以冷链均衡了市场供应。根据国际经验，冷链是均衡蔬菜供应、平抑市场菜价的重要手段。这一理念，是陈春民在考察泰国市场后得到了进一步强化和升华。2008年，他在泰国看到一家公司，从中国进口了几千吨的胡萝卜、大蒜、土豆等蔬菜，一方面稳定了市场供应，另一方面企业也得到发展。于是，他回国后争取政府支持，申请建立了青浦区蔬菜冷链加工仓储物流中心，冷链仓储面积是14 000多平方米，总投资8 000多万元，形成10 000多吨冷藏及加工能力。目前，冷链物流中心初具雏形，已储藏1 200多吨土豆、1 300多吨洋葱、300吨大蒜，为稳定均衡市场供应将发挥重要作用。预计弘阳公司2016年全年蔬菜销售额可突破2亿元，2017年突破3亿元，最终将突破8亿元，可为200万市民提供优质蔬菜。

三、统包结合，创新生产管理体制

青浦区农委按照十八届三中全会精神，积极鼓励农业经营形式的创新，指导弘阳公司在蔬菜家庭承包经营基础上，实行"统包结合，各司其责"的管理体制，为弘阳公司产销一体化模式奠定了重要基础。

在这一方面，陈春民有其独特的见解。他认为，合作社不在于大，而在于会经营，善管理；合作社不在于几次分配，而在于让农民种的每一棵菜，能进入市场出售变成收入。事情就这样简单，这就是陈春民的"种菜经"。弘阳模式的生产管理体制概括起来是：坚持一个基础，实行"两头包中间统""三级管理，各司其责"。

坚持一个基础。即家庭承包经营为基础。由弘阳公司流转租赁的2 000多亩蔬菜基地，制定了严格的承包准入条件，如使用违禁农药、打架扰乱社会治安、乱搭建窝棚等实行一票否决，不得租赁承包。根据蔬菜用工量大的特点，一般一对夫妻承包7～8亩，实行适度规模经营，取得良好效果。

实行"两头包中间统"。即农民一头包收购，市场客户一头包供应，中间生产环节，由公司统一下订单，统一生产标准，统一技术措施，统一管理服务。在收购环节上，公司实行预告价和浮动价结合，在实际收购时，按当时市场价收购，如市场价低于预告价，则按公司预告价收购，避免"菜贱伤农"，有效地保护了农民利益。菜农上交蔬菜后，由公司按月结算兑现，也可结转到现金兑现，并帮助扣除土地租赁费、农业农机服务费等。这样，使农民放心种菜，不愁市场销售。近年来，一般一户承包菜农年收入达6万～8万元。

"三级管理，各司其责"。即实行公司、合作社与承包农户三级管理，其职责是：公司统揽全局，主要负责市场开发和销售；合作社主要负责对蔬菜承包地农户的服务和管理；承包农户主要专心致志种好菜。这样一种科学管理的"产权明晰、权责明确、管理严格、运行规范"的管理制度，使弘阳公司的市场竞争力、影响力、美誉度不断提升。

四、依靠科技，建立标准化质量监管体系

坚持依靠科技进步，是青浦区农委推动农业转型发展，培育新型农业经营主体的重要措施。弘阳公司本着"让农民增收，让市民受益，可持续发展"的企业宗旨和"确保上市蔬菜100%安全就是我们的最大社会责任"这一理念，坚持依靠现代科学技术，开展产学研合作，先后参与了上海市叶菜产业技术体系、农业物联网示范基地、青菜抗根肿病品种筛选及综合防治技术研究与示范、蔬菜废弃物处理、蔬菜新品种引进、蔬采种植标准化示范区、叶菜类蔬菜机械直播技术示范推广、蔬菜产业化管理系统应用等项目。

弘阳公司以"科技求发展、安全求生存、服务增效益"为目标，建立健全各项质量安全风险管控制度：

推进蔬菜标准化生产。建立从源头控制风险的各项管控制度和措施，如种子、农药、化肥等生产资料实行统一采购、供应，制订农场环境管理及保护制度、蔬菜生产技术规程、垃圾和污染管理计划、农药、化肥管理规程、加工车

间卫生守则等多项制度和措施,并严格组织实施,实现蔬菜标准化生产。

建立蔬菜生产全过程质量管控制度。实行植保人员签名制度,明确植保人员的职责,对购进的农产品种子、农药、有机肥等投入品进行审核和入库登记。建立田间生产档案管理制度,全面、系统、准确、及时地做好蔬菜生产过程中的信息记录。建立产地准出制度,确保不合格产品不采收、不销售,严把产地准出关。建立产品采收检测制度,配备专门的检测室和持证上岗检测人员,每天对要采收的蔬菜产品进行及时有效的农残检测,并将数据及时上传,掌握安全间隔期,确保检测合格后才采收上市。建立加工包装规范化,制定和实施HACCP计划,系统全面地进行危害分析和控制生产过程中安全与品质危害因素,从而确保上市蔬菜安全卫生。

健全蔬菜质量追溯体系。全面、系统、准确、及时地做好蔬菜生产过程中从播种育苗、施肥用药、检测采收、加工分拣到冷藏运输等信息记录,使每一个生产链都有章可依、有据可查,保证蔬菜生产有序、可控,确保产品质量全程可追溯、责任可追究。

建立蔬菜风险预警和应急反应处置体系。为克服蔬菜生产销售环节中的土壤、水质、空气、种子、肥料、农药、运输等因素带来的安全风险,以及加工过程中的物理性、化学性、微生物性的污染所带来的风险,弘阳公司建立了科学的种植基地风险评估制度、农作物种植过程风险评估制度、蔬菜安全评估制度、农业生产资料供应商评估制度,并严格组织实施。

点评

守护舌尖上的安全

上海弘阳农业有限公司是一家产销一体化的农庄,下辖3个专业合作社,1 000多家蔬菜种植户。蔬菜生产规模已达5 000多亩,年上市各类蔬菜超7万吨,被认定为上海市农业产业化重点龙头企业。

公司大力发展订单农业,通过订单生产配送的蔬菜占公司全部销售量的90%以上,其中为各大超市配送的蔬菜占全部上市蔬菜的80%以上,品种达160多种。

如此大规模的蔬菜生产,能够让市民吃到放心菜吗?面对鱼龙混杂的蔬菜生产,弘阳公司向社会承诺:"确保上市蔬菜100%安全就是我们最大的社会责任。"一诺胜千金。这不仅是公司领导的承诺，而且是公司的理念。全体员工用安全生产的实际行动，守护着人们舌尖上的安全。

弘阳公司以家庭承包经营为基础，制定严格的承包准入条件；以"科技求发展，安全求生存，服务增效益"为目标，坚持依靠现代科学技术，开展蔬菜新品种引进，坚持依靠现代科学技术，开展蔬菜新品种引进，种植标准化示范区、青菜抗根肿品种等项目的产学研合作，公司围绕推进蔬菜标准化生产，生产过程质量管控，蔬菜质量追溯体系、风险预警和应急反应处置等，建立健全各类质量安全风险管控制度。

弘阳公司蔬菜安全生产各项制度精准细致的实施，让市民吃上了放心菜。公司先后荣获农业部蔬菜标准园、全国农民专业合作社示范社、上海市蔬菜标准园、上海市农民专业合作社标兵等荣誉称号。

大团水蜜桃
——浦东新区大团镇"一镇一品"介绍

大团镇地处浦东新区东南部,东接临港新城,南邻奉贤区。以桃闻名的大团镇,按照"布局城镇化、农业产业化、旅游生态化"的目标,正努力建设成为"农业重镇、休闲小镇、宜居新镇",打造成真正的"世外桃源",让市民徜徉在"天蓝、地绿、水清"的新大团中。

近年来,大团镇积极调整农业产业结构,因地制宜发展水蜜桃产业,水蜜桃成了大团的农业品牌。全镇共有16个行政村,村村都种植水蜜桃,桃树种植面积达1.2万亩,是沪郊最大的产桃区,平均亩产1.1万元,全镇水蜜桃产值可达1.3亿元以上。作为大团农业重镇标志的"多利农庄"和"大团桃园",是"农业产业化、旅游生态化"的排头兵。

20世纪80年代,大团镇果园村有500多亩桃树,种植的大多是太仓、玉露、白凤桃等。寻常的品种,寻常的果园,这在沪郊有很多。当时的果园村党支部书记王凤娟带领技术人员成立了科研攻关小组,请来市、区果树专家指导,进行科技兴果研究,专门开辟了10亩优良单株繁育基地。经过多年的寻觅优良母本嫁接、反复筛选,终于培育出一种果大形美、吃口鲜甜的新品水蜜桃,经专家鉴定命名为"大团蜜露"。"大团蜜露"曾获"全国林业名、特、优、新产品博览会银奖""沪郊百宝"的殊荣,多次在上海市优质桃评比中荣获金奖。通过不断探索研究,"大团蜜露"桃品质不断优化,种植面积不断扩大,成为浦东桃子产业中的主打品种。

在水蜜桃生产过程中,大团镇坚持运用科学技术,开展枝条嫁接、品种杂交、修剪整枝、人工授粉、果子套袋等方式,形成具有大团特色的水蜜桃种植方法,使大团蜜露桃成为绿色安全优质农产品。平时抓好不同农时季节的管理,是水蜜桃丰产丰收的前提。近几年来,大团镇加大了对农民的专业种植培训,桃农在传统种植中加入科学管理,如全部施用有机肥料、套袋喷药等,从而使大团水蜜桃种植管理实现了标准化,质量更上一层楼。

采用滴灌节水技术和智能自动化控制系统相结合,实现水肥滴灌精准控制，具有显著的节水、节肥、省工、高效、优质、环保等优点。露地栽培和大棚栽培水蜜桃有两种滴灌系统，包括微灌施肥技术、节水型地面灌溉施肥技术、大棚滴灌施肥技术等，可节水50%，省肥28%，节省人工50%，果品增产15%以上，品质明显改善。大棚设施栽培由人工控制温度、湿度等指标，不仅可以提高桃子的品质，还能错开桃子上市期。

　　大棚设施栽培水蜜桃获得成功，桃树大棚技术获得了国家专利。50多岁的盛新华是一位善于钻研创新的种桃能手。每逢梅雨，持续阴雨对水蜜桃生产十分不利，造成露地栽培水蜜桃自然落果，还会影响桃子的质量，损失较大。于是，他在市、区农业科技部门的支持下进行棚栽水蜜桃试验，经过5年刻苦钻研，采用大棚设施栽培水蜜桃获得成功。他发明的大棚桃树获得国家专利。他用大棚栽培的8亩"白凤""大团蜜露""湖景蜜露"水蜜桃，成熟期比常规栽培的水蜜桃提早了15天，果实圆形饱满，汁多浓甜，适口性好。盛新华说，采用大棚种水蜜桃，可采取防冻、防霜、增温、避雨等措施，最大限度地降低天气带来的不利影响。天气晴好，可以将大棚顶部和四周打开；如果天气不好，就可以收拢关闭大棚以防止雨、冰雹等自然灾害。大棚栽培的水蜜桃的质量优于露地栽培的。盛新华的棚栽水蜜桃，礼盒装12个水蜜桃，每盒卖到了380元，总是供不应求。桃子还在树上，客户的订单已纷至沓来。他说，随着市场竞争和农资、用工成本上涨等，依靠科技创新实现桃子生产增收节支显得更迫切。科技种桃是第二次创业。盛新华全力以赴，走出一条节水、节肥、省工、高效、环保的种桃新路。

　　传统桃农卖桃，靠设摊吆喝。现代农民靠脑子，网上卖桃。31岁的朱明华被村民称为"网络农民"，业余时间爱好上网，网络游戏、网上购物玩得精。2009年7月，看到丈人、丈母卖桃很辛苦，朱明华想，既然可以网上购物，是否也可网上卖桃？抱着试试看的心态，他尝试着在淘宝网申请开了一家名叫"誉如果蔬"的店铺。没想到，网上生意还真不错，当年他就卖掉了4 000余公斤桃子，消息传开后，老桃农们都感到很惊奇。随着生意逐渐做大，朱明华成立了上海誉如果蔬专业合作社，不仅销售自家的桃子，还帮助村里的桃农销售。2009年以来，朱明华网上卖桃累计3万余公斤。朱明华的丈人王建官是一位老桃农，一家人种植了6亩水蜜桃。提起以前的卖桃生活，老王一肚子苦水：凌晨4点起床，用劳动车装着二三百公斤桃子，拉到镇上卖桃，有时中午桃子就能卖完，但有时要卖到下午六七点钟。身体劳累倒也算了，最怕桃子卖不出去。如今女婿在网上吆喝桃子，客户纷至沓来，老王再也不用推车出去沿街卖桃了。

朱明华网上卖桃有三种方式：量比较小的零星客户，一般用快递；50箱以上的客户派车送货；也有不少客户喜欢自己驾车前来，买桃的同时还到乡村旅游观光。"网上做生意，靠的是诚信。"为了确保质量，快递包装箱与众不同，采用了五层加厚的瓦楞纸箱，外面还有一个加固的木箱，都是朱明华请人特制的。每个木箱的成本是8元，加厚的纸箱也比普通箱子贵一点。网上卖桃交易采取的是第三方支付的方式，就是客户将购桃款通过网上银行账户打给第三方平台，客户收到货物确认之后，再由第三方将钱打给朱明华的网上账户。据悉，互联网上做生意已成浦东青年农民的时尚。他们纷纷在淘宝网、我要桃子网、南汇水蜜桃网、百度、Google网站上建立链接发布桃子信息，许多青年农民还利用QQ、微信等与客户谈生意和桃农之间互相交流种桃技术。在淘宝网上，标注大团水蜜桃的店铺有近200家，标注南汇水蜜桃的店铺有360家，真可谓店铺林立、生意兴隆啊！

在乡亲们的眼里，42岁程云是一位青年科技致富能手和营销能人，是一位有梦想、有魄力、敢于创新开拓的青年农民，他打造了一个生态型的优质水蜜桃生产基地，精心探索打造公司＋合作社＋农户产销一体模式，如今已初具规模。

2003年，程云在奉贤区头桥镇租了60亩土地，要打造一个优质水蜜桃生产基地。自家3亩桃树面积太小，到适合发展的奉贤租地发展水蜜桃产业，是一条做大做强的新路。程云租下了头桥镇红旗村的60亩土地，第一件事情就是每天带领员工开挖沟渠、平整土地、清除杂草，这项工作足足忙了两个多月。之后，程云全部种上了"大团蜜露"桃。为了提高土地的肥力，程云运来了一车车鸡粪、猪粪，给这片土地施足了有机肥。按照程云的新理念，建设一个生态环保的桃园，实行标准化生产，种植桃子全部使用有机肥，让市民品尝优质南汇水蜜桃。

程云营销农产品之路由小变大的转折始于2002年。那一年，他参加了镇成校举办的农村经纪人培训班，老师讲的农产品营销知识，一下子激活了程云的思路。他悟出了一个道理：现代农民更要学知识、学技术、学经营，当一名农产品经纪人，就是在为农民增收致富出力，能更好地实现自身价值。他成立了上海团果蔬果配送有限公司，并注册了"团果"商标。刚开始时，手上的客户群很少，慢慢打开市场，才形成稳定的客户资源。程云为人诚实，他卖桃子总是先让客户品尝，然后当场挑选好的桃子装箱，质量有保证，所以许多市民都成了他的老客户。

通过多年努力，程云形成了自己的销售网络和诚信经营品牌，他营销的农产品开始由单一的水蜜桃转变为瓜果蔬菜、禽类水产等多品种，把农产品源源不断地销往市区大市场。

大团镇以农民专业合作社为主要经营模式，推行种植管理标准化，帮助农民提高生产技术、加强抗风险能力、拓宽销售渠道，有力地推进了大团农业的组织化管理、标准化生产和产业化经营。目前共有42家涉及瓜果生产销售的农民专业合作社，销售的水蜜桃占全镇销量的65％以上。

大团镇还积极开发桃园旅游产业，承办了四届上海桃花节，将"大团桃园"办成了一个集餐饮、娱乐、会务、生态旅游于一体的国家级旅游景区，2008年位于赵桥村的"大团桃园"被评为国家级AAA旅游景区。大团镇的赵桥村通过村庄改造，促进了农村基础设施建设，提升了以"桃"为特色的农业产业发展水平。2011年，赵桥村获得全国"一村一品示范村"称号和"我喜爱的上海乡村"入围奖。

大团水蜜桃在上海全市远近闻名，注册商标为"申凤""团丰"等的水蜜桃已成为浦东农业的金字招牌。在历年农展会上，大团水蜜桃斩获荣誉无数：通过国家无公害农产品认证，在上海桃王擂奖赛上荣获"桃王"奖；上海市优质果品（桃）评比中荣获金奖；大团桃园还被国家农业部评为"大团蜜露桃优质农产品保护基地"。

2015年桃花盛开时，一个集精品桃子科技种植、桃文化演绎、休闲观光旅游为一体、规模上千亩的大团桃业创新基地正式开始迎客。有精品桃子科技种植区和桃文化演绎区，陆续建成桃文化展示馆、桃木根雕艺术馆、茶文化馆等。春天赏桃花，夏天品桃子，天蓝、地绿、水清的桃业创新基地，推动传统农业向现代农业转变，带动休闲旅游农业发展，挖掘农业增效、农民增收的潜力，促进了农业生产转型升级。

点评

为科技兴农点赞

大团水蜜桃，桃中上品，名闻遐迩。

勤劳聪慧的大团人造就了水蜜桃产业重镇，缘于斯兴于斯的上海桃花节托起桃文化的一方天地。春来赏花，夏来品桃，人们徜徉在"世外桃源"之中，享受自然，享受阳光，于都市"桃花源"品味别致的桃园雅趣。

大团名品桃资源得天独厚的优势不是天上掉下来的，而是大团人几十年来对科技兴桃执着追求的收获。早在20世纪80年代，大团人就成立了科研攻关小组，反复寻觅，筛选优良母本嫁接、反复筛选培育的果大形美，吃口鲜甜的新品"大团蜜露"获全国林业名、特、优新产品博览会银奖，并多次在上海市优质桃评比中荣获金奖。"大团蜜露"历经优化，成为大团桃子中的主打品牌。大团桃园被国家农业部评委"大团蜜露优质农产品保护基地"。

随着农科技术的不断进步，"科学种田"已经成为大团人发展经济的自发追求。桃农盛新华发明的"桃树大棚技术"，走出了一条节水、节肥、高效、环保的种桃新路，获得了国家专利。专业合作社插上了现代信息技术的翅膀，农业电商改变了桃农的生活。

世间一切事物中，人才是最为宝贵的。在这里，建设生态环保的桃园是大团人的共识；在这里民间种桃高手云集，名品水蜜桃再上新台阶；在这里，品牌保护和有序的"互联网+"农业为大团都市现代农业插上了一双腾空的翅膀，大团名桃生意兴隆通四海。

大团水蜜桃，为市民送来了口福，给大团带来了美好幸福。

科技兴农，学无止境。

在创业中成长　在转型中壮大
——强丰企业在 20 多年打拼中崛起

　　强丰企业无人售菜智能终端机在上海亮相，是强丰企业发展壮大的一座历史性里程碑，也是强丰企业 20 多年来持续创业不断进取的又一个前瞻性深远的新举措。无人售菜智能终端机的推出，得到了各级领导的认可和赞赏，受到市民群众的欢迎和参与，同时也得到了全市乃至全国新闻媒体的推崇，便民利民的举措获得了很好的经济和社会效益。

　　公司董事长吴连强，14 岁从江西广丰来金山打工，通过 20 几年艰苦创业，持续拼搏发展，打造了一个拥有强丰实业、强丰物业、强丰保安、强丰餐饮、强丰搬场等 7 家公司以及强丰果蔬种植、家禽养殖、强丰农家乐等 4 个专业合作社的企业集团，创造了 3 000 多个就业岗位。近几年，在金山这片土地上，强丰的名气越来越大，已经成了家喻户晓的品牌企业，强丰的崛起，得到了各级领导的赞赏与社会各界的充分认可。

一、发展背景及原因

　　1995 年，强丰公司成立之时，看到了金山区搬场服务的空缺与商机，通过抓住这个机遇，用心做好每一笔生意，用服务赢得了口碑，稳住了脚跟。在做好搬场业务的同时，公司不断谋求新的发展，相继成立了保洁、保安、物业等专业化公司，拓展了新的业务范围，满足了客户需求，在服务行业竞争中形成自身优势，打造出了强丰企业品牌。

　　从 2010 年开始，强丰企业积极响应政府号召，专心致志地扑在生态农业发展上，用服务业的盈利投入到农业开发，承包的农田从 300 多亩发展到 1 100 百多亩，从果蔬种植、家禽养殖到农业休闲旅游、沼气利用和新能源开发等循环经济的生态农业，并申请注册了多项专利。强丰生态农业实现了"从田头到餐桌""再从餐桌回到田头"的连锁产业，打造农业生产、销售、消费、回收到再利用的产业链，为创造低碳生活和生态文明走出了一条特色之路。强丰企业从社会服务业到涉足现代农业，这是一个大跨度的转型。

二、发展过程和实践

强丰企业的巩固和强大,为发展生态农业提供了强有力的资金、技术和人力资源等基础条件的支撑。农业投入是个无利可图的行业,一开始投入越多,亏损风险会越大。可强丰企业董事长兼总经理吴连强不是这样想的,"发展农业是国家的根本,党和政府十分重视三农问题,连续十几年的中央一号文件都是针对农业发展的,可见它的发展具有重要的地位。我们投入生态农业开发,即使亏本,这条路也一定要坚持走下去。"吴连强是这样说的。

(一) 企业对生态农业的尝试和发展

2010年之前,不少客户反映:现在市场上的鸡鸭猪等农产品都是速成养殖,想吃到价廉物美而且自然生长的畜禽还真不容易。总经理吴连强想到:现在国家对农业发展和食品安全那么重视,我们为什么不去发展生态农业为老百姓提供更多的生态食品呢?于是,他就从老家引进六石岩白耳黄鸡优质品种,租借了八字村一块林业用地开始林下养殖的尝试,并立即注册成立了强丰家禽养殖专业合作社。这一试,效果果然不错,几年来在强丰养殖场内养殖的不仅有江西特产白耳黄鸡,还有体重25公斤以下的巴马香猪、上百斤的野猪和黄牛、山羊、鸭、鹅等,产品除了供应公司客户以外,还满足了慕名而来的周边居民。从养殖业开始,强丰又发展了果蔬种植、农家乐两个专业合作社,承包的土地从300余亩发展到1 100多亩,种植产地和种植产品均通过无公害认证。

(二) 生态农业的转型与升级

2012年,金山区农委组织部分农业合作社负责人到上海市区进行农超对接洽谈意向,大多数合作社感觉难度很大,吴连强则认为:响应政府号召,把安全新鲜的农副产品供应到市区标准化菜场,是合作社与市民双赢的举措,强丰理应参加。于是,他立即拍板报名参与。从此,强丰就成了首批与市区农超对接的单位之一。

为了方便市民,提供快捷方便的服务,并让利于民,强丰合作社从2012年下半年开始在上海市普陀区的标准化菜场开设了"无人售菜"专柜,不仅为菜篮子工程注入了活力,而且为提高市民诚信意识、文明素养创建了平台,引起各级领导重视和全国媒体的广泛关注,在上海大都市实属首创。

开办第一个无人售菜专柜提供新鲜的农副产品,受到了上海城区居民的极大青睐,强丰企业看到了科技和创新为企业带来的前景,于是下一步就在思考:如何能够更直接更快捷地为市民提供价廉物美的农副产品?开设生鲜便民超市,一个大胆而新颖的设想形成了,通过充分的市场调研,物色经营场地并设计施工,到2014年年底,上海市中心的静安区奉贤路、闸北区高平路以及金山区金山嘴集市的三家强丰"丰鲜便民超市"陆续开张亮相。

至此,强丰企业转型与创新的脚步还是停不住,企业团队积极探索新路子、新方法,努力发展"网上销售"渠道,为合作社经营趟出一条新路子。强丰生态农庄开辟了网上直销自主网页,并入驻淘宝网、农商银行等各大银行网上商城,常年提供网上农副产品直销品种,相信在不远的将来,强丰生态农庄网上销售必将拥有自己的市场份额,市民足不出户就能享受到强丰生态农副产品的美味。

科技化、信息化、电子化是当今社会发展不可或缺的重要手段。强丰企业团队凭着敏锐的商业嗅觉一直在寻找一种既能便民利民,又能普及和覆盖更广阔社会面的营销模式,办企业谋发展不仅要善于思考而且要敢于大胆尝试。"无人售菜"点、新型菜场、网上直销的销售方式各有千秋、各领风骚,但还不能够直接进入普通市民更直接的社区、家庭。要想真正让市民足不出户就能享受到强丰生态农庄的新鲜果蔬,就要像居民到售水机取水、到银行ATM机上取钱一样方便,于是一款崭新的智能终端从构想逐步成为现实。强丰企业组建了自己的攻关小组,通过多个日日夜夜的设计、调试、安装,一款新颖多功能的无人售菜智能终端终于在2014年10月初撩开了神秘的面纱而问世了,并从2014年10月份至今在上海静安区、普陀区、闸北区及金山区发展到20余台。无人售菜智能终端的推出,得到了各级领导的认可和赞赏,受到市民群众的热情欢迎和踊跃参与,同时也得到了全市乃至全国新闻媒体的推崇,便民利民的举措得到了很好的经济和社会效益,不仅为农副产品便利化销售开辟了先例,而且为繁荣农业经济做出了贡献。

(三)生态农业的业态延伸和扩展

强丰生态农业的发展,在一开始就遇到了产品旺季难销的发展瓶颈,这是其他合作社都会遇到的困惑和难以解决的问题。最好的解决办法就是拥有自己的餐饮业，这样一来，既解决了农副产品的销路，又保证了餐饮业的食品安全问题。于是，强丰又把触角伸向了餐饮服务业，注册成立了上海强丰餐饮管理有限公司，采取委托管理或直接管理的方式，做起了大伙食团体的食堂承包服务。上海强丰餐饮管理有限公司自成立以来，承接了大量大、中型机关企事业单位、学校等的食堂承包托管，合作单位涵盖了国营、私企、中外合资企业，服务对象从几百到几千人不等，积累了大量的工作经验，凭借自身雄厚的经营实力和创业激情，在口碑、管理、菜肴的质量、服务、卫生等方面获得了客户极高的满意度。

强丰生态农业的发展，为农业休闲旅游提供了丰富的资源。几百上千亩的土地，本身就是一处难得的休闲旅游资源，加上种植、养殖的品种都是观赏性很强的植物和动物，为开辟农业休闲旅游提供了极佳的开发项目。为此，强丰企业在农业基地努力打造全生态的农业休闲旅游产品，并注册成立了上海强丰农家乐专业合作社。农家乐以强丰生态农庄为铭牌，是集旅游、餐饮、品茗、娱乐、垂钓、烧烤、采摘、休闲、会务与一体的多功能、多形式大型生态旅游农庄。强丰生态农庄景区与种植、养殖基地浑然一体，属金山区发展乡村旅游规划范围，是金山卫镇重点建设项目。强丰生态农庄获得"全国休闲农业与乡村旅游星级企业（园区）"三星级铜牌；2013年加大投入进行二期工程的开发和建设，近几年开展"樱桃桑葚节"、亲子游、"快乐小农夫"、青少年户外拓展等活动，把强丰休闲农庄办得有声有色。

强丰的新能源开发成为强丰企业的又一个发展契机。强丰生态农业开发就是在努力打造一条从田头到餐桌，又能从餐桌回到田头的农业生态产业链。农业基地把养殖、种植所产生的粪便、污水、枝叶、藤蔓等副产品收集起来投入沼气池，并将生产出的沼气供农家乐作为燃料使用，产生的沼液、残渣作为种植的有机肥料，实现了生态农业系统中一个生产环节的产出为另一个生产环节的投入的良性循环。产业链中的上一级生产环节中的副产品是下一级生产环节中的生产原料，使得系统中的废弃物多次循环利用，从而提高能量的转换率和资源利用率，获得较大的经济效益，并有效地防止农业废弃物对农业生态环境的污染。

三、成效和影响

（一）经济效益

1. 围绕经济指标抓质量

强丰服务业如同滚雪球一般地发展壮大，成为强丰企业经济发展的持续增长点，也为发展生态农业增强了实力。上海强丰物业管理有限公司、上海强丰保安服务有限公司在 2013 年就已经双双通过上海质量技术认证中心的 GB/T19001-2008/ISO9001：2008 质量管理体系认证，并获得"质量管理体系认证合格证书"；强丰物业具有物业管理二级资质，并获得上海市市容环境卫生行业协会颁发的上海市保洁企业建构筑物内保洁二级资质证书、建构筑物外立面清洗保洁二级资质证书和"陆域环境作业养护叁级资质"证书；强丰保安 2015 年获得二级保安服务资质等级评定证书。企业坚持"客户至上、优质服务、文明礼貌、诚实守信"的工作宗旨，不断提高工作效率和服务质量。这几年服务业的经济指标逐年增长，每年的总销售额都比上一年增长 25% 以上。

2. 围绕品牌建设抓质量

强丰企业一直致力于先进技术和科学管理的探索，实施走社会化、市场化、专业化的管理模式；凭借专业化的管理方法、持续性的品质保障、创新性的管理思想、勤严细实的工作作风，使"强丰"在业内享有较高的知名度。珍惜客户的信任，以积极热情的心态去满足客户的多样化服务需求；依靠对公司的精心经营和对客户的优质服务来管理好企业，并取得发展；不断建立和完善各项管理体制和激励机制，积极参加行业规范服务达标活动；为广大民众提供行业内一流的性价比服务，为社会服务注入时代的内涵。强丰品牌的经营理念是：专业管理，至诚服务；工作宗旨是：客户至上，优质服务，文明礼貌，诚实守信；强丰企业把"为社会提供服务，帮百姓解决就业"作为公司发展壮大的发展战略和重要的社会责任。

3. 围绕优质产品抓质量

强丰企业从 2014 年 3 月起，建立了强丰生态农庄蔬菜生产溯源系统信息平台，将每个大棚果蔬从种植到收获的全过程管理信息进行采集登记。如今，合作社已对叶菜、根菜、茎菜和果蔬等四大类蔬菜 100 多个品种实施追溯。为了让广大居民了解蔬菜生产的全程可追溯安全系统，合作社印制了强丰农庄二维码贴纸，粘贴在蔬菜产品包装上，投放到强丰生鲜超市和无人售菜机。不少消费者反映，过去进市场买菜，只有肉菜追溯系统可查询，现在连蔬菜也有了追溯系统，买菜更安全、更放心了。

(二) 社会效益

强丰企业从最初的创业开始，一直把承担社会责任放在重要位置，积极参与红十字会、慈善机构及社会团体组织的义卖、义工、义捐等活动，积极为社会做出应有的贡献，几年来累计捐款物折合人民币达几十万元。

"**为社会提供服务，帮百姓解决就业**"是公司的创业理念也是公司的发展方向。公司把解决就业问题，作为感恩回报社会的一个重要途径。短短十几年，先后成立了多家公司和家禽养殖、果蔬种植等数个专业合作社，共吸纳员工 3 000 多人，在创造经济效益的同时，努力创造社会效益，目前，公司正努力创造更多的再就业机会，发展循环生态农业，争取经济、社会效益双丰收。

关心弱势群体，热心公益和慈善事业是企业的社会责任。多年来，强丰企业一直重视公益和慈善事业，积极为公益和慈善事业慷慨解囊。2012 年 12 月，区团委组织"金山青联慈善义拍活动"，强丰捐赠出合作社生产的"蛙田稻大米"200 袋作为拍品，同时又用 1 万余元拍进其他成员提供的拍品，总计为慈善基金会筹集善款 2 万多元；2014 年"一个鸡蛋的暴走"慈善活动在金山举行，强丰企业为暴走健儿和工作人员免费提供 2 000 余份绿豆汤和茶叶蛋，并组织人员设点进行义卖活动，为慈善事业募集资金；近年来企业与五六个村进行村企结对，每年给各村支持资金或实物数万元；从 2014 年开始，企业积极配合金山区慈善分会合作开展"喜洋洋·送小羊"慈善项目，农庄每年提供数百只小羊给困难农户，并免费为他们传授养羊技术、疾病防治等跟踪服务，帮助农户脱贫致富。

关心和资助青少年活动和青少年的成长。从 2012 年 9 月开始，吴连强以个人名义为江西省贫困儿童捐资助学，帮助 6 名中、小学生解决每年的学杂费、生活费，每月按时汇出数千元，使 5 个家庭的 6 名失学子女正常上学；从 2014 年开始，公司每年拿出资金资助中侨学院 2 名困难学生的学费每人每年 2 000 元一直到他们完成学业；支持团区委建设青年中心，于 2014 年在强丰农业基地建立"强丰生态农专青年驿站"，一方面给区内团员青年免费提供活动阵地，一方面让合作社加入区青年中心合作点，实时提供专项优惠活动，服务当地青年群体。2014年，金山区家长委员会联盟组织的亲子夏令营活动在强丰生态农庄进行，强丰公司募集资金4万余元支持这一活动得以顺利开展。

四、经验和体会

（一）百姓的呼声就是企业转型发展的方向

强丰企业转型发展现代生态农业，正是顺应了广大民众的呼声。建立无公害、绿色环保的生态种植和养殖基地，为市民提供安全、新鲜又价廉物美的农副产品，是众望所归。强丰就是基于这一出发点，义无反顾地投身农业，即使微利、无利甚至亏损，也不退缩，遇到困难不低头，持之以恒地发展和扩大种植基地。强丰认准的这一发展方向，必将得到更多的社会效应和经济效益。

（二）市场的需求就是企业转型发展的机遇

强丰企业是首批与市区进行农超对接的单位之一。对金山农村来说，农副产品比较丰富，市场需求没有那么迫切，但是对上海市中心居民来说就不一样了。强丰从2012年进入市中心销售市场，发现广大市区居民对安全、新鲜、价廉物美的农副产品如此亲睐，强丰生态农庄出产的果蔬广受欢迎，更坚定了企业发展生态农业的信心。农超对接是政府给企业搭建的平台，强丰正是抓住了这个千载难逢的机遇进军上海市场，为以后的发展创造了条件。

（三）科技的应用就是企业转型发展的动力

科技化、信息化、电子化是当今社会发展的重要手段，也是企业转型发展的强大动力。2014年，强丰农副产品的销售，把高科技手段应用到具体实践中，摸索出了具有自己品牌特色的销售渠道。搭建网上销售平台，实现网上网下一体化销售；开发研制出无人售菜智能终端机，设立便民微菜场；建立果蔬生产、加工、运输、销售全过程可追溯系统；建设农庄控制指挥中心实时监控新型菜场、无人售菜智能终端机销售情况，等等，全部都是科技信息手段的投入和应用。可以说，高科技手段为企业发展安上了腾飞的翅膀。

五、思考与探讨

（一）不断创新才能确保企业可持续发展

按照一般思路来讲，强丰已经拥有这么多产业，可以集中精力经营和坐等丰收了，可吴连强总经理认为，在现代科技如此发达、形势发展如此之快的今天，一味地守摊子思想只能是倒退，历史经验证明：不进则退。只有不断创新和进取，才能站稳脚跟勇往直前，才能不被历史淘汰。因此，随着时间的推移，强丰企业仍然坚持着不断创新、不断前进的动力，昨天是如此，今天是这样，将来也是这种态势。只有保持这种顽强的毅力和永不言败的精神，才能跟上时代步伐，才能确保企业的兴旺发达。

（二）善于思考才能把握住企业发展的契机

机遇总是为勤思考、肯吃苦钻研的人准备的。强丰企业的转型发展到今天这样的规模，是与当家人的不断进取、善于思考又勤奋学习的精神分不开的。走前人没有走过的路，做社会需要且困难很大、别人不敢做的事，这就是企业家的魄力和胆识。在闹市区开设无人售菜专柜，没有这样的魄力和胆识是万万不敢尝试的。

（三）克难攻坚才能持续性发展产业

遇到困难不绕道走，别人没有的我们自己干，强丰在发展过程中遇到这样那样的困难和问题，而在强丰当家人面前，这些困难和问题就成了强丰企业向前迈进的契机。按照吴总经理的话说，许多行业的经营都是被逼出来的。如强丰的配送中心、餐饮公司、新能源开发、无人售菜机，等等。强丰就是在克服一个一个困难的道路上不断壮大起来的。

（四）大胆尝试才能摸索出成功的经验

强丰企业的成功，是在市场经济条件下靠坚持不懈的努力打拼出来的。每发展一个产业都是摸着石子过河而开创出一片天地。新能源环保工程、无人售菜专柜、生鲜便民超市、无人售菜智能终端机等，都是走前人没走过的路，自己摸索、尝试、总结、改进才得以逐步走向成熟成功。

点评

为强丰精神喝彩

在大众创业、万众创新的浪潮中，上海金山区的强丰企业名气越来越大，品牌效应辐射力越来越强，以特有的"强丰精神"，昂首挺立在金山湾畔。

公司董事长吴连强，经过20几年的艰苦创业，打造了一个拥有强丰实业、强风物业、强丰保安、强丰餐饮、强丰搬场等7家公司和强丰果蔬种植、家禽养殖、强丰农家乐等多家专业合作社，创造了3 000多个就业岗位的强丰王国。

强丰集团公司何以崛起？无论是初成立的强丰集团还是展翅高飞的强丰集团，都将品牌、质量放在首位。公司产品的品质和服务铸就了品牌的含金量。公司围绕经济指标抓质量，坚持"客户至上、优质服务、文明礼貌、诚实守信"的工作宗旨，不断提高工作效率和服务质量；围绕品牌建设抓质量，凭借专业的管理方法，持续性的品牌保障，创新性的管理思想、严谨细致的工作作风，为广大民众提供行业内一流的服务，为社会注入时代的内涵；围绕优质产品抓质量，建立了强丰生态农庄蔬菜生产溯源系统信息平台，彰显企业诚实经营的信用。

当很多企业还在为破解转型发展难题时，强丰企业已经顺利地登上了转型发展的列车，并收获了丰硕的果实。因为强丰人始终牢牢把握住"百姓的呼声就是企业转型发展的方向，市场的需求就是企业转型发展的机遇，科技的应用就是转型发展的动力"，一步步延伸和扩展了生态农业的产业链，开创了都市农业的新天地。

强丰精神，值得人们深思。

后 记

　　培育新型职业农民是推进农业现代化的系统工程，也是实现"四化"同步发展，补齐农业短板的基础工程。浦东新区是农业部首批指定的100个新型职业农民培育试点区县。3年来，浦东新区在新型职业农民培育的试点过程中，做了大量的开创性工作，率先制定了培训规范、认定标准、扶持政策，为上海市全面启动这项培训，做了许多有益的探索。

　　为了适应大规模开展新型职业农民培育的需要，最近几年浦东新区农校在教育培训资源建设方面，先后编写了多本教材。当前上海郊区的农业，特别是浦东的农业正在加快向都市现代农业转化，浦东新区有责任在培育都市现代农业人才方面作出新的贡献。

　　随着我国城市化进程加速，城乡一体化的发展，都市现代农业迎来了前所未有的机遇。本书的编写主要是为了满足培训都市现代农业经营主体的需要。参加本书编写的有杜华平、胡沅昌、宋玲芳、张磊、黄惠华、包瑞丽、吴建英、白蕾、袁琪、赵康、蔡桂华、蔡杰、方漪、李朝平、吴平等专家和老师，白蕾、潘镜平、潘则负责教材的统稿，上海交通大学曹林奎教授对教材的编写提出了宝贵的建议。在此，编委会对上述付出辛勤劳动的专家老师表示衷心感谢。同时，在教材编写过程中，我们汲取了部分国内外专家学者的观点和研究成果，在此一并深表谢意

　　限于编者的研究水平，以及写作时间的限制，本书难免有许多疏漏和瑕疵，不足之处，希望读者批评指正。

编委会